U0514027

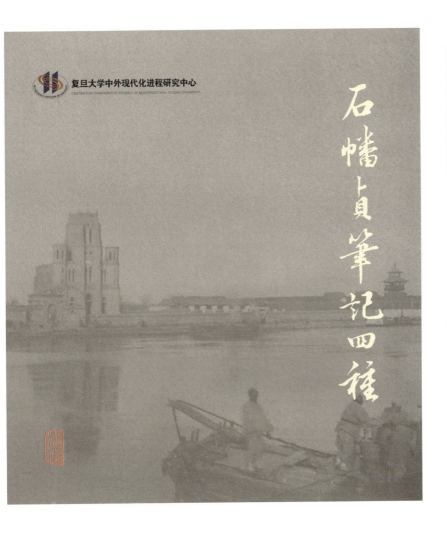

复旦大学中外现代化进程研究中心

CENTER FOR COMPARATIVE STUDIES OF MODERNIZATION, FUDAN UNIVERSITY

石幡贞笔记四种

近代中外交涉史料丛刊

〔日〕石幡贞 撰 谭皓 整理

近代中外交涉史料丛刊
第二辑

复旦大学中外现代化进程研究中心　主编

编委会成员（以姓氏拼音排序）

本辑执行主编：戴海斌

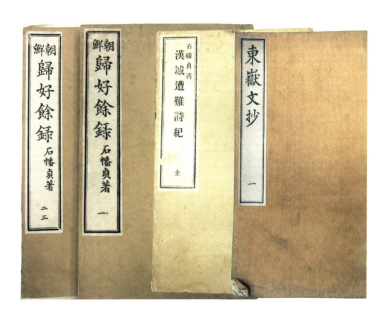

石幡贞部分著作封面

位于东京谷中灵园甲 8 号 15 侧石幡贞墓碑

（整理者拍摄）

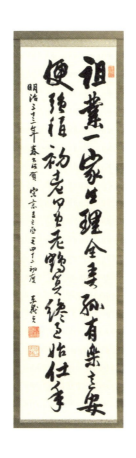

石幡贞于明治三十三年（1900）为本家石幡吉之丞贺寿手书纵轴
（整理者收藏）

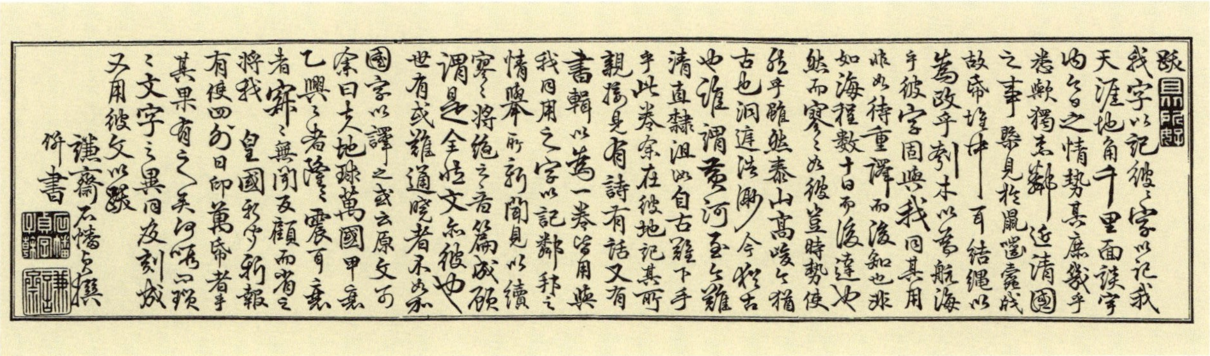

石幡贞撰并书《桑蓬日乘·清国纪行》跋

总　序

　　梁启超在 20 世纪初年撰《中国史叙论》,将乾隆末年至其所处之时划为近世史,以别于上世史和中世史。此文虽以"中国史叙论"为题,但当日国人对于"史"的理解本来就具有一定的"经世"意味,故不能单纯以现代学科分类下的史学涵盖之。况且,既然时代下延到该文写作当下,则对近世史的描述恐怕也兼具"史论"和"时论"双重意义。任公笔下的近世史,虽然前后不过百来年时间,但却因内外变动甚剧,而不得不专门区分为一个时代。在梁启超看来近世之中国成为了"世界之中国",而不仅仅局限于中国、亚洲的范围,其原因乃在于这一时代是"中国民族连同全亚洲民族,与西方人交涉竞争之时代"。不过,就当日的情形而论,中国尚处于需要"保国"的困境之中,遑论与列强相争;而面对一盘散沙、逐渐沦胥的亚洲诸国,联合亦无从说起,所谓"连同"与"竞争"大抵只能算作"将来史"的一种愿景而已。由此不难看出,中国之进入近世,重中之重实为"交涉"二字。

　　"交涉"一词,古已有之,主要为两造之间产生关系之用语,用以表示牵涉、相关、联系等,继而渐有交往协商的意思。清代以前的文献记载中,鲜有以"交涉"表述两个群体之间的关系者。有清一代,形成多民族一统的大帝国,对境内不同族群、宗教和地域的治理模式更加多元。当不同治理模式下的族群产生纠纷乃至案件,或者有需要沟通处理之事宜时,公文中便会使用"交涉"字眼。比如"旗民交涉"乃是沟通满人与汉人,"蒙民交涉"或"蒙古民人交涉"乃是沟通蒙古八旗与汉人,甚至在不同省份或衙门之间协调办理相关事务时,也使用了这一词汇。乾隆中叶以降,"交涉"一词已经开始出现新的涵义,即国与国之间的协商。这样的旧瓶新酒,或许是清廷"理藩"思维的推行与惯性使然,不过若抛开朝贡宗藩的理念,其实质与今日国际关系范畴中的外交谈判并无二致。当日与中国产生"交涉"的主要是陆上的邻国,包括此后被认为属于"西方"的沙俄,封贡而在治外的朝鲜与服叛不定的缅甸等国。从时间上来看,"交涉"涵义的外交化与《中国史叙论》中的"乾隆末年"基本相合——只是梁启超定"近世史"开端时,心中所念想必是马嘎尔尼使华事件,不过两者默契或可引人深思。

道光年间的鸦片战争,深深改变了中外格局,战后出现的通商口岸和条约体制,致使华洋杂处、中外相联之势不可逆转。故而道咸之际,与"外夷"及"夷人"的交涉开始增多。尤其在沿海的广东一地,因涉及入城问题等,"民夷交涉"蔚然成为一类事件,须由皇帝亲自过问,要求地方官根据勿失民心的原则办理。在《天津条约》规定不准使用"夷"字称呼外人之前一年,上谕中也已出现"中国与外国交涉事件"之谓,则近百年间,"交涉"之对象,由"外藩"而"外夷",再到"外国",其中变化自不难体悟。当然,时人的感触与后见之明毕竟不同,若说"道光洋艘征抚"带来的不过是"万年和约"心态,导致京城沦陷的"庚申之变"则带来更大的震慑与变化。列强获得直接在北京驻使的权力,负责与之对接的总理衙门成立,中外国家外交与地方洋务交涉进入常态化阶段。这是当日朝廷和官员施政新增的重要内容。因为不仅数量上"中外交涉事件甚多","各国交涉事件甚繁",而且一旦处置不当,将造成"枝节丛生,不可收拾"的局面,所以不得不"倍加慎重",且因"办理中外交涉事件,关系重大",不能"稍有漏泄",消息传递须"格外严密"。如此种种,可见从同治年间开始,"中外交涉"之称逐渐流行且常见,"中外交涉"之事亦成为清廷为政之一大重心。

在传统中国,政、学之间联系紧密,既新增"交涉"之政,则必有"交涉"之学兴。早在同治元年,冯桂芬即在为李鸿章草拟的疏奏中称,上海、广州两口岸"中外交涉事件"尤其繁多,故而可仿同文馆之例建立学堂,往后再遇交涉则可得此人才之力,于是便有广方言馆的建立。自办学堂之外,还需出国留学,马建忠在光绪初年前往法国学习,所学者却非船炮制造,而是"政治交涉之学"。他曾专门写信回国,概述其学业,即"交涉之道",以便转寄总理衙门备考。其书信所述主要内容,以今天的学科划分来看大概属于简明的国际关系史,则不能不旁涉世界历史、各国政治以及万国公法。故而西来的"交涉之学"一入中文世界,则与史学、政教及公法学牵连缠绕,不可区分。同时,马建忠表示"办交涉者"已经不是往昔与一二重臣打交道即可,而必须洞察政治气候、国民喜好、流行风尚以及矿产地利、发明创造与工商业状况,如此则交涉一道似无所不包,涵纳了当日语境下西学西情几乎所有内容。

甲午一战后,朝野由挫败带来的反思,汇成一场轰轰烈烈的变法运动,西学西政潮水般涌入读书人的视野。其中所包含的交涉之学也从总署星使、疆臣关道处的职责攸关,下移为普通士子们学习议论的内容。马关条约次年,署理两江的张之洞即提出在南京设立储才学堂,学堂专业分为交涉、农政、工艺、商务四大类,其中交涉类下又有律例、赋税、舆图、翻书(译书)之课程。在张之洞的设计之中,交涉之学专为一大类,其所涵之广远远超过单纯的外交领域。戊戌年,甚至有人提议,在各省通商口岸无论城乡各处,应一律建立专门的"交涉学堂"。入学后,学生所习之书为公法、约章和各国法律,接受交涉学的基础教育,学成后再进入省会学堂进修,以期能在相关领域有所展布。

甲午、戊戌之间,内地省份湖南成为维新变法运动的一个中心,实因官员与士绅的协力。盐法道黄遵宪曾经两次随使出洋,他主持制定了《改定课吏馆章程》,为这一负责教育候补官员和监督实缺署理官员自学的机构,设置了六门课程:学校、农工、工程、刑名、缉捕、交涉。交涉一类包括通商、游历、传教一切保护之法。虽然黄遵宪自己表示"明交涉"的主要用意在防止引发地方外交争端,避免巨额赔款,但从课程的设置上来看包含了商务等端,实际上也说明即便是内陆,交涉也被认为是地方急务。新设立的时务学堂由梁启超等人制定章程,课程中有公法一门,此处显然有立《春秋》为万世公法之意。公法门下包括交涉一类,所列书目不仅有《各国交涉公法论》,还有《左氏春秋》等,欲将中西交涉学、术汇通的意图甚为明显。与康梁的经学理念略有不同,唐才常认为没必要因尊《公羊》而以《左传》为刘歆伪作,可将两书分别视为交涉门类中的"公法家言"和"条例约章",形同纲目。他专门撰写了《交涉甄微》一文,一则"以公法通《春秋》",此与康梁的汇通努力一致;另外则是大力鼓吹交涉为当今必须深谙之道,否则国、民利权将丧失殆尽。在唐才常等人创办的《湘学报》上,共分六个栏目,"交涉之学"即其一,乃为"述陈一切律例、公法、条约、章程,与夫使臣应付之道若何,间附译学,以明交涉之要"。

中国传统学问依托于书籍,近代以来西学的传入亦延续了这一方式,西学书目往往又是新学门径之书。在以新学或东西学为名的书目中,都有"交涉"的一席之地。比如《增版东西学书录》和《译书经眼录》,都设"交涉"门类。两书相似之处在于将"交涉"分为了广义和狭义两个概念,广义者为此一门类总名,其下皆以"首公法、次交涉、次案牍"的顺序展开,由总体而个例,首先是国际法相关内容,其次即狭义交涉,则为两国交往的一些规则惯例,再次是一些具体个案。

除"中外交涉"事宜和"交涉之学"外,还有一个表述值得注意,即关于时间的"中外交涉以来"。这一表述从字面意思上看相对较为模糊,究竟是哪个时间点以来,无人有非常明确的定义。曾国藩曾在处理天津教案时上奏称"中外交涉以来二十余年",这是以道光末年计。中法战争时,龙湛霖也提及"中外交涉以来二十余年",又大概是指自总理衙门成立始。薛福成曾以叶名琛被掳为"中外交涉以来一大案",时间上便早于第二次鸦片战争。世纪之交的1899年,《申报》上曾有文章开篇即言"中外交涉以来五十余年",则又与曾国藩所述比较接近。以上还是有一定年份指示的,其他但言"中外交涉以来"者更不计其数。不过尽管字面上比较模糊,但这恰恰可能说明"中外交涉以来"作为一个巨变或者引出议论的时间点,大约是时人共同的认识。即道咸年间,两次鸦片战争及其后的条约框架,使得中国进入了一个不得不面对"中外交涉"的时代。

"交涉"既然作为一个时代的特征,且历史上"中外交涉"事务和"交涉"学又如上所述涵纳甚广,则可以想见其留下的相关资料亦并不在少数。对相关资料进行编撰和整理的工作,其实自同治年间即以"筹办夷务"的名义开始。当然《筹办夷务始末》的主要编撰意图在于整理陈案,对下一步外交活动有所借鉴。进入民国后,王彦威父子所编的《清季外交史料》则以"史料"为题名,不再完全立足于"经世"。此外,出使游记、外交案牍等内容,虽未必独立名目,也在各种丛书类书中出现。近数十年来,以《清代外务部中外关系档案史料丛编》、《民国时期外交史料汇编》、《走向世界丛书》(正续编)以及台湾近史所编《教务教案档》、《四国新档》等大量相关主题影印或整理的丛书面世,极大丰富了人们对近代中外交涉历史的了解。不过,需要认识到的是,限于体裁、内容等因,往往有遗珠之憾,很多重要的稿钞、刻印本,仍深藏于各地档案馆、图书馆乃至民间,且有不少大部头影印丛书又让人无处寻觅或望而生畏,继续推进近代中外交涉相关资料的整理、研究工作实在是有必要的,这也是《近代中外交涉史料丛刊》的意义所在。

这套《丛刊》的动议,是在六七年前,由我们一些相关领域的年轻学者发起的,经过对资料的爬梳,拟定了一份大体计划和目录。复旦大学中外现代化进程研究中心的章清教授非常支持和鼓励此事,并决定由中心牵头、出资,来完成这一计划。以此为契机,2016年在复旦大学召开了"近代中国的旅行写作、空间生产与知识转型"学术研讨会,2017年在四川师范大学举办了"绝域輏轩:近代中外交涉与交流"学术研讨会,进一步讨论了相关问题。上海古籍出版社将《丛刊》纳入出版计划,胡文波、乔颖丛、吕瑞锋等编辑同仁为此做了大量的工作。2020年7月,《近代中外交涉史料丛刊》第一辑十种顺利刊行,荣获第二十三届华东地区古籍优秀图书一等奖。《丛刊》发起参与的整理者多为国内外活跃在研究第一线的高校青年学者,大家都认为应该本着整理一本,深入研究一本的态度,在工作特色上表现为整理与研究相结合,每一种资料均附有问题意识明确、论述严谨的研究性导言,这也成为《丛刊》的一大特色。

2021年11月、2024年6月，由复旦大学中外现代化进程研究中心与复旦大学历史学系联合举办的"钩沉与拓展：近代中外交涉史料丛刊"学术工作坊、"出使专对：近代中外关系与交涉文书"学术工作坊相继召开，在拓展和推进近代中外关系史研究议题的同时，也进一步扩大充实了《丛刊》整体团队，有力推动了后续各辑的筹备工作。《丛刊》计划以十种左右为一辑，陆续推出，我们相信这将是一个长期而有意义的历程。

这一工作也是国家社科基金重大项目《晚清外交文书研究》（23&ZD247）、教育部人文社科重点基地重大项目《全球性与本土性的互动：近代中国与世界》（22JJD770024）的阶段性成果。

整理凡例

一、本《丛刊》将稿、钞、刻、印各本整理为简体横排印本,以方便阅读。

二、将繁体字改为规范汉字,除人名或其他需要保留之专有名词外,异体、避讳等字径改为通行字。

三、原则上保持文字原貌,尽量不作更改,对明显讹误加以修改,以〔 〕表示增字,以( )表示改字,以□表示阙字及不能辨认之字。

四、本《丛刊》整理按照国家标准标点符号用法,进行标点。

五、本《丛刊》收书类型丰富,种类差异较大,如有特殊情况,由该书整理者在前言中加以说明。

目　录

在历史的三岔河口(代前言)

一、三岔河口之谜

天津作为大运河上重要的漕运枢纽,由南运河(亦称御河)、北运河(亦称路水)和海河所形成的三岔河口(亦称"三叉河口"或"三汊沽")发展而来,素有"先有三岔口,后有天津城"一说。三岔河口见证了诸多重大历史时刻,其中便包括1871年中日两国缔约建交。

1871年,日本明治政府成立伊始,为了打破对华贸易被欧美商人把持的局面,于五月十五日(7月2日)由明治天皇下诏,任命大藏卿伊达宗城为钦差全权大臣,并由前一年已来华进行缔约交涉的柳原前光担任"辅翼",率领使团来华缔结《中日修好条规》。①这一过程由柳原的"从士"石幡贞记录在《桑蓬日乘·清国纪行》之中。

据记载,使团来华后由上海北上,六月五日(7月22日)由大沽口(又称白河口)入津,途径大直沽、东沽、西沽,至六月七日抵

---

① 「大藏卿伊達宗城ヲ欽差全権弁理大臣卜為シ清国ニ派遣ス并ニ柳原大丞等ニ同行ヲ命シ各委任状ヲ付与ス」JACAR(アジア歴史資料センター)Ref.A03023008900、公文別録・清国通信始末・明治二年~明治六年・第一巻・明治二年十二月~明治六年十二月(国立公文書館)。

达紫竹林租界后，"已至三叉河，有天主堂，矗然直插空中；然其残毁不全，即昨庚午年五月土人聚集焚毁之处"。

此处的天主堂即望海楼教堂，旧称圣母得胜堂，建成于同治八年（1869 年）底，是中国近代史上著名的"天津教案"（1870 年）的发生地。所谓"庚午年五月土人聚集焚毁"即指此事。天主堂随后得到重建，但在义和团运动中再度被焚毁，至光绪三十年（1904年）重建，保存至今。石幡氏还在文后附有地图（图前-1），正是这张附图引发今人对三岔河口位置的疑问。

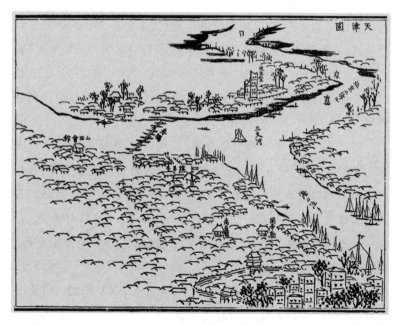

图前-1　《桑蓬日乘·清国纪行》附图《天津图》

地图中的天主堂位于南北走向的三岔河口"Y"字型交汇点的正北，面朝海河水路，可以想见当年溯海河北上的船家面对正前方高耸的天主堂不断映入眼帘时收获的视觉震撼。不过,现在的天主堂却位于东西走向的三岔河口"Y"字型交汇点的东南,屹立在今狮子林桥头(图前-2)。莫非石幡贞附图有误? 若果真如此,其游记可信度不免让人生疑。

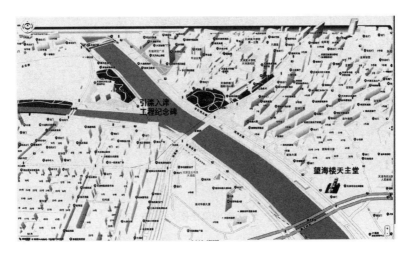

图前-2 现在天津三岔河口附近示意图

然而,对照 1870 年天津地图①(图前-3)可以发现,三岔河口水域河流走向及天主堂紧靠交汇点以北的具体位置与石幡贞地图一致,且两图中北运河下游河弯亦重合,印证了石幡贞附图的准确性。那么,这该如何解释?

其实,不是石幡贞附图有误,而是后来三岔河口改变了位置。天津水系发达,多条河流经此入海,素有"九河下梢"之称。不过,由于河湾较多,泥沙堆积,河道淤塞,水流下泄不畅,不仅不利于航

———————————
① 《郡城濠墙图》[1870 年(清同治九年)],天津规划局和国土资源局编著:《天津城市历史地图集》,天津古籍出版社,2004 年,第 57 页。

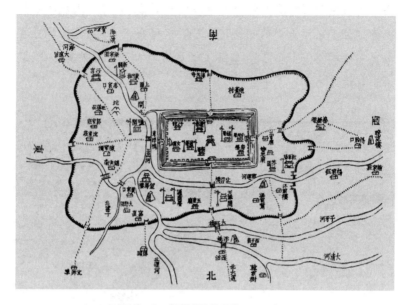

图前-3 《郡城濠墙图》(1870年)

运,增加航程、费用,而且易于引发水患。仅以使团来华的 1871 年
为例,持续三个月暴雨导致天津洪灾严重。① 石幡氏七月九日(8
月 24 日)记录:"成林来见,曰顷日大雨,十馀州被水覆盖,溺死破
伤不知其数。"八月五日(9 月 19 日)记录:"微雨。午后解缆,过三
叉河。数里之河渐阔,若再上涨,则汪洋浩瀚,不见边际。其中数
个村落林薮,时而露出水面,宛如小岛;家屋或溃或浸,居民流离失
所,率全家老幼寄生扁舟,鹤形鹄立,捕鱼重食,朝不保夕;忽见有
大船过,便急来乞食。尤堪可怜者,即黄小儿辈被以绳系腰,翁媪
立于橹上,下网捕鱼;媪已竭力,儿则饥泣,宛然一幅流民图。呜

---

① 缪德刚、龙登高:《中国现代疏浚业的开拓与事功——基于海河工程局档案的考察
(1897—1949)》,《河北学刊》2017 年第 2 期。

乎！今日谁人可将之陈于帝座？"便是当时天津洪灾的生动写照。

为此，同治皇帝早在六月二十九日(8月15日)下发上谕称：
"李鸿章奏……本年五六月间，天津雨水过多，致城东海河及南
北运河冲溢数口，滨海地面，田庐禾稼多被淹没。小民荡析离
居，殊堪悯恻。虽经该督等督同官绅筹捐酌拨银款量为抚恤，唯
天津、河间、顺天、保定各属地势低洼，滨河地方被灾较广，亟应
筹款接济，加恩著照所请。"①旋即截留浙江筹备余米八万石放粮
赈灾。

另一方面，清廷已意识到海河等水系干流较短、河湾较多的问
题，初步形成"裁弯取直"的想法，只是牵涉太大，未能动工。至民
国时期，在顺直水利委员会与海河工程局筹划、地方绅商与直隶省
议会筹款，警察厅购地、拆房及招标等共同努力下，海河得到治理，
先后进行六次"裁弯取直"工程，极大地缩短了航道，降低了洪灾
危害。② 其中，本在今狮子林桥附近交汇的三岔河口，因1918年
"裁弯取直"工程填平了南运河和北运河交汇点附近的各一段河
湾而不复存在，在西北方开掘出了新的三岔河口，即今金钢桥北侧
引滦入津工程纪念碑处，河道因之缩短1 585米。③ 这便解开了围
绕石幡贞附图的三岔河口之谜。总之，石幡贞附图描绘的是旧三
岔河口的遗迹，堪称天津兴修水利工程的历史见证。

百年来沧海桑田，巨流改道，流经几多三岔河口，留与后人
评说。

---

① 中国第一历史档案馆编：《咸丰同治两朝上谕档》第21册(同治十年)，广西师范大
　学出版社，1998年，第197页。
② 焦雨楠：《民初水政制度的近代转型：以海河裁弯取直为例》，《学术研究》2020年
　第5期。
③ 张绍祖：《三岔口——天津城的摇篮》，《城市》1995年第2期。

二、人生的三岔河口

石幡贞(1839—1916),字子干,初号谦斋,后改东岳。天保十年(1839年)十一月一日生于福岛县伊达郡桑折町伊达崎村吉沼,父石幡吉三郎,母为保原町市柳的大河内平七次女"ヨシ"。石幡氏行五,上有三兄一姐,下有三妹。石幡家世代为农,专事培育蚕种。

石幡氏自幼好学,辅助父兄辛勤农桑之馀,力行晴耕雨读。初师从和合院西山可山,后立志赴京求学,拜至安井息轩门下。安井衡(1799—1876),字仲平,号息轩,江户后期至明治时代的考证学派儒学者。初学于江户昌平黉,又随松崎慊堂学古注学,后任昌平黉教授。推崇汉唐之古注,精于注疏考证,著有《左传辑释》《管子纂诂》《论语集说》《毛诗辑疏》等书,及《息轩文钞》《息轩遗稿》等文集,堪称当世硕儒。黄遵宪曾盛赞:"扶桑近世文章,最以息轩氏为巨擘。其论事皆切中肯綮,而深入奥窍。无儒生迂腐之谭,无策士纵横之习,真若可坐而言、起而行者,理足故也。"①石幡氏历经数年及门求学,不仅学业有成,而且与后历任陆军中将、学习院院长、农商务大臣并晋封子爵的谷干城同门,两人情投意合,结为莫逆之交。后来由其为《东岳文抄》作序,或缘于此。

从安井门出师后,石幡氏先经仙台儒学家冈千仞(字振衣,号鹿门)举荐(后还邀其为《朝鲜归好馀录》《汉城遭难诗纪》作跋及点评),在宫崎县白石府坊城乡任教。明治四年(1871年)调入外

① 郭真义、郑海麟编著:《黄遵宪题批日人汉籍》,中华书局,2009年,第9页。

务省,旋即作为柳原"从士"随使团来华缔约。《桑蓬日乘·清国纪行》便由柳原作序。使团一行搭乘美国"太平洋航运公司"(Pacific Mail Steamship Company)的"Steamer Golden Age"号蒸汽轮船,五月十八日晚从横滨启程,廿六日抵达上海,获准北上后于六月一日晚十时搭乘航行于"上海—天津"间的"山西"号蒸汽轮船前往天津,七日抵达三岔河口附近的驻津钦差公馆"旗昌行"(前年柳原也曾居住),自翌日起与李鸿章、应宝时等清廷大员展开缔约磋商。其间,将安井息轩著作赠予李、应,获得好评。约成后,八月五日获准进京,廿六日离京返津,九月三日乘"山东"号蒸汽轮船返沪,十日转乘美国轮船返日,直至九月十八日抵达东京住所。前后四月馀,足迹两万里。

归国后出仕司法省,明治七年(1874 年)调回外务省。随后赴朝,参与缔结《日朝修好条规》,因而成为为数不多的同时直接参与日本与中朝两国建交者。明治十五年(1882 年)作为日本驻朝公使花房义质的属僚遭遇"壬午兵变",一行二十七人九死一生,终为英国汽船所救。返日后叙勋七等,获赐"青色桐叶章";后又叙勋六等,获赐"瑞宝章"。记录这段经历的《汉城遭难诗纪》由花房氏题诗。

明治二十二年(1889 年)前往仙台,在创建伊始的旧制第二高等中学校(东北大学前身)担任教授。明治二十五年(1892 年)辞职归隐,返回东京麹町区上六番町的自宅,后又搬到市外青山,过起隐居生活。

石幡氏曾娶磐城国平藩主近藤氏之女"カマ子"为妻(据《桑蓬日乘·清国纪行》所述来华前离婚,墓碑后刻有后妻名"セン"),育有一儿一女。子早夭后,收同乡保原町熊坂伊兵卫次子伊三郎为养子,并纳为女婿。伊三郎毕业于东京帝国大学文科,文学士;后入陆军,以步兵中尉衔参加日俄战争,战死于旅顺二龙山,追认正七位、勋六等。留下一双儿女,为石幡氏所养。后再收保原町猫川加藤善兵卫四子五郎为养子,并纳为长孙女婿,继承家业。大正五年(1916年)2月患病,3月15日去世,享年78岁。

纵观石幡氏的一生,由汉学入外交再执教鞭,由日本至中国再到朝鲜,宛如行走在诸多人生的三岔河口。他精于汉文、汉诗,对中国古籍、典故谙熟,留下《桑蓬日乘·清国纪行》《朝鲜归好馀录》《汉城遭难诗纪》《东岳文抄》等著作。他也因才学结交诸多汉学大家,如为《朝鲜归好馀录》作序的明治时代著名汉学家、史学家重野安绎。同时,他书画亦颇具功力。书受欧阳询影响,且行楷俱佳,存世不少;画则以山水、竹兰见长,但惜墨如金,鲜为人知。[①]这些著作、书画不仅成为了解作者生平的依据,也是探寻近代东亚学术流变及国际关系等诸多问题的重要史料。

三、汉学的三岔河口

那么,石幡氏的著作在学术长河中占据何种地位?

首先,关于文献性质。

《桑蓬日乘·清国纪行》《朝鲜归好馀录》《汉城遭难诗纪》《东岳文抄》皆为汉文、汉诗,是否可称"汉籍"抑或"域外汉籍"?对此,学界看法不一。有人认为"汉籍"应该特指中国典籍,不可泛化;也有人认为"域外"含有对周边的歧视意味。对此,张伯伟

---

① 以上生平简介援引桑折町教育委员会编『桑折町誌』、桑折町、1969、572—573页,及《桑蓬日乘·清国纪行》等相关材料。

教授认为"域外汉籍"包括以下三类：一是历史上域外文人用汉字书写的典籍，二是中国典籍的域外刊本或抄本，三是流失在域外的中国古籍（包括残卷）。① 安平秋教授则指出"域外汉籍"有三个层次：第一层次是中国人用汉字写的书流传到国外；第二层次是外国人根据中国古籍刻的书，比如和刻本、高丽刻本、安南刻本等；第三层次是外国人用汉字写的书在外国刻印，如"燕行录"文献等。②

由是观之，石幡氏的著作显然属于"域外汉籍"的范畴。其实，从逻辑上说，"汉籍"一词的创造者或许正是那些将汉文典籍作为异国言、文的域外文人。由其用汉字书写的典籍，称为"汉籍"中的"域外汉籍"亦无不可。同时，这些"域外汉籍"并非对中土汉籍的简单仿写，而是利用汉字进行的知识再生产，对中土汉籍形成补充。近年来，以复旦大学葛兆光教授为代表的中国学人愈发意识到其重要性，提倡"从周边看中国""从域外汉文史料看中国"。这也彰显出石幡氏著作的学术价值。

其次，关于文献质量。

石幡氏汉诗对仗工整，音韵铿锵；汉文语法规范，文字洗练；行文行云流水，富有意境，具有很高的文学性，展现出作者深厚的汉学功力。

以汉诗为例，有表现经海路初入天津心境的：

愁云苦雨异邦天，万顷黄波激汽船。若使一清供濯足，宛然我

---

① 张伯伟：《域外汉籍研究入门》，复旦大学出版社，2012 年，第 1—2 页。
② 2013 年 8 月 18 日，安平秋教授（北京大学中文系教授、全国高校古籍整理研究工作委员会主任）在首届向全国推荐优秀古籍整理图书发布会暨 2013 学术出版上海论坛上，作题为"海外汉籍的范围与流传"的主题演讲。

国武隈川。

有记录天津洪灾惨状的：

鹄立老媪刳木舟，寄将生计漾中流。八年禹绩谁能继，万里烟波水国秋。

有描写釜山双岳雄壮风景的：

渔舟拍浪弄新晴，立马双丘万里情。落日玻璃平镜面，回湾指点釜山城。

有描写由釜山赴东莱沿途见闻的：

一雨青黄村野晴，秧针缝了水田平。箫韶不换太平乐，打麦声中到府城。

有抨击朝鲜政府不许平民接触日本使臣的：

深院纷纷雪未收，飞来狼藉压檐稠。帘风一阵冬无力，要拂玉尘不自由。

有抱怨朝鲜政府限制其"游步"范围的：

山村过雨逗烟尘，时有黄鹂晚报春。龙也无情眠半觉，隔墙犹吠问花人。

也有"壬午兵变"后重返汉城时的《汉江叹》:

江上舟子识我不,七年几回借汝身?漏舟易朽人易老,人世浮
沉梦一场。取楫授人何所济,同舟遭飓忘恩仇。汉广可涉海可踏,
如何针路失所由。牵制况复向断港,一去中流驻不留。不如更能
修尔舰,火轮铁甲据上游。江之深兮不难涉,百年难消杞人忧。

以上汉诗以七绝体为主。诗意与立场姑且不论,水平庶几与
中土文人无异,至少不会觉得出自域外文人之手。其实,七绝体可
谓近代日本汉诗创作的主要诗体,代表着日本汉诗的主要成就。[1]
彼时,已有一千多年汉学传统的日本汉学家迫切希望得到中土文
人的认可。以乐善堂药房老板身份在华交友甚广的岸田吟香便托
晚清大儒俞樾选编日本汉诗,最终于 1882 年形成 44 卷本、收诗作
五千馀篇的《东瀛诗选》,[2]在日本产生较大反响,引发"汉诗
热"。[3] 石幡氏有如此功力,正是彼时日本汉诗兴盛的体现。

此外,石幡氏著作的另一特点是用典娴熟,对五经信手拈来。
如慨叹朝鲜贫民为古礼束缚又无钱举办婚礼以致难于成婚时,作
诗云:"窦门倚遍懒浣纱,剥啄贸丝约不差。之子言归何日是,野桑
结子落桃花。"用典多出自《诗经》。如"贸丝""桑落"出自弃妇自
诉婚姻悲剧的《卫风·氓》,"之子言归"出自青年樵夫为无法求得

---

[1] 严明:《近世东亚汉诗流变》上,凤凰出版社,2018 年,第 516 页。
[2] 俞樾编,曹昇之点校:《东瀛诗选》,中华书局,2016 年。
[3] 详见郭颖:《日本明治汉学复兴的反思——再论〈东瀛诗选〉与日本近代汉诗的境遇》,《日语学习与研究》2022 年第 3 期。

心仪姑娘倾吐愁绪的《周南·汉广》。

其实，石幡氏的诗文在当时已受追捧。《东岳文抄》中就收录了近百篇其应邀撰写的序、记、论及碑文。重野安绎亦在《朝鲜归好馀录》序中盛赞其"有文学"。虽然前述《东瀛诗选》及今人程千帆、孙望编著的《日本汉诗选评》①皆未将其纳入视野，但不能据此否定其文献质量，反而更加彰显了整理价值。

再次，关于文献价值。

一方面，作为汉文笔谈资料而言，石幡氏直接参与日本与中朝建交，留有大量汉文（汉诗）笔谈资料。关于此类资料的价值，不妨援引汉字文化圈的另一重要成员越南汉文笔谈的研究。越南汉喃研究院的阮黄申、阮俊强指出，汉文笔谈资料的价值有三：一是史料价值，即可补全正史缺载的历史细节；二是文学价值，即看重其饱含丰富的文学内容、体裁及艺术形式；三是思想、学术价值，即认为笔谈参加者皆为知识分子，笔谈资料则正是对其思想、学术交流的见证。② 笔者认为这同样适用于评价石幡氏著作的价值。

另一方面，作为日本汉文学作品而言，还要置于近代日本思想史流变脉络中审视。虽然江户时代的主要意识形态仍为儒学的新形式——朱子学，且在其日本化过程中形成了对自然与人的独特认识，因而具有很强的生命力，甚至为兰学在日本兴起及发展提供空间。③ 但是，随着西力东渐与西学东渐的加深，以洋学为名目的西方近代科学传入日本，成为汉学以外的另一套知识体系。④ 明

① 程千帆、孙望选评：《日本汉诗选评》，东方出版中心，2020 年。
② 阮黄申·阮俊强著、张三妮訳「ベトナムの漢字筆談に関する研究」、『日本漢文学研究』2020 年第 15 号，12—15 頁。
③ 王玉强：《朱子学的日本化与兰学的兴起》，《东北亚论坛》2007 年第 2 期。
④ 赵德宇：《日本近代化溯源——洋学》，《日本学刊》2004 年第 4 期。

治维新后日本誓言"求知识于世界"，全面学习西方，汉学又受清廷不敌西方列强所累，被洋学压倒。石幡氏在重野安绎七十大寿贺词中直言"至近世洋学大行，汉学几废。……昔者称曰'学'，不问知为汉学。今则法、文、理、医、工、农诸学，森然骈立，酌宜立制淘善。而汉学仅居文科一小部，其意谓：儒教迂腐，无补时局，观于彼国可知矣"，便是此意。

在此背景下，日本汉文学也遭到沉重打击，甚至不被正面对待。按照日本近代著名汉学家神田喜一郎的说法，"在明治以来非常专业的我国文学界中，国语学者和汉语学者把日本汉文学当作'后娘的孩子'对待，直到现在还未被作为专门的研究对象"。① 虽然《东瀛诗选》见证了明治时代的"汉诗热"，但这不过是汉学的"回光返照"，今天还有几人能写出石幡氏一样的汉文、汉诗？日本汉学也在历经"存废之争"②后，由传统范式转变成"中国学"研究。③

一言以蔽之，石幡氏的著作可谓日本传统汉学的三岔河口淤塞前末班航船的汽笛，它掷地有声，却已是挽歌。

四、东亚的三岔河口

石幡氏的著作揭露了 19 世纪最后三十年间中、日、朝三国关系演变历程。正是这一时期，双边关系逐渐被多边（三国）关系取

---

① 神田喜一郎著，程郁缀、高野译：《日本填词史话》，北京大学出版社，2000 年，第 2 页。
② 参见李庆：《日本汉学史　第 1 部·起源和确立（1868—1918）》修订版，上海人民出版社，2016 年，第 87—97 页。
③ 参见钱婉约：《从汉学到中国学——近代日本的中国研究》，中华书局，2007 年。

代。比如,即便《朝鲜归好馀录》《汉城遭难诗纪》主要涉及日朝关系,中国也是"不在场的在场者",①自然参与其中。同时,也正是这一时期,三国继16世纪末后再度爆发战争,影响波及整个20世纪。那么,东亚世界如何走向这一结局? 不妨先从维系东亚世界的纽带寻找答案。

历史上,东亚人士常用"同文同种"形容彼此间的联系。"同种"关涉"人种"概念,而"人种"又是根据人的可视的差异演绎、建构出的一套知识体系和意识形态,蕴含不同的政治意涵。② 即便依托现代科学,也很难形成共识。

比如,2021年9月17日 *Science* 杂志的子刊 *Science Advances* 刊发题为《古代基因组学揭示日本人口的三方起源》的最新研究。该文针对日本人种起源问题,通过分析9具绳文人和3具古坟时人的骨骼基因组,发现古坟人的 DNA 中包含绳文人及弥生人 DNA 所不具备的汉人遗传特征,而这些特征与现代日本人几乎一致;进而指出在日本人由原住民"绳文人"和外来"弥生人"混血而来的传统假说外,还有一种新的可能性,即源于来自中国的"古坟人"。③

对此,历史文献无法提供佐证。日本由于文字出现较晚,关于上古史的研究只能依靠中国史书记载。而在公元4世纪的古坟时代中国史书对日本的记录并不丰富,仅在《晋书》《宋书》等史书中

① 2013年8月18日,葛兆光教授在首届向全国推荐优秀古籍整理图书发布会暨2013学术出版上海论坛上,作题为"新文献发掘与整理的若干问题"的主题演讲。

② 详见孙江:《人种——西方人种概念的建构、传播与解构》,江苏人民出版社,2023年。

③ Niall P. Cooke et al., *Ancient genomics reveals tripartite origins of Japanese populations.* Sci. Adv.7,eabh2419(2021).DOI:10.1126/sciadv.abh2419.

留有倭国讃、珍、济、兴、武等五位国王遣使朝贡的只言片语，以致日本史学界将之称为"空白的四世纪"。所以，关于日本人是否源于来自中国的"古坟人"，只能依靠分子人类学或分子考古学的研究。

倘若上述研究属实，则说明正是魏晋之际的汉人为躲避战乱等原因渡海赴日，成为所谓"古坟人"，进而成为现代日本人的祖先，坐实了中日"同种"的说法。然而，研究刊发后从者寥寥。换言之，对于中、日、朝（韩）诸国人士而言，时至今日"同种"仍只停留在视觉感受或口头层面，尚未成为凝聚心理纽带的决定因素，更遑论19世纪末了。

至于"同文"，同样一言难尽。根据日本汉学家仓石武四郎的论述，虽然很难明确日本学习汉文的最早时间，但至少在三四世纪之交的"古坟时代"，应神天皇的皇子稚郎子已随阿直岐和王仁学习汉籍。当时日本人注重对汉字读音的学习。随着六朝文化的传入，吴音被确定为标准音；后至奈良末期，吴音又被承载唐文化的汉音取代。从长安留学归来的空海曾云："诵两京之音韵，改三吴之讹声。"[1]足见汉音在当时备受推崇。只是在894年停派遣唐使后，日本与中国的直接往来受阻，口语、音读失去实用机会，只剩下汉文读写需求。

于是，一方面，在汉文阅读上，日本汉学家转为通过在汉籍上添加特殊标记符号达到无需翻译、颠倒语序便可读懂汉文的"汉文训读"。仅靠符号便读懂汉文绝非易事，必须经过长时间的研究，以至于平安时代至室町时代的漫长岁月里，日本汉学家的工作实

---

[1] 倉石武四郎『支那語教育の理論と實際』、岩波書店、1941 年、56—60 頁。

际上都是在修订训读方法。①

另一方面,在汉文写作上,日本汉学家遵循由模仿到再造的路径,将中土汉籍奉为圭臬。如石幡氏在《以文会序》中直言:"我前古文章,犹属草昧,而其可观者必有所本。舍人亲王《日本书纪》,模仿《史》《汉》;善相公封事,自贾、董来;《源氏物语》,本《南华》寓言;其他序记论赞,虽字有真假之别,仍是汉文体制。"而江户时代的汉学家更是通过研习唐宋八大家的文章,掌握文章规范。②比如,江户时代大儒赖山阳对苏东坡极为推崇,对后世产生极大影响,甚及明治时代。③ 石幡氏的多篇作品都可读出东坡的影子,或缘于此。

经过一千多年的研习,日本人已将汉字融入母语,甚至不觉汉文是外语,即便不懂汉语发音也可写出汉文、汉诗,自然达到了"同文"的程度。然而,正如京都大学金文京教授所言,对于"同文",日本以及朝鲜和越南出于不同立场内心都有抵制。朝鲜、越南顾忌"同文"后便会被中国"同轨",丧失独立性;日本人虽认同"同文",但并不等于承认中国的文化宗主权。④ 于是,汉文虽然一直是东亚地域的共同语言,但"同文"同样不能成为销弭彼此冲突的决定因素。总之,在西力东渐的背景下,"同文同种"已经无法成为联系彼此的纽带。

于是,"亚洲""东亚"等新的地理概念,作为联系彼此的新纽带登上历史舞台。京都大学狭间直树教授指出,今天顺理成章地

① 倉石武四郎『支那語教育の理論と實際』,岩波書店,1941 年,65—66 頁。
② 倉石武四郎『支那語教育の理論と實際』,岩波書店,1941 年,7 頁。
③ 牧野谦次郎著,张真译:《日本汉学史》,学苑出版社,2021 年,第 134 页。
④ 金文京作、译:《汉文与东亚世界:从东亚视角重新认识汉字文化圈》,新北市:卫城出版,2022 年,第 18 页。

将地球划分为五大洲的认知，尽管最早可以追溯到大航海时代，实际上始于近代欧洲对世界的统治，即最近一两个世纪才固定下来。"亚洲"是欧洲殖民者对欧亚大陆东部非基督教徒居住地区的称呼，从近东到远东层层施加压迫；被殖民者被迫意识到自我存在，从而诞生了近代的"亚洲""东亚"等概念，并以日本幕末吉田松阴"海外雄飞论"为开端，诞生了对抗欧洲的"亚洲主义"。[1] 这种又被称为"亚细亚主义""大亚洲主义""亚洲门罗主义""亚洲连带论"的思潮，起初以"团结亚洲、共抗欧美"为口号。[2] 在日本相继出现了以"振亚""兴亚"为名的团体。而中国随着甲午一役宣告洋务运动失败，也将"以日为师"奉为救国之策。

随后，不仅大量中国学子负笈留日，受邀来华任教的日本教席也在中国教育近代化过程中扮演了重要角色。比如，1902 年正在德国留学"研究汉学教授法及同攻究法"的东京帝国大学助教授服部宇之吉，[3]接到日本文部省电报，安排其升任正教授，来华担任新成立的京师大学堂师范馆总教习。服部旋即 9 月来华，直至 1909 年 1 月返日，前后在华任教七年之久。[4]

与服部一起来华任教的还有安井息轩的外孙安井小太郎。石幡氏曾在其临行前赠言："东洋诸国之受西欧侵侮也久，我国幸恢区宇，虚怀容众长，烝烝焉不懈，以致今日富强。而宇内大局，非一

---

[1] 狭间直树著，张雯译：《日本早期的亚洲主义》，北京大学出版社，2017 年，第 2—4 页。
[2] 详见刘峰：《日本思想研究关键词：亚洲主义》，《日语学习与研究》2022 年第 4 期。
[3] 「○服部宇之吉独へ留学之件　明治三十三年」JACAR（アジア歴史資料センター）Ref.B16080823100、文部省留学生関係雑件　第二巻（6‐1‐7‐2_002）（外務省外交史料館）。
[4] 「服部先生自叙」、服部先生古稀祝賀記念論文集刊行會編『記念論文集：服部先生古稀祝賀』、冨山房、1936 年、15—21 頁。

二国可得而左右之。不幸一旦有衅隙可乘,无论何国,用峨舰巨炮从之。智者不及谋,勇者不及怒。兵连祸结,万姓涂炭,非区区周末七雄之可以比,而势有似焉。则并力均势,防西欧野心,以保东洋平和。当年修好之意,不外于此。无奈文同而言异,形亲而意不接。今君以名儒后裔,学有渊源,出为友邦授语学,或者以为不类。而谈笑之间,倡导其子弟,相率祛积弊开生面,焕乎一新,垂规模于将来者,将于是乎见。此虽属职外,而重友邦情谊,至诚感人,以张四维消祸变,即息轩先师满腹经纶,托之于空言者,今见于实际。可谓祖孙治经,教泽被世,殊涂同归也。予虽老矣,他年幸得追随旧踪,相见于北京。文武获所,内外廓清。与李、应子弟握手道故,杯酒欢洽,亦圣世联和诱衷之效。"(《送安井某甫之清国序》)其对东亚(东洋)诸国联合对抗西方的期待溢于言表。可以说,这种想法并非个例,在当时不乏支持者。

然而,这一思潮随着日本国内国际局势的变化而逐渐走向政治舞台,最终演变成侵略中朝两国,建设"大东亚共荣圈"的殖民扩张政策。[1] 石幡氏东亚联合"防西欧野心,保东洋平和""与李、应子弟握手道故,杯酒欢洽"的设想成为泡影。而这一切也可从石幡氏的著作看出端倪。

要言之,一方面,在石幡氏参与日本与中朝建交的记述中,充斥着对中朝两国吏治败坏、文化衰落、民生凋敝、商人奸诈、民风不古、陋习不改、饮食不适、卫生不洁等诸多方面的记述,隐含着对两国的蔑视;另一方面,其中也不乏对 16 世纪末年丰臣秀吉发动侵略朝鲜战争的追忆和颂扬,比如"以丰臣氏之伟略"(《〈外交志略〉

---

[1] 宋念申:《发现东亚》,新星出版社,2018 年,第 13 页。

序》），"李氏勃兴，稍复旧物，而激我丰公之怒，兵结不解者七年"（《送海军大军医矢野某之任元山序》）等。或许正是这种对邻国衰弱的蔑视和对武力扩张的推崇，将日本引上一条对外侵略扩张的不归路。东亚因此陷于泥潭，时至今日仍为历史问题所累，无法实现彻底和解。石幡氏参与日本与中朝建交之初，大约不会想到也不愿支持日本对两国发动侵略战争，但其对两国的情感态度却成为日后侵略战争的铺垫。如何在乱世或兼济天下，或独善其身，躬行文以载道，警惕随波逐流，或许是每个知识分子都需要思考的问题。

石幡氏墓位于紧靠东京日暮里站的谷中灵园，一同长眠于此的还有前述伊达宗城、重野安绎、岸田吟香，以及德川庆喜、涩泽荣一等。各家墓地鳞次栉比，相连步道蜿蜒曲折，宛如一条条河流，汇聚成历史的三岔河口。百年是非曲直，后世自有公论。

五、校勘说明

《桑蓬日乘·清国纪行》《朝鲜归好馀录》《汉城遭难诗纪》《东岳文抄》底本皆采用日本国立国会图书馆电子图书馆（数字图书馆）所藏缩微胶片转换而成的 PDF 版本（以下简称"缩微胶片本"）。因油墨洇化等原因，字迹模糊甚多。幸得日本创价大学"中日友好学术研究资助计划"资助，笔者得以前往早稻田大学中央图书馆阅读所藏原本（日本国立国会图书馆东京分馆仅藏有缩微胶片，原本在关西分馆），逐一核对、修订。谨致谢忱。

第一，关于版本。《桑蓬日乘·清国纪行》由"有所不为斋"（石幡贞斋号）于明治四年（1871 年）12 月印刷，共上、下两卷，为石幡氏作为使臣参与日本对华建交笔记。原为汉文，出版时译为日文,汉文本散佚,此次再度译回中文。

《朝鲜归好馀录》由"日就社"于明治十一年(1878年)12月印刷,共5卷,汉文,为石幡氏1877年作为使臣驻扎朝鲜期间的笔记,囊括大量其与朝鲜官员的唱和诗文。缩微胶片本或是出于节省胶片的目的,将冈千仞跋收于空馀胶片的卷三末,早稻田大学藏原本将其收入卷五末。此次将其调整至卷五末。另,早稻田大学藏原本卷首盖有印章,上书:"大正十五年二月花房仙次郎氏寄赠。"花房仙次郎为花房义质之弟花房直三郎之子。卷末版权票上有石幡鼎印章。

《汉城遭难诗纪》由"东洋馆"于明治十七年(1884年)6月印刷,共1卷,汉文,为石幡氏1882年作为使臣驻扎朝鲜期间遭遇"壬午兵变"前后所作诗文笔记。

《东岳文抄》由石幡氏门人熊坂六郎兵卫(或为其养子伊三郎生父熊坂伊兵卫后代)整理,并由石桥富子于明治四十三年(1910年)出版,共4卷,汉文,主要收录石幡氏中年以后应邀所作序、跋、传、记、墓志、碑文,以及建言、随笔等。早稻田大学藏原本卷首盖有印章,上书"大正十五年二月花房仙次郎氏寄赠",应与《朝鲜归好馀录》一并寄赠早稻田大学。

第二,关于校订。《朝鲜归好馀录》《汉城遭难诗纪》《东岳文抄》虽为汉文,但错字较多,应为手民之误。本次在根据《朝鲜归好馀录》早稻田大学藏原本后收录、缩微胶片本未收录的"勘误表"、《东岳文抄》缩微胶片本卷四后收录的"勘误表"的基础上,结合上下文意进行校订,共修改150馀处。

谭　皓

桑蓬日乘·清国纪行

[日]石幡贞撰　谭　皓译

序

　　举世曰和汉,盖天地之大,唯知我与彼国于其间者,数千年于此矣。而彼国乱离相寻,数易其主,我则万世一系。故有时信使相通,亦在彼皆为前朝不可知之事。今也五洲通交,中外订盟,而独邻近如清国则措不问焉,相知之实将何在哉?今兹辛未夏五月庙议派发大臣,余辱命补翼,舣于上海,淹于天津,终至北京。其间三千馀里,五阅月约成而还。从士石幡贞笔记其略。夫人情骛远忽近,近者常惯于耳目而不察,有其出于意想之外者。此卷直书其所亲睹者,世人或以为大异于所闻乎。先辈有言:"数经病患之人,自致元气剥丧;而强壮堪久之人,或虞于横折之变。"旨哉斯言。能知彼情,则亦能知保护我势矣,然则此篇不唯知二京十六省之今日而已也。

　　明治四年辛未冬十二月青青柳原前光[①]识。

　　石斋高桥珪书。

---

① 　序文为柳原前光用汉文写成。柳原前光(1850—1894),日本幕末至明治前期外交官,伯爵。其父为幕末曾任大纳言及议奏的柳原光爱,故属公家;其妹柳原爱子为大正天皇生母,故为皇亲;其女柳原白莲为歌人,嫁予宫崎滔天之子宫崎龙介,故与一生热诚支持中国革命的宫崎家为亲家。但因其早逝(终年45岁),以上姻缘多发生在身后,平生功业主要为担任外交官的经历。其于1869年入职外务省,1870年作为外务大丞来华,于天津与李鸿章进行两国建交缔约交涉;1871年作为外务卿伊达宗城之副使(即本段所谓"辅翼")来华,促成缔结《中日修好条规》;1874年日本侵台之际,又作为特命全权公使与大久保利通同赴北京善后。后曾任驻俄公使、赏勋局总裁、元老院议长、枢密顾问官、宫中顾问官等职。

附　言

一、此书乃余所私录，而所及闻见，公私杂载。今及上梓，则删除关涉公事之处，唯记风土民俗，不厌细琐，详悉具举。若世人反省勉力，以为开明之一端，则幸甚也。

二、此篇原录汉文，今为易于世人遍读了解，和译上梓。但与彼人笔话且往复书翰处则存原文，并施以旁训，以供见彼邦之语。

三、卷中画图皆余就其真景而亲画，而北京图二三页则为彼地购得写真图之临摹。余百事皆拙，何况绘事，故上梓之际特嘱泷和亭君①重画。

四、余少壮好游，而每游必记，以供他日卧游，皆以《桑蓬日乘》为名。此卷亦其中一部，伴睡魔之一种。忽昨秋追忆在清国之事，茫乎真与午枕之梦无异。亲身跋涉其地者尤为如此，更何况街谈巷议、纸上谈兵之世人，岂无隔靴搔痒之叹？因而今刊行之，以期共同实地详审。

有所不为斋主人识。

---

① 泷和亭(1842—1901)，日本明治时代画家。本姓田中，名谦，字子直。先后跟随大冈云峰学习，1850年赴长崎游学，与禅僧铁翁祖门、日人木下逸云及清人陈逸舟等交好，因而学习明清画。画作曾先后在维也纳、费城及芝加哥世博会等展出、获奖。

卷之上

　　明治四年辛未夏四月庙议遣使赴清国修交通商,乃以从二位大藏卿伊达宗城为钦差全权大臣,正四位行外务大丞兼文书正柳原前光为辅翼,从五位守刑部中判事兼外务权大丞津田真道、从六位守大学少丞长芡[1]、正七位守文书权正郑永宁三人为参事,大学助教宫下惟清、文书大佑颖川重宽、外务权大录斋藤知一、文书权大佑颖川雅文、文书权少佑津久井远、外务权少录土子丰宪、大藏省满川成种、大藏省小曾根丰明八人为随员。从士则大臣配三人,辅翼配二人,参事各配一人。另有外务省仕丁三人,通计二十一人。[2] 余时任文书权少佑,编辑外务省簿书,逢此举乃辞职而随柳原公同行。时为五月十日。

　　五月十七日。晴。甚热。八时离筑地,骑行至外务省告假,后驾马车抵达横滨。时已六时。宫下及馀下诸官员皆已先至。客舍杂沓,设有晚宴。

---

[1]　其人名在档案中亦记作"長螯"。见「元長大学少丞外三人清国行ニ付別段御手当并支那人龔慎甫手当金申立」JACAR(アジア歴史資料センター)Ref.A01100007500、公文録・明治四年・第百二十四巻・辛未八月～九月・外務省伺(国立公文書館)。
[2]　此处 21 人应该不包括"外务省仕丁三人"。

五月十八日。雨。午后七时起锚。暴雨倾盆。船为名曰
"Golden Age"之亚米利加飞脚船①,长七十二间②,宽数丈,分四
层,其中三层房间如枪状排列,载四方万里之客。其汽筒高耸,车
轮神转,舱内有银瓶畜冰,玻璃罩灯,帷幕璎珞,珍异妆成;有如登
兰台入龙宫,置身艰险不测之中而不觉。及夜,过相模洋,至远
州③洋,既觉船动摇反侧,窗外怒涛排空,不能凝立,床四旁呕吐物
甚多。余一时欲起身如厕,然未数步便僵倒,目眩足麻,呕气冲胸,
因而只得抱柱定神,而后才敢前往。竟夜未眠。据云此夜船偏离
航向五十馀里。

五月十九日。无风。船行甚缓,距岸亦远,四望无所见,各出
房相会,皆憔悴枯槁。闻昨夜以来无人能饮食。

五月二十日。午后三时抵神户港。该港背山面海,受损尤甚。
房檐落地,屋存其半,仓库露骨,舟船触岸。厨房寝室之受损物品
纵横散落路旁,睹物鼻酸。听闻前日夜间海啸,远州洋之苦确乎
如此。

五月二十一日。晴。犹在港。夜起锚。

五月二十二日。晴。拂晓过赤马关,横穿玄海洋,沿筑州而
行,离岸不远,常见人家。既至肥前,海岸周边皆山,开垦至山顶。

---

① 此船即美国"太平洋航运公司"(Pacific Mail Steamship Company)之 Steamer Golden
Age,后于 1875 年由日本三菱会社(当时正式社名为"三菱蒸気船会社",1875 年 9
月又改称"邮便汽船三菱会社")购得,改名"广岛丸",一直服役至 1890 年。
② "间"为日本独有的传统长度计量单位,多用于标记建筑外或蒸汽船的长宽等。1
间约 1.818 米。此外,日本近代之前还使用寸、尺、丈、间、町(丁)、里等长度计量单
位,其中,1 里(约 4 千米)= 36 町(丁),1 町(丁)(约 110 米)= 60 间;1 丈(约 3
米)= 10 尺,1 尺(约 30 厘米)= 10 寸,1 寸(约 3 厘米)= 10 分,1 分(约 0.3 厘米)=
10 厘。
③ 远州为远江国之别称,即现在的日本静冈县西部。

船旁数座小岛飞驰而过，或名曰岸相模，或名曰冲相模，皆因形状而得名，如屹立相抱力士角抵之状。驶过则为长崎口，见左岸有炮台，据云为天保年间肥侯所筑；绕过海角可见船只桅樯林立，外国诸馆跨海连山，风景绝佳。再往前行，便有两艘军舰，发炮为号，既已至小船旁。午后四时集合，郑参事、颖川大佑先行安排旅馆，大臣及馀下上岸。午后十时由兵士数人护卫前往旅馆。知县事①宫川来访。余等饱醉邦味，顿时忘却数日之苦。深夜就寝。此日船内作诗云：

辛未五月十八夕，全权大使发海湾。一行其人二十一，此日暴雨浸半天。须臾怒涛卷山岳，大鲲出没护后先。朝来相顾无一语，瘦骨峻嶒亦非仙。自此快驶纪南海，遥望神户坠云烟。播山艺海转瞬间，只见山回水自环。君不见，日本桥下一条水，五大洲游从此始。虐则为兽亲则人，人间岂有别天地。为祈交谊能和顺，船窗今日先屈指。

五月二十三日。晴。暑气逼人。徜徉街衢，观清人商馆，颓垣废屋，芜秽尤甚，往往无主；兰馆及诸外国馆则特别华美。虽然，其与横滨相比亦甚稀少。大臣及公之旧臣岛内由是日起随行。

五月二十四日。夜八时由长崎出发，乘汽船西行。

五月二十五日。晴。向东回望皇国，只见碧海青天，烟云暧叇。由长崎出发，风日清美，波平如席。桅上转身骋望，殊不觉在至险之中。

五月二十六日。晴。早起观海，甚浊。既入扬子江口，左方一

① "知县事"为明治元年（1868年）设置的县最高长官，翌年改称"县知事"。

带型如眉处为崇明岛,江中空阔淼漫,犹如海中。逐渐见岸,即吴淞江。两岸平整无山,青田漠漠,树则多柳杨,屋则或茅或瓦,男女耕耘,水牛求刍,宛然《豳风·七月》之诗。顾望前方,桅樯遮天,馆阁夹岸,层层密布,其中闪现者即上海也。舟楫往来如织,其船大体与我皇国船相似,但帆非尽用布,或以芦席缀成,或虽用布但断烂分裂,且桅樯舳舻全不整齐。若与西洋船比较,凡眼一瞥便可知美丑。据云横滨至此五百五十里。近午时入虹口日本领事馆,急挂国旗,并遣使上报道台。此馆系昨庚午年所购,为洋房结构。品川、斋藤外务省事前派遣之官员。及其下官员皆来,与大臣及诸员相见。据云此地甚热,项日温度至百十六度①。晚间大臣、公及诸员皆出屋纳凉,过新大桥,入花园安置洋人之所。散步。行至岸边,有洋人馆阁楼宇数栋,皆六七层高,雕栏画桷矗立云霄;夹路配有瓦斯灯,光明如昼。出大马路,过河南路、二马路、三马路,马路盖如本邦之何丁何通。至五马路观剧。其勾栏题曰"丹桂茶园",每人票价一元。戏台三面设棚栈,层层安设椅子。客入即提供茶果,其所演戏目,或《三国志》,或唐宋间之异闻奇事,诸伶粉面异发,俯仰说白,舞蹈出入,毫无间断。然不解语言,不能知其所演何事。只能观其婆娑之状,听其叮当之音。此外亦有戏台数座,皆夜演也。

五月二十七日。晴。甚热难堪。同知陈福勋来。午时雷鸣,忽而沛雨,雨后稍凉,又赴花园纳凉。此夜梦中得一诗,醒来又忘,只记忆一两句,遂累之曰:

五湖游不远,东海归何时。壮重洋人馆,微风下蓊帷。隘陋土

---

① 此处指华氏 116°(约 46.7℃),可知日本明治时代曾使用华氏温标。不过,上海自 1873 年有气象记录以来最高气温仅 40.9℃,此时虽在有气象记录之前,但高达 46.7℃亦恐不实。疑为记主误听或误记。

图1－1　吴淞江溯上海图(落款:壬申春为石幡贤兄嘱 和亭)

人屋,秽臭侵人肌。新大桥岁月,大马路布基。浪连玄海险,风翻皇国旗。古城想鼎足,闻上海城吴孙权所筑。扁舟吊鸱夷。三千里外客,一百馀日期。故国何处是,晓起拜朝曦。

五月二十八日。晴。大丞、公、津田参事、郑参事、颍川大佑同乘轿前往拜见陈福勋、涂宗瀛,余某等从之。其距虹口一里许,其间市店栉比,街路甚狭,檐牙相啄,碍砌相啮;侧身而过,污秽之气冲鼻,深觉难堪。而土人恬然不省,身上只缠白袴,裸露半身,如去如来,悠悠愒日。铺店则杂货繁多,优美可观。闻该城为吴孙权所筑,颇为闳壮,但亦荒坏失修。本使已临门,则发炮数声,门扉洞开。其接客之堂仅三四间,尘埃盈席,吾辈数人不愿靠前,观看祖禓牌位,亦不能自制。过堂后门外有一人记下本使等名单。余时咽渴,动笔写字求水。其人曰："请问尊姓贵号,年庚若干。"余曰："姓源号谦斋,年三十三。"余亦问其人姓名,则曰："姓爕名子敏。"爕氏曰："大兄有妻孥乎?"余曰："仆前已娶一妇矣,而不堪箕帚,以是离昏。且仆素怀海外之志,未遑缱绻妻孥。虽然,阴阳之理,天伦之始,不能终无之。贵邦与我今将结大信,则大兄之力得能辨之,幸甚。"故投笔,大笑。旁观十馀人皆捧腹。爕氏又曰："拙篆一二颗,请以备一粲。不知归沪果在何日?"余曰："愿烦大手以荣形色,只未可预刻归期也。"语了,归路至陈氏之馆。按地图所示,法兰西租地即居留地。北至城北门外至洋泾浜之南岸,东至小东门外之方浜,西至西门外之周泾;英吉利租地则由洋泾浜北岸至吴淞江之南岸,东至虹口,西至泥城;而花旗各国又错聚其间。洋泾浜一区妓院鳞次,其风月楼台虽不如我邦北廓、南品之盛①,亦有值得光顾者。客欲见其人,一入门则诸艳麇至,环坐通名。但其所困却者,乃不能解靡靡音声之词意。毛祥麟所谓"咸酸梅,盖言品味虽未佳,而亦可以解渴除烦,一若津津乎有馀味也"②,其然,岂其然乎?

五月二十九日。暑气如昨。未外出。夜书家信。

五月三十日。晴。亦热。夜赴花园散步。有诗:

旱云飞火甑中同,散策来过淞水东。一半微凉谁管得,夜船啸月片帆风。

六月朔。晴。夜十时乘山西汽船赴天津,距上海三千五百里馀。支那里数。

---

① 北廓即吉原,南品即品川,皆东京青楼汇聚之地。
② 此句语出清上海人毛祥麟《墨余录》卷七《风月谈资》。所谓"咸酸梅""咸水妹"即指广东籍妓女。

图 1-2　上海图

六月二日。犹未开船。至夜四时始开船。盖本船为洋人在天津、烟台、上海、香港等间运输清国货物所设，与横滨所乘美国邮船相比，不及其半。船共两层，客占上层。上层又分前后，前为中下等客房，后为上等。机器全在中部，并不外露。客大致清国人，或房中说笑，或卧吸鸦片，或立而巷谈，喋喋聒耳。

六月三日。晴。船向北行驶，无可见处。

六月四日。晴。晓起，口占一诗：

一发山东远翠分，微风浪静水为纹。长空擎出扶桑日，火舰朝凌渤海天。

午后入芝罘港，属登州府福山县，由上海至此七百馀里，相当于我邦二百八十六里馀。① 驻船后一时大臣以下三五人上岸纵览。街右有突起于山海处，即为烟台。有洋人馆舍，栋宇高耸，可以佳眺；逦迤而下，则市街棋布罗列，峰峦重叠，坐拥山背数十里。洋人各占高敞之地，与海光相映成辉。而其最雄伟者，天主堂是也。此前大臣、公雇佣清人龚慎甫。慎甫为北京人，曾在长崎、神户等地往来，能通皇国语。闻芝罘之水果有名，便托其购买。桃杏李梅果大如碗，实属珍稀。

向北转，忽见岩石巉巉怒立，汽船飞驰掠过海面，如大斧劈铍，颇为异趣。其狂风怒浪下垂上冲洗刷船只，诡态异形自现。自入清国以来，始遇如此美景。问其名，据云"双岛"。可惜汽船迅速，瞻之在前，忽焉在后。有诗云：

针路茫茫瞬息间，一声号炮近汀湾。傍人勿怪频回首，去国以来初见山。

六月五日。四时入天津河口，河名白河。有炮台数座，河口之根基尤为洪宏，然颓圮已久，即僧格林沁击毁外国船处。此河与吴淞江相比稍狭小，水浊岸平，沮洳卑隰，四周皆仅杨树无他，亦与吴淞江所见相异。只其民家在彼地往往为瓦房，而此地则四方上下皆以土泥涂成，绝不使用茅芦，想来此地不生。望其街市，恰如新翻土之瓜田，累累若土块相倚，不若人家。其残垣落半，屋门倾斜，长满荒草处，比比皆是。梅道人、顾虎头②等所画之处，真不余欺。其民人则亦只缠下体，不着衣裳；其色只见青、白，未见身着纺织纹

---

① 中国 1 里为 0.5 千米，日本 1 里约 4 千米，大体相差八倍。可见，此处记主换算有误。

② 梅道人即指元代画家吴镇，字仲圭，号梅花道人，又称梅道人，被后世尊为元四家之一。顾虎头即指东晋画家顾恺之，因小字虎头，故有此称。

图 1‑3　芝罘港图

布者。此地骡马甚多,儿童互相追逐嬉戏。土人建房,必先四旁挖沟,运土以筑上平下方之小丘,然后始住。然一朝遭遇暴雨,则全家不沦为鱼虾者几希。

　　六月六日。晴。近午,经大直沽、东沽、西沽,右岸忽见如炮台之物,询问知是瓦窑。其地无林薮,用草莱蒹葭烧瓦。又问屋材何地搬来,曰朝鲜,可见其不便。河水忽变浅,无法行船。洋人仓皇奔走,仍不能动。故急泄火力,于两岸与船舷间系绳,张弛之间调整方向,然犹不动也。水夫数十人执役,但时已日暮,金议曰恐误期。大丞、公、津田参事、郑参事同乘小舟上岸,至天津。据地图,大直沽距天津东五十里,其地出盐,由船窗瞰之,盐池皆起土垅,汲浊水进而煮之。此日有诗：

愁云苦雨异邦天，万顷黄波激汽船。若使一清供濯①足，宛然我国武隈川②。

遂泊之。

六月七日。晴。抵紫竹林，乃西洋各国之租界。即居留地。大臣及公携三四名官员上岸，馀者皆赁小舟溯行。在海关即运上所。查验行李后上岸。英美等国领事馆皆华美整洁，而与上海相比则下之数等，据云为物产贫乏之故。观其地方官署，鄙陋废颓；酒茶店铺，略如我邦田舍老婆等树间设席待客之所，甚为猥秽。此边亦往往见盐池。已至三叉河，有天主堂，矗然直插空中；然其残毁不全，即昨庚午年五月土人聚集焚毁之处。过之左转有门，旗昌行轮船会社。是也。据云主人姓刘名森，地之右族，升至三品衔。昨秋派遣之来使曾馆于此，今兹亦因之而为钦差公馆。堂房庭庑一应具备，过二门占高壮地处为会接之公堂，匾上书"文治光华"；堂前有庭，庭前有庑。据云门对面为验收练饷总局。门左又设一门，曰"庆衍重门"，门内有厨房。过公堂，又有门，门右之堂曰"人杰地灵"，门左之堂曰"庆浃南陔"，其正面有一房曰"物华天宝"。每堂有房两间，每房设两张床，帐帷具备；其饮食则米不精凿，羹皆油熬，腌菜亦和油；而后上菜，概不适口。夜半枕上得一诗：

万里萍踪历几旬，又从上海向天津。想应季叔披图坐，点捡罗经说远人。

---

① 濯，原作"跃（躍）"，疑形近而误，据上下文意改。
② 武隈川即阿武隈川，发源于日本福岛县东部，向北流入宫城县，汇入仙台湾。全长239千米，为日本东北地区仅次于北上川的第二大河流。

图 1 - 4 天津图

六月八日。朝小雨。众人皆厌支那调理,遂顿开所带来之物,令仕丁掌勺割烹。雇佣土人服役。土人垢面尘足,非严令苛驱而不供职;其性概宽而钝,于我邦人之不能忍耐处,则不以为然;但趋利之心甚锐。及十时,大臣及以下皆前往拜见李鸿章、应宝时、陈钦等。

六月九日。晴。

六月十日。晴。李鸿章、应宝时、陈钦等来接。照例发炮,兵数十人,仪卫严备。

六月十一日。晴。

六月十二日。大臣及诸员赴山西会馆之招饮。会馆距旗昌行十丁许。炮号照例,寓所至会馆有护卫之兵。大门匾书"步趋谨严";入而右转见二门,上书"彤云丽日";对门为关帝庙,上书"乾坤正气";进而右转,见土木甚盛,即为会馆。堂中楣处匾书"仁云天恭",左书"必恭敬止",右书"人伦之至"。楼正面书"春秋楼",左书"正名定分",右书"麟经默契"。堂角有碑,记有姓名及醵金数额,盖此馆为富人相谋而建。话毕,即上酒肉。其调理亦不适口,只桃李等果物素无异味,得以食之;其羊肉猪肉,或切丝,或切块,以甘糖辛椒各类调味,必以麻油橙油为主,秾浓不淡;酒带酸涩之气;茶与我邦之番茶相近,煎后不装瓶,先一掬入碗,注入热汤,然后盖盖进之。接客之吏喃喃言说,然不解所言何事,乃援笔摅情。

六月十三日。晴。大臣、公、长参事、颍川大佑共至应宝时官邸。官邸在府城中,城就平地而起,无树木,无沟堑,仅以一廊环之。厅前堂庑坏圮,屋上草莱参差,初疑为废宅,而犹有人住。议事之间吏人等来到身旁,喋喋言语;诸多轿夫舆丁亦并肩相随,吏民无别,堂前咫尺,蝟集蚁散,殊为可厌。余一时拿出笔砚,以示欲言之状。一人忽呼来一官吏,年四十有馀,故戏而赋诗示之云:

大海航来自日东,始知禹域到边同。屋倾柱朽无修饰,不耻茅茨太古风。

其人持诗而去,许久才在诗尾书云:"房屋因雨倒坏,不堪寄住。"一时随人指引入一室,内有三人,执笔而待。余曰:"王先生近业如何?愿与闻其高明之说,以为吾侪东归之赐。"便默而不答。而见其所问,不过日本来上海几百里,上海至此若干里等语,且语亦不莹。出屋过前堂,有如书斋处,旁有如私塾二三间。

六月十四日。晴。余感邪气,恶冷腰疼,起居不便。故忆起山东汽船之卧床,只铺荐毡,疝乃乘渗冷而发,今体渐虚,始觉之。此前同僚高田政久患痢病。余内外多事,不遑怜悯我躬。异域客况之苦,何以名状?

六月十五日。晴。津田、郑两参事携条约书,抵应宝时公馆。午后散步,阅书肆,览古董。玉石、印材、古砚、陶器稍珍。书籍则仅时文俚语或举试剽说,其数汗牛充栋,不堪记录。而经世有用之新著书则少见,价甚贵,恐非普通之真实价格。商贾狡猾,视人攫利,何邦非然?殊觉已甚。入天津以来,少见妇人。偶见,仅贱婢老婆。一时,小曾根沿乾堂入一门,据云此主人往年曾来长崎,授其隶法,今则亡故。有孙,六七岁,方习字,眉宇爽秀可爱。妇人五六人,穿门视之,足小如拳,不堪步行;耳有环,发戴簪,盖金、玉妆成;服装则不分男女多麻葛,衣着绸绢者则未多见。曾闻清国女子以趾小为贵,见之信然。其缩小之术,自幼缠缚拘曲,去趾存肉,穷年没齿,不复解开;或时而解开,则其腐臭,不可接近。盖异习也。

六月十六日。晴。应宝时、陈钦来议事。

六月十七日。晴。商贾等担书画帖幅来卖。

六月十八日。晴。

六月十九日。阴,午后晴,热。清闲无事,使员堂上围棋。及夜,所雇土人有奸滥之事败露,知府天津府知事。将之逮捕,押送至公馆,并发照会,听我处分。乃鞫究之,得知内情,即夜令其归家。嘻!鄙人本无罪,怀货是罪也。凡可恶之事忽由可喜之物而起,此乃人之常情。天津地方,穷民极多,偶于街市散步,乞丐逼人,须携杖而后方可步行。

六月二十日。

六月二十一日。

六月二十二日。连日阴郁,雨亦降下。

六月二十三日。自昨晚大雨如注,至晨未歇。

六月二十四日。雨仍未歇。

六月二十五日。始晴。连日大雨,门庭积水,屋顶因之有数处漏点。大抵清人建造房屋,既已架好柱梁,然后四方上下涂以泥土;只富家用瓦砖垒成。而材木实在缺乏,故往往骨也孱弱,肉亦不堪。久雨浸润,则坏裂剥落,不能支撑。加之结构不密,若不施修理,则立待倾颓者比比皆是。其懒惰亦甚。馆南有一民家,因雨而坏。往而见之,犹且引芦缠席,恬然住之。懒惰愚蠢,韵致高绝,绝不动心。然叹天津既称一小都会,而犹如此,何况山居野处之民。夜书家信,隔海万里书,言及家严及兄弟姊妹等,不觉潸然。

六月二十七日。晴。晾晒所带之食粮各品。连日阴雨,筐柜中酿成湿气,犹至生醭。天津之地与上海相比破陋亦甚。无太桥花园般目娱心乐之所;所用之水,则浑浊黄赤,与吴淞江无异,满是居民粪尿等不洁之物,朝夕担来弃去,其下流又汲水制盐,则盐黑如土,若非蒸煮去滓,则难供用。饮水须经再三漉之,清之又清,而犹有人因之生病。人家压川而起,且任由岸坞崩坏,不加修筑。如地有小隙,则市人于白昼亦当街并臀排便,毫无惮色。闲居情倦,偶欲散步徜徉,多因之受阻。其街路甚狭,两檐相距不过五六尺,驮者、驾者、舆丁、轿夫，来去突然，旁午抵触。因之若踏藉①上路，则凸凹难行。而我邦人偶出游，则市人前后麇集注视，蝇蝇蠢蠢，挥之不去，几近难堪。而其尤所困者，臭气、乞丐、街路狭隘、恶路逼仄是也。

六月二十八日。晴。与某人一同散步，入一陶器铺，有丽人，目测其年应二十六七岁，明眸皓齿，不多见也。妇女大抵深居窗内，其出户者仅老婆或小女子。因趾小最堪笑者，即白发满头之老者。此前娇媚步行，无需人扶者，今则为踽踽蹒跚，不如乞丐、残疾之人。陋习之糜，此亦至极。

---

① 藉，原作"籍"，疑形近而误，据上下文意改。

卷之下

七月朔。有贾人数辈,亦持书画古董来售,皆狡狯变诈,预设价格而卖。大约余若以本价之三分之一买之,则往往受彼所愚。其书画勿论工拙真赝,皆标价四五块,若以一二块买之,则卖;阅之则为晚近之帖轴,更无鲜见迢逸之物。只古书画、古器玩,则往往为我邦未曾触目之物,但或断烂不全,或毁折无用,以疏朴为韵致,以精致为凡俗,以暧昧为信,以简懒为高,争名而不务实,其清人之癖也。譬如耄耋之人,血液既乏,进取之气竭,而犹向人喋喋夸谈古事迂怪而无他,只知己而不知彼,二京十六省岂无人乎?盖自尊自大乃馀习之痼所在也,不遑他顾。虽有其人,则若仅有桂葛,不能供乌附之用。[①]

七月三日至七日。晴。无事可记。

七月八日。晴。大臣、辅翼、参事共赴李鸿章之馆议事,其馆距旗昌行十丁许。过一桥,系连接船只以绝河川之浮桥,长三四十间。每舟楫往来,则开其中一船,过后又闭如故。天津市中如此者有两处。过寺前,入第三门,即为议事厅。议事之间,与其官人等

---

① 桂为桂枝,葛为葛根,乌为乌头,附为附子,皆为药材。其中,乌附为大辛大热,桂葛虽也辛热,但作用远不及前者。可知此句意指虽有其人,亦不堪重用。

笔话。余曰："久雨经旬,闻天津有溺死人甚多,不知几许否?"其
人曰:"如天津溺病甚多,可有好药施送数副?"余窃谓其所答失
言,故执笔大笑曰:"仆曾学修医国之业,知救于未溺之前,而不知
药既溺之人。"其人退。又来一人,故问曰:"禹决九河注之海,此
天津河亦居其一乎?"答曰:"南运河、北运河、上西河、下西河、子
牙河、大清河、朱龙王河、店河是为九河。"①余窃谓北运河、上西河
是否于天津合凑而成白河,故问之。其人答是而退。后思之,河水
当在山东,而今斥言在直隶;且南北运河等为隋炀帝所建,以之充
数,恐非也;且言运河为白河支流,自当有别。其言总体不足信,故
而投笔,不欲与彼辈复言。此地极其平衍,故遇阴霖数日,则下民
昏垫。神禹若不复出,则无可奈何。

七月九日。成林来见,曰顷日大雨,十馀州被水覆盖,溺死破
伤不知其数。其带来自画山水相赠,精巧畅致。

七月十日。晴。应宝时等四五名来议事。议毕,照例上茶酒。
离行之际,应宝时与郑权正一揖,曰:"今日以后,无复异议。"可知
赴北京时日不远,一行官僚之喜悦可想而知。自来清国,已二三
月,气候顿异,惫倦疾病。卧榻三尺,鞠躬如也,稍容我躬,何况他
人酣睡?

七月十一日。晴。

七月十二日。雨。

七月十三日。阴。

七月十四日。晴。

---

① 此处仅举八河,尚缺永定河。

七月十五日。晴。此夜土俗盂兰盆节放灯，众人同出观之。灯盒以纸片裁制，形如莲花，红影映水，点点随流而下，前灭后继。登船顺流观之，忽来一灯船，数星烂灿，鼓枻而去。月明风清，举网弄笛。人皆妆点此良夜，真有遗世之想。只津门总兵每夜五六小时即打钲吹锣，嘈杂喧腾。此夜亦然，令人厌烦。正所谓"杀风景"，掩耳归而就寝。

七月十六日至二十六日。连日快晴，秋气顿催。此前高田政久感染时气，卧蓐既久，终为痢病。昼夜下痢，不计其数。余内外多事，加耗精力，思乡之念，楚楚刺心。不知赴北京之期限为何日？

七月二十二日。公馆堂前有瓶栽之茉莉、莲、柘榴等数种，偶感而得诗：

昨夜西风急，香残茉莉花。离披三两朵，懒取落英夸。

草蔓池渐小，云断曙光侵。秋荷花既谢，摧残君子心。

七月二十三日至二十六日。连日爽晴。此前受大丞、公、安井翁所托，将《左传辑释》赠予李鸿章、应宝时。此日应宝时添序文一篇还之。其文云：

敬启者。送上月前面嘱《左传辑释》序文一首。媸陋之作，无足观也。幸希代致安井先生为荷。执事前云送都门一部，为李中堂所留。兹将见惠一部仍缴上，惟书面纸已微损，甚愧也。贵国有精刻书三种，如可售，祈于明年代购寄苏，每种三部，价当照奉。宝时尚有近刻书数种，俟台从过沪时籍上。祈诸惟为国自爱。不宣。

名正具

附呈书单一纸：

《古文尚书》《论语皇侃疏》《山井鼎孟子七经考文》①

余代答书云："复祈者。《左传辑释》序文一首，代致安井衡，敬领贵意。非执事金诺，曷能及此。谨颂贵序，含珠蕴玉，自然发精彩。送都门一部，为李中堂所留，幸为赠，见封还一部。虽执事谦挹使然，须于衡意不安，祈查收。三种书弊邦坊间往往在焉，于明年如台教代购缴上。承贵著有近刻数种仍过沪时见送，亦如贵谕代送矣。残炎犹旺，并请秋安。"

七月二十七日。晴。

七月二十八日。雨。条款等重新誊写。此日有日本信书来，送达大臣、公。云七月九日东京海啸，筑地地方浸溺殊甚，近时所未见。馆中咸蹙额恼想。

七月二十九日。与大臣、辅翼、参事、随员数人携条约书，抵山西会馆签字。

七月三十日。雨。招李鸿章、应宝时、陈钦、马绳武、丁寿昌等来饮，一时雨甚大，不来。因此将所设膳馐赠之。闻应宝时既至江苏赴任，想来通商事务非其本衔。余曾见李、应、陈等之风采：李英果溢面，应温藉寡言，陈畅达善谈，皆当代之选。至其换约协成，此三人之力也。午后十一时与岛内一同检阅赴北京之船只。

---

① 山井鼎(1690-1728)，又名山井昆仑，字君彝，通称善六。元禄三年即1690年(一说天和元年即1681年)生，纪伊(今日本和歌山县)人。江户时代中期儒学者，先后师从伊藤仁斋、伊藤东涯父子，及荻生徂徕。精于考证，此处所举《七经孟子考文》即为其代表作，该书令清代考据学者赞叹，并被《四库全书总目提要》收录。

八月朔。雨。此晚高田政久因未病愈,先行返沪。

八月二日。甚冷。加袷一袭,犹觉寒冷。买西洋制祖服。人云雨若不歇,则舟行阻多,北上之期未可知也。

八月三日。阴,亦时而降雨,寒冷如昨。

八月四日。微雨。孙士达来报,云开行北京之船只既已具备。器具行李一时搬运入船。系名为"太平船"的官方督粮运船。馆中舟中,人相抵触。至夜乘船。船有五只:大者二,使员乘之;小者三,留学士七人占其一,孙士达主从一只,轿子奴仆合乘一只。满川成种、早野茂卿因病留守。

八月五日。微雨。午后解缆,过三叉河。数里之河渐阔,若再上涨,则汪洋浩瀚,不见边际。其中数个村落林薮,时而露出水面,宛如小岛;家屋或溃或浸,居民流离失所,率全家老幼寄生扁舟,鹤形鹄立,捕鱼重食,朝不保夕;忽见有大船过,便急来乞食。尤堪可怜者,即黄小儿辈被以绳系腰,翁媪立于橹上,下网捕鱼;媪已竭力,儿则饥泣,宛然一幅流民图。呜乎!今日谁人可将之陈于帝座?有诗:

鹄立老媪刳木舟,寄将生计漾中流。八年禹绩谁能继,万里烟波水国秋。

八月六日。微雨。泊于北仓,距天津三十里。

八月七日。晴。一帆风顺,过浦口、十五里。汉口、八十里。老来店,十八里。泊于杨村。次日亦有诗:

西风吹雁没长天,举头船窗月始弦。七十二沽秋色远,不知今夜泊何边。据云海口至通州有七十二沽,大沽、葛沽之类是也。

八月八日。晴。过蒙村,五里。泊于河西务。有诗:

茫茫禹域北河秋,露冷风清古渡头。欸乃一声乡梦破,皇州人在异邦舟。

八月十日。晴。舟行连日,情倦气饥。一时上岸试步。此河蜿蜒屈曲,开行三四十里。我邦之三四里。日暮,陆路缓步,舟犹在后数里之外,忽至帆影消失。舟中若无聊,则或围棋,或吟诗。又得一诗:

极目茫茫四野平,舟行几日梦魂惊。岂将传食累侯国,且为观风向北京。里间情形多至陋,柁楼秋色有馀清。怜他东海朝宗水,半夜枕头潺有声。

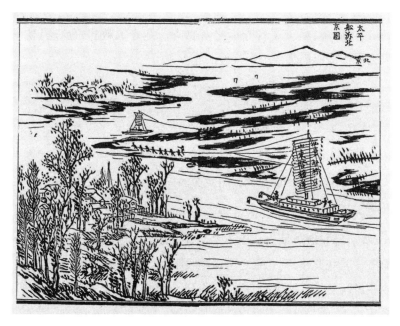

图 1-5　太平船溯北京图

八月十一日。晴。

八月十二日。晴。

八月十三日。晴。见远处有塔,通州不远。

八月十四日。晴。晓达通州。城临川而起,北京之要冲是也。左方之高塔,即昨日望见之处。午后上岸,土人郡集来观。孙士达先备马车以待。车制疏朴,加之官道四十馀里皆铺以石,而其石因车轹而处处不全,缺隙之处每每啮轮碍辙,坠时如入九地,起时掀掉震抛,肩背触轼敲藩,困苦难堪。众人皆下车步行。而余昨日偶感微邪,忽又受马车之苦,步行不足数丁便又乘车。时至中午,不堪于途中之食街饮食,故于一祠堂打开所带来之行厨,借以疗饥。既已见前方黄埃万丈,即北京是也。肩摩毂突,往来如织。入东安门,过四牌楼,宿于观音寺街之贤良寺。此寺为敕建,伽蓝甚宏。据云三十馀年前某亲王为菩提而建。

八月十五日。终日起居。昨日之疲劳所致。

八月十六日。无事。

八月十七日。所有官员着官服,到总理衙门。管理外国之役所。

八月十八日。与五六人同游琉璃庄,有书画古董店之处。

八月十九日。晴。游览太液池。出寓所,数折入西安门,过街市,倚官邸左侧观景山。山不高且小,顶有三层楼两座,草木茂盛整齐。若登此楼,则北京之全境尽收眼底。可恨不许攀登,想来为君主游玩之地。路过向右数丁,有庙,匾额上书"乾元资始",森严辉宏,盖宗庙是也。右行,有城,高数仞,其中亦有如庙之地,未入。过之则为太液池。有桥,门牌上书"玉蝀",桥长略百馀间,宽仅四

图 1-6　琉璃庄①

五间,以白玉垒成,下部更不施柱梁。倚栏望之,左侧有岛,是云
"金鳌",树木郁葱,其间家屋隐约可见。于热闹之市店旁,亦开有
一区仙境,使我侪勃勃兴起墨江、不忍池之感。② 岛上有高塔,玲
珑逼空。池中种莲花,涯涘皆杨树。

① 此图原未标注图名,图名为译者据正文所加。
② 墨江及日本东京隅田川,亦称"墨水""澄江"(日语中"隅"与"墨""澄"发言相同)。
不忍池则东京上野公园内,有"西湖"之称。

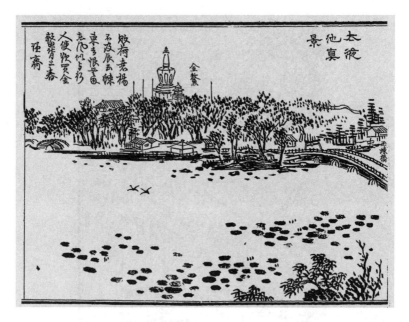

图 1-7　太液池真景（诗云：败荷衰杨不及辰，玉蝀东去恨无因。东风似与
行人便，欲买金鳌背上春。落款：谦斋）

　　八月二十日至二十二日，未出门。天津之古董商贾跟随而来，
亦带来各种物品出售。可推知其可得一时之赢利。

　　八月二十三日。美利加公使来。与宫下中助教、颍川权大佑、
岛内某、杉山某、竹村某同往拜谒圣庙。在城之东北二十丁许。下
车入门，夹道有巨碑排列，不知其数；高皆七八尺，字体优美。可惜
风雨漫漶，多有难读之处。门内有碑，高八九尺，宽四尺有馀，右刻
有御制亲笔之文，左刻有张照所书《石鼓歌》。① 行书大字，四面满

① 　张照（1691—1745），号泾南、天瓶居士，康熙四十八年（1709 年）进士，历仕康雍乾
　　三朝，且以书法出众而闻名。此处所言韩愈《石鼓歌》碑文即为其于乾隆五年
　　（1740 年）担任刑部侍郎期间所书。石碑现仍藏于北京孔庙。

幅,其笔势鸾舞凤翥,足实悦目。其旁有石鼓六个,皆新制;越过门桌,左右栅内亦有石鼓,甚为古旧,只存仿佛。有一人在碑旁拓印,故求张照之拓本。下台阶,有四方回廊,当中古树槎枒,庭内地面铺石。堂有数间,其中只有一巨大石碑,屹立于鳌背之上,需仰视。想来为历代君主所建之赞圣之碑。上石阶,则为大成殿,大约四五十间,两翼有庑。守卫来开门,见其内高敞辉煌,虽雕文刻镂,自存严肃之气象;正座安放有至圣先师孔子神位,楣间有五块匾额,分书"圣集大成""生民未有""万世师表""与天地恭""圣协时中";前有四位,左为述圣子思之位、亚圣颜子之位,右为宗圣曾子之位、□圣孟子之位;两侧有十哲之位,分别为闵子、冉子、端木子、言子、仲子、颛孙子、卜子、朱子、有子。① 观了,出门,由一人导引至辟雍宫。距庙数丁,亦宏壮巨大。两庑内立有十三经之石经,刻字鲜明;庑长百馀间,绕于宫之四方,实为不朽之盛事。但欠扫除,萋草碍拂,高柳碍檐,然而此即为支那文国之文也,今日始得见之。归途路过一大寺,入门则僧院栉比。门内有堂,古色蔼然。小僧人奔走行事。正面有"绥成殿",以满汉两样文字为匾。凡北京街中门牌皆然,而寺院宫观则未必如此。入三门,土木倍盛,观其祭祀之主,非佛非人,而为如兽之物,奇怪变异,无以名状。颍川某进寺,向僧问其名,僧回答辨白。但颍川全不得其解,非支那人之口气,盖为满州话。再往深进,又有堂,据云为"雍和殿"。出而返回本堂,见僧侣群集诵经,头戴异样帽子,状如帚,色尽黄,其衲亦与寻常僧服相异。颍川云无非回回宗乎。归住处。时日近虞渊。

---

① 此处所言与实际略有出入。北京孔庙大成殿正龛"至圣先师孔子神位"木牌位两旁,设有配享牌位者分别为复圣颜子(回)、述圣孔子(伋)、宗圣曾子(参)、亚圣孟子(轲),称为"四配";"十哲"则少了"宰子"。

八月二十四日。晴。恭亲工、文中堂及以下官员十馀人米。清之皇帝以百种珍玩,回报我天皇陛下。授受事了,以日本调理相招待。恭亲王为帝之叔父,任当国之阿衡。其人眉目明秀,年正四十。

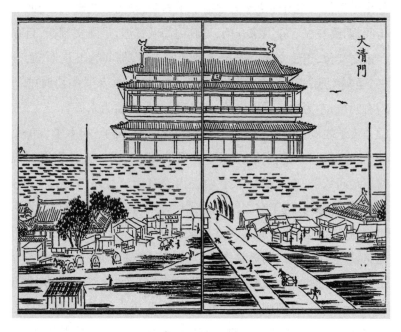

图1-8　大清门

八月二十五日。晴。北京人家稠密,人口过多。邸第寺院之大者,俨然成一区。到处杂货繁多,城市方圆四十里,街道宽狭不齐,其狭窄处五六尺,若容一辆马车,则有碍于行人。而路常泥泞,不能游走。无流秽之堑,运物之沟,故市人皆以行路为壑,少有隙地,则臭不可近也。其宽广处有四五十间,分为三条,左右高而中间洼,高处走人,低处通车,两旁则常为污池,弃腐败之物,聚不洁之物,怪风裂鼻,不可向迩。虽然,其城郭壮大,良贾深藏,则足可视为大国。要之,上海以华洁胜,而北京以壮大胜。

图 1-9　万里长城图(题字云:万里长城距北京不
　　　　远,此行恨不亲睹。偶有一行中购此图者,
　　　　因抹馀白于此然)

　　八月二十六日。晴。由北京启程。由寓所及国门,有兵数队护卫,我诸员诸士策骡马或驴马而出。惩创前日之马车,故此回如此。

八月二十七日。晴。开船,离开通州。

八月二十八日。

八月二十九日。

九月朔。晴。午后三时至天津。船顺流而下,飞驰甚快,不知泊处,载梦而过,亦不知是否泊也。此行船上带有洋货若干。三百馀里之间三昼夜能达,银钱之功也。官方禁止蒸汽船进入天津以北,而此"太平"乃粗大之楼船,想来通常不至有事。只是立待饥寒逼身,恐非善策。水中忽然涌出天主堂,可知其高。

九月二日。晴。犹在船。李鸿章来拜别。赴馆用餐。

九月三日。晴。犹在船。与大臣及辅翼、参事同至李鸿章之廨舍答拜。此日缠束行李。午后雇小舟至紫竹林,乘"山东"汽船。"山东""山西"两船主人皆为西洋人,其厮役者则由支那人担任,在天津、芝罘、上海、香港等间运输清国货物。要之政府执其空名,金谷铅铁海盐之利权则尽归洋人方寸之中,若非洋人狡诈,则为清人愚蠢。"山东船"与"山西船"相比颇大,火轮器具皆在船腹而不外露,其房室亦大为完备,出"太平船"而入"山东船",则如脱离苦界,生于乐土。此洋人所以雄视宇内之处也。

九月四日。晴。拂晓由紫竹林启程数里,忽觉有物触击,其声震耳,愕然。遂登上甲板,见支那船两三艘忽遭本船唐突破坏。支那人甚怒,洋人呼二三言而过。即用支那语曰:是支那船侵入航线停泊,亦或洋船闯入航线,其曲直将在随后至审判裁定,故不待多言。此日本船之水夫亦遭两船之间所夹,死于非命,水火之势可怖。既已出渤海,正值河口之炮台再度修筑之时,鸠工运土,左岸俨然固若金汤。

此夜船摇动颇大。

九月五日。晴。午后驻船于芝罘两小时，上岸游览。左岸之洋人馆阁偃浪吞海，是为烟台。其逦迤而下，倚山建市，宛然我邦之神户港。过一庙前，有剧场，立而观之，霎时土人忽而顾后，观看我侪。买梨子、桃、栗子等杂果后返船。船终不发。

九月六日。晴。浪静海浊，遥望河口，所谓黄河是也。两岸沙石堆积如山，想来由水势推成。右岸一带有如瓦砾处，故取望远镜观之，皆人家。所云《禹贡》"九河底绩"，即此地也。某人以天津地方之涓流剩水充数九河，诳人甚哉，其言难信。且余曾闻九河之迹，今浸于海，其经流难认。故余若答之，将言"君其问诸水滨"，付以一噱。

九月七日。晴。有风，峨峨大船犹动摇如叶，终日不止。起身就餐者仅五六人，透过船窗可见浪头万丈，坤轴旋转，忽而拍击船腹，喷白飞沫，令人骇目，呕吐者甚多。至夜，宫下中助教示一诗于枕上。其韵云：

两脚朝天梦忽惊，潮头万里怒声摧。是云是雾未分得，忽见前山飞动来。

九月八日。晴。晨晓透过船窗见浪静海浊，渐近扬子江。午后十时至上海。昨夕已脱下两件褒衣，犹觉体热。高田政久、井深某来，政久病渐愈。

九月九日。晴。同知陈福勋来，大臣、辅翼、参事前往会见陈氏。

九月十日。此日遂结算支付，乘美利加轮船。

九月十一日。拂晓载梦而出江口,起身顾望清国,既已在云烟中。

九月十二日。晴。

九月十三日。晴。

九月十四日。晴。朝八时入长崎港,上岸宿于藤亭。久居异邦,厌恶异味,忽得尝邦味,恰如逢遇知己,觉胸中豁然。长崎之地,山秀水清,峨峨大舰逼岸停泊,风景绝佳。一朝由清国荒漠之地回国,如入仙境。蓬莱瀛洲其实无需他求,我神州即是也。往年江芸阁①来长崎云:"山水之胜,莫过于日本矣。现在如本处琼山,明媚秀丽。在我唐山所罕见。"野田笛浦对曰:"琼山之胜,寻常耳。我邦山水以仙台松岛为第一,比之唐山西湖,未知孰刘孰项也。"芸阁恨于未得深游其地。野田氏云:"先生不能到松岛,犹仆之不能到西湖。抑亦二家阙典也。"而余则曾游松岛,此回又由唐山返,虽未观西湖之胜,抑不能往来于二家梦寐之处,仍可兼得其三分之二。只恨虽有胜具,却无才笔。此乃未能补全二家之阙之所以也。余尝怪来我邦之清客皆叹美此地之胜,今日以余思之,则因彼人皆来于平荒卑陋之地,犹以残山剩水为峨眉、西湖,试若一览富峰、松岛之景,②则将无暇惊叹绝倒。夜,市内散步。

九月十五日。晴。游菊露汤。汤舍在丸山之后,登石磴数级可入门。顾望之,长崎全景即在衽席之下。其瓦屋重叠,山麓帆影

---

① 江芸阁,即江大楣,字辛夷,号芸阁,别号印亭、十二瑶台使等,江苏苏州人,为往返于宁波与长崎之间的文化商人,担负起中日两国文化交流的重任,因而在日本颇为有名。
② 富峰即指富士山;松岛即为日本仙台松岛,与京都天桥立、广岛严岛并称"日本三景"。

之外隐约可见者,制铁所是也。委蛇而下,右侧有山高峻无比,头秃腰苍,如老翁率子侄而独立者,稻早岳是也。下瞰之,则紫陌红街涌现于釜底百仞之下。而起于其左岸,穿乎而上且出于林者,皆西洋人之馆阁。曾闻横滨日盛而崎阳年衰。以我皇国之全局思之,横滨占其胸腹,而长崎、箱馆等只为支脉,势必不得不如此。岛内某告假离此地。至夜张别筵,歌呼喧嘈间,忽闻十时之报时,着装赴船,既已起锚。满川成种误期。

九月十六日。十一时过赤马关。风景历历,如触手可及,平氏溃败之所是也。[①] 阿弥陀寺居于山腹,略露屋顶,长丰两岸之间不过一里,实为咽喉之地。左岸多有炮台,进而到艺州[②]洋。此间有岛屿数座,苍黛一发,横亘于云际者,豫州[③]是也。前晚矢岛,远望淡路,忽过播州洋,想来应观一之谷、二之谷、铁拐峰之险,平氏风鹤之地。忽须磨浦又去于背后,不觉船只飞驰,可叹好景易过。指点之间,东西两方之差异不能一一注视。若迟缓之"太平船"浮于此地,则可详悉全景。而彼地则摇曳于荒凉之地,目倦情耗。事不能得其两全,概如此也。忽着神户港,上岸入住客舍。一时雨萧萧而降。

九月十七日。晴。朝食毕,谒楠公之墓。[④] 距客舍十丁许,土

----

① 赤马关即指居于日本本州下关和九州门司之间的关门海峡。平安时代末期的源平战争中,平氏在该海域爆发的决战坛之浦海战中败于源氏。
② 艺州为安艺国之别称,即现在的广岛县。
③ 豫州为伊予国之别称,即现在的爱媛县。
④ 楠公之墓即为位于兵库县神户市、供奉镰仓幕府末期到南北朝时期著名武将楠木正成的湊川神社。楠木正成一生效忠后醍醐天皇,推翻室町幕府,最终在延元元年(1336 年)对抗足利尊氏的湊川之战中兵败自杀。其曾一度被北朝定为"反贼",但随后被日本后世视为忠臣与军人之典范,奉为"武神";至幕末之际更是因其成为推翻幕府、拥立天皇统治的思想来源,而获明治政府推崇,尊称"大楠公",并专门为其建造起湊川神社予以祭祀。

木方兴。公之精忠横亘今古贯穿日月而不祀忽诸,今又庙食,天乎?时乎?人事乎?皆不得不如此。而朝廷表忠之典,于此赫着于世。谒了,口占一绝:

几树清风不起埃,墓堂高对万松开。贞珉真个一基小,砥柱南朝宇宙来。

午后上船即开行。过纪州①洋、远州洋时,皆梦中矣。

九月十八日。晴。金泽、本牧之美景如呈媚献欢般迎接本使等无恙归来。至横滨时未及午时,号啸数声,炮亦随发。小船树起日旗,由左右汇集。上岸,入客舍。饭后,乘马车返回筑地之邸。五月十七日以来约五阅月,遍历半个清国,若非轮船之迅速,焉能及此?至其修交条约等事,各官员记述详细,故余只举亲眼目击之处。呜呼!何日四海和欢,六合呈祥,则密迩如西邻之邦,尤其最先不可不知也。此余所以纪行是也。

既得济川吉,终无濡尾嗟。祖龙空采药,孔圣欲浮槎。目断北京月,梦回乡国花。聊能酬素志,此游何足夸?

---

① 纪州为纪伊国之别称,即现在的三重县一部及和歌山县。

跋

我字以记彼,彼字以记我。天涯地角,千里面谈。宇内今日之情势,其庶几乎悉欤? 独奈邻近清国之事,见于鼠啮蠹笺故纸堆中耳,结绳以为政乎? 刳木以为航海乎? 彼字故与我同其用,非如待重译而后知也,非如海程数十日而后达也。然而寥寥如彼,岂时势使然乎? 虽然,泰山高峻,今犹古也;洞庭浩渺,今犹古也。谁谓黄河至今难清,直隶沮洳难下手乎? 此卷余在彼地记其所亲接见,有诗有话又有书,辑以为一卷,皆用与我同用之字,以记邻邦之情。举所新闻见,以续寥寥将绝之音。篇成,顾谓是全,然文亦彼也,世有或难通晓者,不如加国字以译之。或云原文可,余曰:"夫地球万国,甲衰乙兴。兴者,隆隆震耳;衰者,寂寂无闻。反顾而省之,将我皇国新闻新报有使四外,日印万纸者乎? 其果有之矣,何暇问琐琐文字之异同。"及刻成,又用彼文以跋。

谦斋石幡贞撰并书。

朝鲜归好馀录

[日] 石幡贞 撰　谭　皓 点校

序

　　子干自韩归,示《归好馀录》,使予删定而序之。子干之役于韩,盟约始成,两情未和协。时会韩地大歉,饥饿载涂,贸贸然窥户求食,白昼攘窃,鬻儿卖妇,殆无人理。而釜山寂寞之滨,灌苇绕宅,潮淤腐臭,虎豹噱于前,野无生草。惨目痛心之际,适接我西南变报,于是子干思国之念,又不能自措,发为《釜山百咏》,情迫辞促,有胡地倚弦、秦廷击筑之韵。然观其与洪祐昌诸人往复唱和,真挚恳到,推赤心于人腹。故虽僻陋如彼,亦输情实至相款曲。朝廷修好之本意,于是始完。盖子干为人朴厚而有文学,予始未相识,迨与之交久而愈可亲。"言忠信,行笃敬,虽蛮貊行矣。"子干岂其人欤! 夫不言归于好,虽既盟无益;言之归于好,非假文学则不能载笔之任。国事成败所关,在得其人而已矣。而丰公之有事于韩,乃曰:"吾何假汉文!"其功之终弗成莫足异也已。子干名贞,石幡氏,尝受学于安井息轩。

　　明治十一年十一月,成斋重野安绎[1]撰。

莲斋大沼让书。

———————

（接上页）1886 年（明治十九年）任临时修史局编修长。1888—1891 年、1908—1911 年两度任帝国大学文科大学（即东京帝国大学文学部前身）教授,创立国史科（后称国史学科）；1889 年（明治二十二年）经在同学科任教的德国历史学家路德维希·里斯（Ludwig Riess）建议,创立史学会,并出任首任会长,出版会刊《史学会杂志》。1890 年（明治二十三年）成为贵族院敕选议员。后协助门人岩崎弥之助创立静嘉堂文库。1907 年（明治四十年）81 岁之际旅欧,后经西伯利亚来华,与中国学界交流。1910 年（明治四十三年）于东京去世,享年 83 岁。主要著作有《万国公法》《编年日本外史》《赤穗义士实话》《大日本维新史》《国史综览稿》《成斋文初集》《成斋文二集》等。参见矢部信太郎编『近代名士之面影』（第 1 集）、竹帛社、1914 年、91 頁。重野安绎不仅为本书作序,还亲加批注,具体见本书"成斋评"处。

例　言

一，此卷初无伦次，随得随录，有诗有书，有序记、题画、纪事、纪行，所载亦不止一处，釜山、东莱、所安、马路、济物、江华、通津、金浦、阳川、杨花津、汉城等。所躬亲经历，笔亦随之；咏歌赠答，皆出于公馀仓卒，不暇深用意，况敢望公于世。但近世人专夸远西事物，徒致简编之汗牛，不复审邻国情形，以备捡阅之窥豹。万里指掌，咫尺隔靴，他日影响于我者，将如何应之？不是吷声之秋也。兹忘拙陋，类从次序以付梓。麻姑虽无堪搔痒，故纸岂不当覆瓴。

一，事实直叙，无碍体面者，记其人姓名；言或涉讽刺，太隐微则归晦涩，语之则嫌毁短者，则没名不著。但心希警醒，非敢好谤讟，婉辞曲叙，使人求意于言外。有私歆陶诗，安敢用董笔？

一，偶因披阅，间及旁证，所恨朝鲜国史籍，金縢封秘，不敢出示。加之朝野霄壤，国人箝口，不有一言敢及其政治者。故今所引据，不过断简零牍，知误闻谬见极多，参互校订有俟后人。

一，余讷于言，不辨于笔。客有要知朝鲜近事者，每从余问讯，乃举是卷以示之。只恨字句芜杂，有意不达。故举手摹图画数幅，并插入卷中，庶几图书对照，自了然于心目。（成斋评：韩非以后，讷于言而辨于笔者多矣。石兄辨于笔，故有此著，乃欲以笔舌共钝自遁乎？）

一，自《警报漏传》起笔，得诗五十首。及接官报，又得五十首，合计百首。虽兴感内变，要在审外情，故命曰《釜山百咏》。其与洪小芸（东莱府伯，名祐昌）赠答诗文，曰《东莱赠答》。其赴汉城，则有《汉城载笔》。盘松馀韵亦倡和篇什，以其地不同且有一二他及者，故别命之名。言涉内外，则有杂文。为编凡三卷，总名曰《归好馀录》。

一，非我两国言归于好，则不可有是卷；非天假我以公馀，则亦不可有是卷。言归好矣，公馀又得及斯文矣。故命曰《归好馀录》。（成斋评：先辈有《邻交》《善邻》著，①皆空名而无实。独此著名实相称，亦邦家之馀光也。）

明治十一年三月，东岳陈人识。

---

① 此处当指日本江户时代学者伊藤松所编《邻交征书》，及室町时代禅僧瑞溪周凤所著《善邻国宝记》。

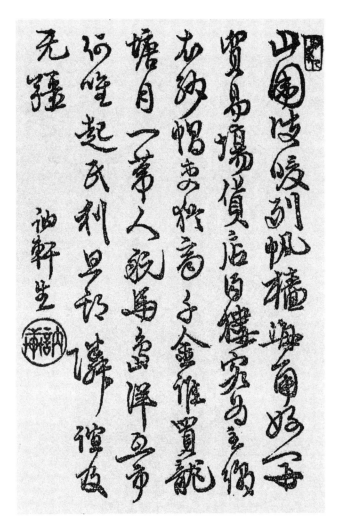

图 2 - 1　近藤真锄自书诗（诗云：山围波暖列帆樯，海角好开贸易场。货店酒楼客为主，缴衣纱帽吏犹商。千金谁买龙塘月，一苇人航马岛洋。互市何唯起民利，旦期邻谊及无疆。落款：讷轩生）

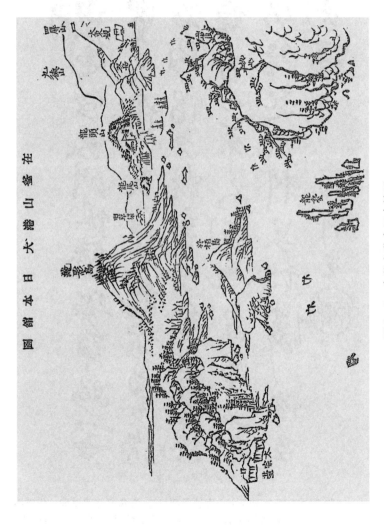

图 2-2 在釜山港大日本馆图

卷一　釜山百咏

漏 传 警 报

明治十年三月四日,有商船一只自对州至,传筑前博多人某书曰:二月十八日,西乡隆盛将兵二千馀东上,过熊本①县,熊本镇台遏之,战端始开。九州骚然,士族之怏怏者,投应日众。事闻拜有栖川宫、镇抚、总督往讨之云。盖邮船"浪华"号之来,每月廿四日为期。而前月不来,众以为异。忽闻此警报,忧念不能措。然未接官报,有不可轻信者。但海外羁官,莫以遣闷。越七日衙退,偶得《漏传警报》《久伫邮船》二首,自是兴旺,触类长焉。每一诗成,自觉平生忧郁之气,从指端迸出也。十日间终成五十首,索居无聊之馀,漫然录上臆者。闻见既杂,言语无次。但笔端同战报开,故冠斯篇,以见兴感所由云。

将虚将实切忧患,海外流传国步艰。何意当年张辟谷②,风云驱逐向函关。

---

① 熊本,原作"白川",据早稻田大学中央图书馆藏本后勘误表改。
② 张辟谷当指被封"留侯"的西汉谋臣张良。据《史记·留侯世家》,张良在迁都关中后"性多病,道引不食谷,杜门不出岁余""乃学辟谷,道引轻身"。即以"辟谷"("不食五谷")修身养性。

久伫邮船

柊栢岛①,在绝影岛北,横旦釜山港。矮陋人家两三户,面海营居。我船舶之来,从其背后认港,直向釜山城,屈折而入。凡朝鲜人家,每户必有温突。一曰窟炉。其制床下积土石纵横,作狐狸穴状。夏时薰之以驱螫虫,及冬寒,烧枯草引火气取暖。为厨为炉,简之又简。但其薰灼之甚,为是致眼疾者殊众云。

袅袅风烟出曲隈,海天决眥叫佳哉。春寒柊栢薰温突,不是汽船认港来。

丛祠怀古

日本馆域内有二山焉,曰龙头,曰龙尾。龙尾突出港口,怪石森立,上多乔松,三面控海,景象宏壮。顶安一祠,相传为加藤清正庙,实合祀住吉、玉津岛二神也。昨年构一亭于祠傍,为官民游息处,"晃朗台"是也。

英魂终古尚防边,辛苦想看望岳年。折戟苔封风浪稳,藤公祠畔泊沽船。(成斋评:音节浏亮。)

巫媪祷虐

一日散策过新草梁村,有媪及妇儿三人,路侧设席,膳羞丰备。儿容貌瘁甚,妇哀戚俯首,侍老媪唯谨。媪傲然口诵喃喃,如诵经状。余怪而问之,则巫媪为儿被病也。朝鲜国乏医师,如有细民罹疾,唯有造药铺买药耳。各铺皆揭"神农遗业"等招牌,铺主稍解

① 现称"冬柏岛"。

医事,然略据症状调剂皮根以与焉。脉且不诊,况听打乎? 故其症稍险恶者,大抵束手俟死。否则一意赖巫媪祓除或就木瘿石怪祷禳,斯民之不幸有如此者。

何年医药免夭瘥,颡窦相依燕燕窠。巫媪抗颜称秘咒,喃喃路上被①沉疴。(成斋评:遐陬僻邑,往往②有此弊,不独箕封。)

撒 钱 买 笑

国内物贱,且无有金银货币,独有铜钱。民一日有钱十文,足以饱口腹。而十文之难获,非终日营营、趼疲手足、穷极心思,则不至手。非如我挽车夫一朝要好客,全家辄为添肉也。偶乘间到村落,戏撒韩钱数文,则所在儿女群聚狂奔,饿狗争肉,足博一粲。初傍近儿女子,瞥见我辈出游,遁逃不有敢近者。及数出数撒,终至有来迫乞钱者。

几个刀钱亦有神,喧呼争攫若枵鹑。数文能买一场笑,谁费缠头百万缗。

狩 鹑 竞 儇

本港居留人,称巧罗鹑。一日赴绝影岛观焉。竿头张网,方三尺许,各手持之。网有青赤紫三色,即勋章有等也。一人使狗三头,网手十馀人,皆结束袴裆,进退分合,齐整可观。狗手操縢伸缩发纵,则狡狗排丛发草,使鹑隐伏不得。觇其飞出,网以罗之。机会相投,百不失一。而其获之之多少,与弄竿之巧拙,每狩毕,开宴议较以黜陟。《语》曰:"鲁人猎较,孔子亦猎较。"其谓此类也欤?

---

① 被,原作"秡",据早稻田大学中央图书馆藏本后勘误表改。
② 往往,原作"住住",疑形近而误,据上下文意改。

罾网成行人具粮,为丛殴爵又何妨。发纵在手使狡狗,比得当年猿面郎①。

韩 山 雪 白

三月五日雪大作,九德、四屏、梁山、绝影,一白玲珑。忽忆昨年发东京,家严偶来在寓,而不遑任意承欢,惚恍奉别。此地与我乡国,南北天度,相距不甚远。雪寒如是,遇其刻我肌,七十老躯起居如何,不禁黯然魂消也。

雨勒春寒风力掀,天涯顾望暗消魂。一朝吹白韩山雪,七十慈亲在故园。(成斋评:一读恻然。)

兰 畹 花 妍

居留地内蕙兰甚多,大者着花十馀茎,香远色浓,多生苔石乱篠中,土人则无有顾之者。

于役殊方无寸功,怡颜时又访兰丛。唤成吏②隐吾何敢,唯有幽芳臭味同。(成斋评:空③谷足音,幽芳亦喜欲颠。)

偷 儿 接 踵

伏兵廨在租界墙壁外凡四所,曾备于我者也。伛偻老爷一人直焉,新约后罢之。早既为草贼乞丐所占据,故使其速毁彻④,而未果也。

---

① 猿面郎当指丰臣秀吉。相传丰臣秀吉身材矮小,但机敏聪明,善于以利驱人;另说其猴年(1536 年)出生,故有"猴子(猿)"的绰号。
② 吏,原作"史",据早稻田大学中央图书馆藏本后勘误表改。
③ 空,原作"容",疑形近而误,据上下文意改。
④ 彻,原作"撒",据早稻田大学中央图书馆藏本后勘误表改。

西坊夕报劫寒庖,东户相传失布刀。草木皆兵兵是贼,伏兵廯作贼窠巢。

学 士 垂 涎

尝有一士人访语学校曰:"我学士也,请与诸君谈。"接话少时,乍低声曰:"诸君俊秀,当自重,仆不食二日矣,愿赐馂馀。"生徒哄然,与饭挥去。为二月某日事。

傲然入座即机筹,何暇忧虞识者尤。乞米渊明君莫怪,屡空回也不堪忧。

席 路 卖 粥

近日土人来往租界内者特众,我商买所雇役之贱民,及彼官吏来观者等,陆续接踵,不知几百人,皆谓数十年来所未曾见。于是草梁、豆毛、釜山等人民,各自赍稀粥、浊醪、烟草、烟管等物,席路售卖。闻之一碗稀粥价钱三文,而无由买之者甚多。又闻有先买半碗啜了,再乞半碗者,计价是一碗,而容积当一碗半。

沙砾尘埃同一盘,么麽续命胜仙丹。三文稀粥难多得,半碗啜来当晚餐。

窗 梅 题 笺

官舍前庭有梅,树虽稍小,枝干槎枒,盖数十年物。戊辰以降,家无定主,阅人极众。予亦忽来忽去,不为花神所笑者几希。

海外重逢凤历新,羁官空望帝京尘。去留几岁同蓬转,却揖梅花作主人。(成斋评:嗣响于平萨州花下之什。)

双 岳 骋 望

居留地与新草梁村之间有一丘,土俗称曰双岳。其下濒海处有刑场(事详于下文)。丘上骋望,釜山城近在眉睫间,左则豆毛、开云等处,历历指掌。湾内无数渔舸,帆席飘飘,景象敞阔可喜。

渔舟拍浪弄新晴,立马双丘万里情。落日玻璃平镜面,回湾指点釜山城。(成斋评:雄壮。)

大 观 犹 全

大东观在双岳迤北,背山面海,绕以墙垣。有门二,曰宁远,曰祗肃。宗对州之遣使价,朝鲜政府接之于此。(成斋评:宗氏之于韩,殆与琉球事清国一般。三百年间,使之干两国通好,宜矣情意之至相乖戾也。)观内设坛高八九尺,朱栏黼章,宛如我真宗[①]僧徒奉佛之处。闻其行式之时,安金字殿牌于坛上,延使臣立门庭,遥望肃拜以执臣礼。每宗氏继承大礼及其袭封吉凶皆如之。又岁遣其家人,受米菽木棉等,名曰岁遣船。临时庆吊,又在限外行之,亦受物有差。岁遣船初有五十只,史称:嘉吉三年对马守宗贞盛,与朝鲜宗宪王三十一年。约互市,每岁以商船五十只为定,输谷三万石于对马,自是宗氏世掌朝鲜之事也。后减至二十只,而对州则多设立物目以请求。[②] 今采录庆长十四年约条十一款,馀可类推焉。

---

① 真宗,即日本净土真宗,曾称"一向宗",日本佛教宗派之一,著名的东、西本愿寺皆属此宗派,信徒达千万人。

② 此处即指 1443 年朝鲜与对马岛之间签订的条约。此条约背景是中国元明之际,亦即日本室町时代,朝鲜李朝初期。彼时,对马岛的武士常因歉收而入侵朝鲜,即困扰中朝两国的"倭寇"问题。1419 年,朝鲜王朝太宗李芳远曾发兵对马岛,迫使统治对马岛的宗氏屈服,史称"应永外寇"或"己亥东征"。至 1443 年,朝鲜便与对马岛签订约条,规定将宗氏每年向朝鲜派遣的官方商船"岁遣船"限定在 (转下页)

其一曰：馆待有三例，国王使臣为一例，对马岛主特送为一例，对马受职人为一例。其二曰：国王使臣出来时，只许上副船事。其三曰：对马岛岁遣船二十只，内特送使三只，合二十只事。大船六只，中船、小船各七只。其四曰：对马岛主处，岁赐米太（按，“太”谓“大豆”也），一百石事。其五曰：受职人一来朝，不得遣人事。平时受职人则免罪，幸不举论事。其六曰：船有三等，二十五尺以下为小船，二十陆尺、柒尺为中船，二十捌尺、玖尺、叁十尺为大船。船夫大船肆十、中船三十、小船二十为定额。若不足则以点数给料事。其七曰：凡所遣船，皆受对马岛主文引而后乃来事。其八曰：岛主处依前例图书成给，著见样于纸，藏礼曹及校书馆。又置釜山浦，每书契来，凭考验其真伪，违格船还入送事。其九曰：无文引者及不由釜山者，以贼论断事。其十曰：过海料，对马岛人给五日粮，岛主特送加五日粮，日本国王使臣给二十日事。其十一曰：他馀事一依前规事。日本国王盖斥德川氏，尔后虽少改条款，亦不过供给多少，行之殆三百年，其为交际可见。甚者始言对马人，后言日本国王，此显证对马是为己属岛非日本版图也。然两国人民，古来互相凌轹，谲诈为风，毫不加亲睦，三百年如一日。宜哉朝政革新后，书价往来，历八年之久，而不能得其要领也。今则两情相通，大东观无所复用矣。

四海莺花烟雾通，比邻却见气初融。春风不动君休怪，宁远门深锁大东。（成斋评：此诗意味深远，而笔不能尽达之。盖起承二

（接上页）50 艘，朝鲜每年向宗氏提供“岁赐米豆”共计 200 万石。以图借此防止海盗活动，合法进行贸易。因是年为癸亥年，日本年号为嘉吉，故对于该条约朝鲜称《癸亥条约》，日本称《嘉吉条约》。参见马铭：《丰臣秀吉入侵前的日韩交通与日本的对韩认识》，李旦主编：《从语言文学到国别区域——专业外语教学新探索》，新华出版社，2018 年，第 178—179 页。

句,述目今外交日广,我与韩情意初洽,转结昔日邻好之失道,由宗氏为之障碍。例言所谓婉辞曲叙是也。)

宴厅付盗

明治八年理事官之来本港也,先与东莱府伯约,相见于宴厅。期迫,遽以正门出入、服色异旧、随员靠椅等互有违言,修好议终不成。厅在馆外北隅,往者宗对州之遣使也,府伯迎于此飨宴焉。有女乐,著为例典,而今则为丐儿偷盗所窟宅,门户亦无有也。

正门服色属纷挐,毕竟忘筌为得鱼。一笑偷儿先得计,占来宴馆作吾居。

烽 山 置 员

四屏山,一称烽台山,在釜山西,高挺出众山。遥眺对马岛,如长鲸露脊;俯瞰港门,则蝐毛浮波,舣沽船也,景致空阔可喜。其设烽燧于此者,防于壬辰变后云。有候卒挈全家栖焉,海见异船,则举火为报,随处相承,以达京城。其曾备于我者,可概见矣。

当年褒姒又何为,雪压烽门冰结眉。偏以全家保崔李,白头犹锁四屏山。

母 子 相 鬻

闻顷有一窭民,半夜窃来,叩我民家曰:“某有二女子,而岁饥食尽,若养之则全家骈首饿死。要卖一女,以延母子三人馀喘。”音讫潸然,口噤泪下。其人对曰:“卖买人身,谈何容易!”乃悄然而去。

死何忍见养无因,骨肉分离最怆神。不信涌楼飞阁里,玉盘何处宴家人。

妇 女 贸 迁

东莱、釜山，每月开市，自有定期。傍近妇女，相诱相聚，贸易有无，不必用货钱，真个日中为市，太古遗风也。妇女赉物，不负不肩不提携，戴诸颅顶，虽不洁物皆然。（成斋评：琉球诸岛风俗大类此。）吾人偶出与之遇，拥鼻息气，趋而避之。而彼从容自如，未曾让路且躲避也。但有男夫目之，则忽然惊叫而避去，不知其何故。或云：邦俗男女，权利相悬，俨然如主于婢。或曰：嫉心尤深。（成斋评：两说可俱存。南岛亦有此两般情弊。）故然。盖男夫翳长袖，冠蝉翼，优游终日。而妇则蓬发窄袖，露顶赤足，自凡耕耘以至薪水裁缝，皆其所躬亲，而犹被犬马视之。其劳逸不齐，倨卑自甘亦已甚矣。

头颅载物步龙钟，行路不妨与客逢。却厌吹烟夫在后，满胸嫉妒避吾侬。

边 门 撤① 矣

日本公馆地，朝鲜政府旧为筑墙壁，螟蜓绕之，守以"守门""设门"。而据新约，不须复作如是阻塞状，于是数促其毁撤。② 十二月十六日始撤门扉，至本年一月，渐归荡然。盖自幕府使对州掌将命，多历年所，旧规之锢人肺腑久矣。一朝革除，在彼所甚惮。况从前称贸易者，唯官为之，不任民庶自作，一赖此门，以防遏夜商潜商。按《大典会通》：夜商潜商罪入死。今则四门洞开，日中为

① 撤，原作"彻（徹）"，据早稻田大学中央图书馆藏本后勘误表改。
② 撤，原作"撒"，疑形近而误，据上下文意改。

市,王道荡荡,不亦乐哉。

不要风马说西东,区宇春光同所同。荡荡四门明治化,傧筵亦学穆如风。

党庠萧然

朝鲜国文字有二样,曰真文,即汉字也;曰谚文,是为国字。国字数有百六七十,或连合为义,或一字该意,或绎音见义,以其易学,民皆便之。而政府公文,措之不用,另自用一种汉文,且有吏道散布其间。郡府庠序所课之书,四书五经本文间,插入国字,有如我邦训点。一日闲行,过新梁村,访乡先生。萧然茅屋,先生迎揖于户外,礼意殷勤。庠内展芦席,置《千字文》一册。笔砚机桌文库之类,无一有之,使人疑废宅。《语》云:"富而后教之。"管仲曰:"衣食足而知礼节。"民贫矣,教安所施,而又何礼节之能知乎?

庠若禅房师称军,国制,丁壮皆称军。座无书册少生员。讲堂阒寂君休怪,教化别传不立文。

碑示贻厥

绝影岛东南有太宗台焉,余往岁探之,巉岩绝壁,离岛六七尺,潮汐澎湃注岩足。上有石横焉,作桥梁状,过之则台也。岩石浑成,高出海面十馀丈,上坦夷而侧竦立,翼张而身细,广处可坐数百人。马岛如眉横遥空,洪涛撼地,远来自日南,使人叫观止。上有一古碑,巍然矗立,东南向,相传为太宗碑,长丈馀,幅五尺许,面镌五言绝句一首。或曰朝鲜国太宗自作诗也,或曰唐太宗征渤海,至此慨然顾望而赋此,今皆无所考据。潮啮苔蚀之久,隐隐认"白云"等二三字耳。尝闻东莱府伯之始就任也,必先谒此碑,著为令典，而今废矣。按险绝如此，而一条路通，似曾经人工者。且绝岛无人之境，建此大碑石，劣镌小诗一篇，断知非风流好事者之所为矣。或者为一部《惩毖录》[①]之意，亦未可知。不然何必东南向，而使南边[②]府伯仆仆尔拜之也。虽然，此余臆测，他日闻其详而后订正之。

贻厥有箴年岁更，残碑犹唤太宗名。东南风雨时时恶，片石拟他万里城。

俗　尚　古　先

朝鲜之山，所在童秃，无有巨材乔木。或曰国俗每户必设窟炉，常要柴草。家屋则土石筑成，其意谓宁丰于草，无须于木。山泽滋草之术，在时火之。夫燎原烈火，玉石俱焚，则阖国之山，岂皆不育材。既不树艺，又从而残之，可谓不思甚矣。闻欧洲经济家之说，曰国家衰弊之源，胚胎于伐木。（成斋评：先王务树艺，邹叟五亩宅树桑，斧斤以时入山林等，皆此意。）或曰西班牙及支那诸国之贫困，因人口与树木不得平均而然也。然则滥伐犹可禁，况于滥焚乎？朝鲜人有常言："大国斥言清国。非古，礼乐俱亡；我邦虽褊小，东方邹鲁。"余谓古今之变亦大矣。株守与纷更，孰优孰劣[③]，唯豪杰之士察变制势。

人尽白衣谁送酒，山皆童兀不营宫。九州禹[④]迹归蒙古，自诧箕封存古风。（成斋评：辽东白豕，可姗可笑。）

---

① 《惩毖录》为是朝鲜半岛史书，由朝鲜王朝官员柳成龙用汉文写成，专门记述朝鲜壬辰卫国战争，并检讨朝鲜在战事中所得教训。
② 边，原作"亦"，据早稻田大学中央图书馆藏本后勘误表改。
③ 孰，原作"执（執）"，疑形近而误，据上下文意改。
④ 禹，原作"属"，据早稻田大学中央图书馆藏本后勘误表改。

医 院 始 设

朝鲜医术,株守素灵旧窠;病理药性,瞢不复讲;阴阳五行之外,不知世有神方妙剂。我政府于本年,始为开医院,名曰"济生",矢野大军医长之,将以有广济内外人。二月十八日开业,是日招办察官玄昔运、译学李濬秀、五卫将某等。自凡截骨、听诊、电机、解剖、麻药、剧毒,以至百骸九窍精图、奇机,示掌恳切,皆叹称不已。然俗尚刚愎,重改迁,未易遽化导。傒其悔悟自归,以济其生耳。

青帝回銮榆火新,夜来雨泽不扬尘。釜山浦上杏园月,光景并成两国春。

邮 信 爰 传

釜山港与对马,相距劣十八里。而海路险恶,舟楫不便,两情不相通者,动辄数月。于是庙议于昨年十一月一日,始开邮便局,用汽船往来,每月二回为定,以疏通官民情谊,幸福莫大焉。何料行之才两月,忽遭西陲有事,内外信息旋复闭塞。予尝窃谓驻在海外者,莫悦于得信书,莫乐于读新闻。咫尺釜山犹然,况奉职欧米万里外乎! 而在京故旧,或未知此昧,唱而无酬者甚众,彼此易地则皆知其信然矣。

一尺书传万里情,何论西澥与东瀛。如今却思在京日,天外诗来未载赓。

游 步 沮 议

古例:日本人游步,不得出设门。昨年宫本理事官在京地屡争之,卒为直径十里。朝鲜里法,即我一里。据我测法,当至釜山镇门外。而彼以路曲直测之,止于开云镇口。其间相距十六七町。两议相持,盻于九年十二月十三日,至十年未决。而得间行至东莱者,无复异议矣。

明月白云宁计程,两心投合不须争。丰干不是无情客,三笑谁标破戒名。

训 导 废 官

十年十月十三日,有公文来报曰:"训导某今陞任为某官正职,新设衙门于豆毛,专掌交际事务。"以谓此代府伯也。照会屡次,始知唯办察通商事务,犹我领事也。然训导之官,从此始废矣。盖朝鲜公书,古来称我为倭。《大典会通》《通文馆志》等,历历可征。其馆曰倭馆,使价曰差倭、馆司倭、裁判倭之类,不暇枚举,惯用至今。故民间称之,犹有可恕。而近日判决公文,且有显然揭倭字者。虽非向我公称者,甚为无谓,故管理官辄驳改之。按,倭,於为切,短人也,本非好字。但和倭邦音同,皆训曰"耶麻土",即日本之谓,系假借也。然宋欧阳修既有《日本刀歌》,而《明史》《纪效新书》等,载倭寇之事。《汉书·地理志》曰:"乐浪海中有倭人,分为百馀国。"颜师古注:"《魏略》曰:'倭在带方东南大海中,依山岛为国。'"此皆洪濛暧昧之语,乃知明人不近征乎宋,而远取乎汉魏者,其意盖谓其人倭短,不足与较,鼓励其兵士。不然日本刀切玉禳妖之说,与逸书可宝之事,欧阳修早既羡赏之数百年前,日本之为日本,彼岂有不知,况于邻近朝鲜乎?而其与我相接者,其官曰训导,盖亦谓虮妄倭人,可使之训导至道耳。呜呼!尝以是为交际乎?(成斋评:倭字考证,及训导官名所由起,说得明晰。)

训导倭人归大道，此间交谊不须论。五洲横目皆兄弟，应悔区区我独尊。

上 官 仪 度

上官外出，驺从如云，比我旧时诸候伯行色，犹有过焉者。其进退以乐曲节之；及下轿，则跟随胥吏左右腋而进；殆如不堪步者，上阶则又有拥腰推臀者，以养威望，亦国俗之异也。

喇叭声传霜仗排，驺从拥护欲填街。十围腰带妃嫔样，摇曳扶人上碧阶。（成斋评：似观田舍演剧，不觉绝倒。）

饥 民 颠 连

昨年亢旱特甚，故本年饥民累累，无由求活路，时有乘夜窃携其妇女来鬻淫者云。回忆昨年朝鲜政府议，固拒我人民挈眷来住，使人疑其意或在纵容一边。但以其事致弊最钜，故随即严饬究推之。

甑釜生尘绝谷粱①，半宵掩泣别儿郎。无情何事阻携眷，拟卖鸳鸯梦一场。

满 路 饿 莩

国人逐日饥迫，面若死灰，来我居留地，蹒跚膜拜，逼而乞物者，不知日有几十人。其稍健者，立户外觇隙，窃偷箪食，或攫芋苞。为人所觉察，为畜犬所咬，叫咻号哭，手龟肌枯，饮泣鹄立，悲哀之声，终日无绝时。邦人泣，无论少长，皆叫爱姑麻爷，指父母也。偶

---

① 粱，原作"粱"，疑形近而误，据上下文意改。

出散步,饿莩满路,使人不堪酸鼻。

骨露肉枯肌冻皴,何时四海得同仁。积尸枕藉无人问,天上春寒闭绮阛。

巡 夜 虎 患

伏兵廨四处,今皆为贼巢,昼夜觇我隙,出没无常。曾分全区居留人为二保,令轮直警戍,柝声终夜不绝。而余与管理官,每夜十二时后,巡察两馆,视其勤怠。西馆八栋内,独有武田文五郎者住焉,荒凉阒寂。过之则万松茂密,寒风刮面,雨雪霏霏。有山名龙头,闻曾有虎来栖,而人未觉。唯怪鸡犬猫切近人,恋恋不去,屏息悚慄,不肯出户外。如是者数日,人皆莫知其故。忽夜半有烂烂如镜者,光彩射人,且失畜犬所在。日多一日,始知有虎在近矣。于是槌鼓打钲,铳枪剑棒,纠众以围此山。虎终逸去,而犬猫不复近人矣。或曰虎奔极疾,人莫能谛视,唯见数里间风战草靡耳。夏时多在咸镜江原等地,冬则时来南边。今我与管理官,每夜行过,若忽然遇之,腰间无寸铁,将如之何? 曰有暴之耳,何暇顾鲁人指笑。然我闻虎内心善外威武,噬恶兽不害人。然则虎固不足畏,但彼鼠贼草窃,使我辈日夜遑遑不得高枕,是可畏耳。虽然,又安知非彼亦遇猛于虎者而至此邪? (成斋评:反复转换,文法巧妙。)予二人每过龙头山,谈必及虎事。已而闻虎切忌人语,相戒噤口悄悄过去。

万竿①拥路海风醒,巡察要他租界宁。地僻岁饥人亦虎,悍凶出没不藏形。

---

① 竿,原作“竿”,据早稻田大学中央图书馆藏本后勘误表改。

吏 乞 材 料

朝鲜土地不生材,非不生也,不育也。我居留地亦非朝鲜土地乎,而郁葱蕃茂,余窃为朝鲜政府惜焉。办察官新构官舍,要材甚急。而其能堪栋梁者,探讨数十里外无有也,为截数章绿云与之。

官守优哉八斗才,更无乞米尺书来。传言彭令构仙馆,分与松云绿几堆。

盗 剥 屋 椽

租界全地,古来分为二区,曰东馆,曰西馆。西馆有大厅三、行廊四,系朝鲜政府构造,舍宗氏特送使员等处也。荒废岁久,无人借居之者。而穷民恶汉昼夜出没,剥椽卸户,或火之以防寒,数栋屋舍,旬日间不复全。数缴知彼官吏,而无能防护之。二月某日,为修缮一户,充语学校。自是白昼草贼稍敛迹,然黑夜跳梁者未已也。

突兀厅廊不掩关,剥椽斫柱苦防闲。少陵茅把群童盗,广厦谁庇千万间。

讼 庭 生 草

二月某日,始开裁判局。时内外诉讼极多,然其贷借案件,概属无证无约;偶有证约者,亦不署负债主贯籍姓名,唯有月日俸出等字样耳;甚者不可知债主、负债主俱是为谁。但其证票显然,而被谲诈迁延,以至破家失产者,诚为可悯。故管理官曾有所施为,先了二三案牍,以期彼我公明得情。按,从前亦有裁判之设,而其为职专管两国交际。《裁判事考》宗氏旧记。曰:"裁判之为事,两国交际主管之职也。"然观其所记,则曰岁遣船二十五船,复为五十船。裁判抽谷盛广之力也,其得朝鲜王额字也。曰裁判有田智绳尽其职故也。又曰旧约公木三百同,裁判佐护成扶换作白米四千石,寺田成般亦换公木一百同以白米四千石,总计一万六千石,入送于我州,五十年于此云云。即是要求官,安在其为裁判也。明治二年至八年,官无定约,住民自恣,彼民日来往,而我不得出设门;彼日来贸易,而不由守门、设门者,目以潜商。潜商接踵者十年,故滞逋如山。我民无奈之何,终为其所愚,情实可悯。故首开裁判局,爱民之馀泽,博及海外也。

骀荡春风社雨馀,二三案牍得情初。讼庭生草疏慵甚,好货韩民且扫除。(成斋评:意平辞畅。)

残 碑 委 营

双岳,昔时刑两国交涉罪犯处也。下有残碑,旧在馆地内,数年前移建,今则仆草间矣,所谓和馆制札是也。按,碑系天和三年距今明治十年,百九十四年。创建。所勒五条,一曰禁标定界外,毋论大小事,阑出犯越者,论以一罪事;二曰路浮税现捉之后,与者受者,同施一罪事;三曰开市时潜入各房,密相买卖者,彼此各施一罪事;四曰五日次杂物入给之时,色吏库子和人,切勿扶更殴打事;五曰彼此犯罪之人,俱于馆门外施罪事。右在馆诸人若办诸用,告事馆司,直持通札①,以于训导别差处,可为往来者也。又碑阴记曰:"各条制札,立馆中以为明鉴也。天和三年癸亥四月日。平田隼平真幸、杉村主税平真显、樋口孙左卫门平成昌、多田与左卫门橘真

---

① 札,原作"扎",疑形近而误,据上下文意改。

重、平田直右卫门平真贤。"按,一罪者,朝鲜律谓第一等罪,即死罪也。行之殆二百年,吞冤入地者,不可胜计。读了潸然。

旧约残碑委草菅,读来严刻岂堪言。若令幽鬼可呼起,沾被欢虞圣世恩。

老 民 遭 贼

武田文五郎年垂六十,就西馆隙地,垦荒芜辟草莱,种麦养菜者有年。近时得少馀裕,韩汉侦知之。二月六日夜,其徒五六人,持棍棒突入,反缚文五伏地,压覆蒲团,无发声,掠夺所有米麦衣袄器具去。文五气息奄奄,达旦不能动,苦闷已甚。偶闻有人足音跫然,连呼求活。其人走入为解缚,则伤肿满身,急请大军医药之,幸得不死。

元是流离沮泽氓,暴横至此一堪惊。寄语城中闲画史,描呈侮老昨宵情。

官 库 失 钱

一月二十四日夜,暴风雨。盗入官库,窃韩钱若干去。先是官置直看守者三人,及明始觉之,愕眙报道。后数日发迹,现系旧草梁、开云、釜山等恶汉,伙党行窃。即照知彼官吏追拿,而官吏犹豫,逸其二人。

跳梁君子奈枯腔,莫怪阿谁气势厖。骤雨疾风暗天地,唤为外府是邻邦。

沙 金 出 港

国内产物甚鲜,偶有天造美货,无敢有一人挺身发掘制造以裨国益者。现在贸易品,才有牛皮、海鼠、牛角、爪骨及海藻等耳。但近日稍稍输沙金,此系国禁,故不公卖之也。然窃察其情,禁令亦少弛云。有奸猾者,投机规利,剥铜箔混沙砾,赍来求售。我商民间有为其所眛者,彼狡不可及也。

低声要客一呻吟,耳语斯躬负累深。了却精疏物无敌,剥来铜箔称沙金。

啰 叭 排 烟

国政尚压制者,世人所熟知。而强弩之末力,不复穿鲁缟。观于防野火,亦足以见其一斑。三月十五日绝影岛火起,傍近人民,豫知被啰叭号召也,潜匿逸散,无有一人敢出防者。港内停泊舟人,皆系全罗道商民,谓此非我土,吾何关焉?悠然彷徨。何料乍为其所督遣,然亦逃窜者甚众。捕吏追拿获十人,押送于东莱。而囚徒在途解绑,反缚捕吏而去。又曾见后山防火丁,时放声相哄耳,及令旗失影、啰叭遏声,则抱膝吃烟,亦奇。

啰叭驱人旗有权,空拳奔命岂偶然。杀风景处最风致,防火场中踞吃烟。

猛 将 搏 虎

九德山,北控东莱,东抱釜山,背大河,在四屏山迤西。在昔朝鲜请和也,加藤、小西①两先锋,留松浦、有马、大村、五岛、宗五将,守釜山城。五将一夜会饮曰:我辈苦无事,盍猎虎九德山?诸将诺之。二月廿三日拈阄,有马、大村二氏守城;松浦、五岛、宗三氏

---

① 此系万历朝鲜战争(朝鲜称"壬辰倭乱",日本称"文禄庆长之役")之际,被丰臣秀吉任命为侵略朝鲜的第一军团军团长小西行长,和第二军团军团长加藤清正。

平明整部伍出猎，获虎五头；后又获六头，皆此山也。（成斋评：当时萨兵亦有猎虎事，有《猎虎记》一篇传于世。）据小西一行所撰《朝鲜征伐记》：三氏至九德山也，相地势占要害，攀老树注丸以待。约定，群卒打铜锣，山谷皆震。一虎过宗氏所伏树下，佐护内膳自树上狙击之。虎怒穿树根殆颠，阿比留源左自后狙击，佐佐木左京、三山善作、大浦带刀等，在旁树炮击。虎怒跃咆哮，发掘各人所据树根，最后向内山立蕃所据树，发土石震树干。井田助四郎自背斫之，虎翻身而立，殆噬。斋藤彦九郎驰至，枪虎胸不殊，跃进击。西山源左、汤浅藤左，丛刺毙之。虎大两牛许。一虎过义智树前，即狙击中额穿肋下。虎怒，掘树根四五尺。大石荒河助下树，巨铳打虎脊骨，虎鸣牙压薄。大石躲身入股间，搏虎投之四五间。虎奋①起，将抓大石。大石刀斫其额，犹狂突，刺腹。义智乃下树斫之，腹裂肠出，虎犹不屈，刺脚稍衰，刺两眼乃毙。一虎为大浦才藏所炮击，而江口、立石、纲崎、铃木诸人，丛刺仆之。既而松浦氏获一虎，五岛氏获一虎，凡五头。更出草梁原驱麝，获麝十九头。诸将皆曰：日犹高，盍更猎顶上群虎？于是群卒先登九德山绝巅，鸣锣驱迫，有一大虎遁入莽苍中，群卒一列驱进。三将与将士，相地攀树以待。松浦氏第一，五岛氏第二，宗氏第三。有二虎趋过三浦织部、大石源太郎中间。两人狙击毙一虎，一虎负伤猱突。睨源太凿树根，阿比留源左自傍炮击，二发不中，三发始中。虎怒，迫阿比留，源太将下援之。虎反顾抓源太不及，掘其树，源太在低枝挥刃②刺之。虎怒号啮刀，刀缺如锯。其兄荒河助见急驰至掷大石。源太得下树，赤手当虎，以身冲虎头，翻出其背；两手握虎尾，极力

---

① 奋，原作"旧（舊）"，据早稻田大学中央图书馆藏本后勘误表改。

② 刃，原作"击"，据早稻田大学中央图书馆藏本后勘误表改。

曳之。虎雷吼数声,荒河助进刺。虎倒,源太剸其腹,踞头抉两目。荒河助拔颔毛,源太断头,视耳门,派裂十馀所。笑曰:此虎食韩人,不下三十人。猎两回,获虎十一头。木牌各书姓名,插之虎首,使众卒担焉。三将拥后,整队入城,观者如堵,皆悚然敛容曰:"我邦无不怖虎者,而日本人猎取之,不异狐兔,宜哉以大明天兵,犹不能抗也。"

此记系友人冈千仞抄译。初余将赴朝鲜,千仞为赠此篇。余意谓九德山者,草木畅茂,日月翳隐,人迹罕及。及上四屏山望之,则突兀童山耳。当时诸将所攀之树何在哉?狐兔犹不窟宅,况虎豹乎?因颇疑一行《猎虎记》之为夸张也。或曰:虎豹能走一日千里,不常其所。然三百年前之事,非可臆断。吉副喜八郎者,对州人也。一日途上遭豹,短刀刺杀之。又有士人某,卒然遇虎,格斗于东向寺北,终暴之。此皆数年前之事,众人所目击。况当时猛将勇卒虎斗龙战之时,而谓无此事乎?予于是乃谓:往时此地榛莽千里,而后世不戒火焚燎殆尽,故虎豹亦远遁乎?(成斋评:此按是也。)闻虎豹皮今多出于咸镜道、江原道等处,皆陷阱所获也。虎豹在阱人立怒号,怒益甚,毛斑益鲜明。土人一岁获一头,得全家数口坐食不乏云。(成斋评:末段说出虎豹皮,以与前说相衬,文法绝妙。)

万里悬军兵有神,廉蔺何事动摇唇。韩明席卷存馀力,空作山头捕虎人。(成斋评:妙咏史。)

枭帅着鞭

牛岩距釜山,沿岸数十丁。文禄元年四月,小西行长与宗义智,窃自壹州胜本先发,至此上陆,直拔釜山城,走守将郑拨。明治八年云扬舰之有事于江华也,春日舰来护本港。当此之时,朝鲜国南北警备,羽书旁午,扬言曰:"东莱备兵五百人,釜山三百人,南边各所水营称之,牛岩则装置水雷。倭兵奄至,何足为意!"事在二年前矣,今则交谊蔼然,釜山金使时出迎劳。其似对垒敌视者,忽为东道主人。回忆往事,若一梦斯觉,使人不耐今昔之感。

海不扬波路绝尘,牛岩直与釜山邻。安知征战先鞭地,东道方今作主人。

台 楣 雅 咏

永嘉台,在釜山城西。地高一成,杂树相拥,构造亦颇加意。彩雕虽稍剥落,无倾圮之虞。倚槛转晌,则釜浦万顷玻璃,宛如开镜;渔艇商舸泛泛焉,与碧山相映发,纳凉之候可想。词客文人题咏匾额甚多,皆刻字耐久,盖善图也;且书法遒美,鸾凤翚飞。惜当时公务怱惚,不得尽读之。

数幅蒲帆映水开,孤鸿飞过碧崔嵬。满楣题咏云烟笔,并卷暮潮三面来。

馆 址 古 砖

古馆址,在豆毛镇北。按嘉吉之初,日本馆在三处,即东莱郡釜山浦、熊川郡乃而浦、蔚山郡盐浦。文禄壬辰变后,减为釜山一处,古馆即是。但以其海岸渐浅淤,不便操舟,宗氏数请移馆。至宽文十二年,始移于草梁项。延宝六年新馆落成,今官厅是也。古馆之墟,垦辟为田园,当时影迹不复存。旧例我邦人不得出设门,况古馆乎?唯有古墓存焉,以故春秋分、中元节得能进往。名曰展墓,实则游步也。及时沿路军官、捕吏警察之,陪小通事导引之,不得枉寸步,如护重囚押俘虏。且闾巷人家,牢锁户牖,无有敢瞰者;微瞰之则为胥吏所叱呶棍棒殴打。以故鸡犬一空,清野以待。又如劲敌入境,见个杀风景,不肯复出。盖彼俘虏视我,我犬马视彼者,数百年于此,何怪情好不密,交谊不渥哉?

满目沧桑感更饶,不知何处馆诸僚。一犁雨足春畬起,古瓦时锄日本窑。(成斋评:绝妙竹枝。)

岩 石 扞 海

五六岛在港口,石柱直立巉绝,高者十数丈,低者不下六七丈,如植铁柱,如力士相争,参互错立。船舶之进港,赖以为标,有如灯台。望之为五为六,莫人能正算,故名云。予病其不雅驯,欲求其本名,质诸土人,皆不知也。偶阅雨森芳洲为训导玄锦谷所作《诚信堂记》大东观之南,有小聚落,曰任所,古来为训导官邸,今译学居之。堂在邸内,记文犹存。有言曰:"斯堂之作也,北有釜山开云之区,南有龙台绝影之胜。"龙台疑即五六岛。岛西北有一村名龙塘者,盖亦因龙台得名。龙头龙尾二山,可以参看。然今不敢滥改,姑从土俗口碑。

奇岩蠢立势峻嶒,直向港门碧色凝。何术倩来南海若,绝巅夜夜点龙灯。

淑 女 表 阡

淑夫人墓,在馆西三十馀町许。傍山有川,川屈曲就樵路右折,则封土作坛之处。松翠拥后,数章百日红交柯列植。坛前横石,镌"淑夫人墓"数字。或曰"大丘监司夫人之墓"也。邦俗埋葬,多卜山坡丘垅,盖为古制。不碑不碣,累累若覆盆然,又不植树木,任其陵夷。语口修墓非古,但用意之厚,间有涉奇异者。余尝登傍近山巅,往往有墓。鸟道险峻,人迹所罕至之处,而墓地平坦数间,环以石垣,香火不供,樵苏不戒,兽蹄布地,岁中元一往展墓而已。当展墓之时,则佣善哭者号泣示哀,略同新居丧者云。

暮鸟一声轻霭笼,闲行好逐暮天风。美人黄土空残梦,驻得阡头百日红。

汉 城 罹 火

一月十八日,辨察官来话曰:"顷者京城有灾,不审火所由起,三十六宫毕付灰尘,但不及市街耳。"浮说流言纷纷而起,诸大官蹙额焉。乃赠书东莱以吊,礼也。窃谓三十六宫云者,可疑。汉城规模与我二三十万提封治城无径庭,而我邸宅楼橹之轮奂,市廛物货之辐凑,复非彼之比。唯彼勤政殿者,仿佛我东叡山吉祥阁,即受群臣朝贺之所。然平常锁闭,庭内甃石,建小碑,自正一位至从九位署之,回廊周匝,门庑廓然,京中土木无与之京者。王宫在其右,望之有数栋宫殿,皆狭小,无有翚飞之构,又不见诸第鳞次、绮窗绣帘,陋可知也。昨年理事官之在京城,以清水观充旅馆,诸道监司勤礼之时所舍云。时亢旱溽暑,想之今犹不热而汗矣。

宫楼蓦地付灰尘,一炬可怜非楚人。忆起去年清水馆,火云堆里过三旬。

役 夫 浚 川

中川,今改称樱川,横贯居留地以达海。然淤塞既久,暑热之候,汗流臭腐,大害人身。故曾申饬会议所,今众议浚之。偶有山口县人宝迫某者,精土木之事。因使其量丈计较,作书以呈,而未肯轻下手也。至四月七日始起功,六月十四日毕役。事详于《晃朗台记》。

尘淤停滞不迎潮,自是弃捐非一朝。拟见能浇东海水,满沟烟水过春桥。

放 船 延 命

古来国民遇凶岁,放船漂到我西边者甚众。我待之自有定例,而流弊亦不为鲜。民驯我惠,动辄踏不测,一棹飘然指东南。故昨年立约,要不至滥恩,而饥民犹希图万一者,不可胜计。呜呼!使斯民轻离故土以寄生他国者,是谁之过乎?

云发横舳雨声悲,全户存亡谁得知。不死药应蓬岛在,载将童女向天涯。

闭 门 煮 餰

国人来贸谷麦者甚众,多系全罗道人。东莱近傍民庶,皆寒贫,无力能办之。纵令其得能办者,不过斗升。斗升同金玉,故遭人健羡特甚,乃相戒莫举烟。至夜半人定,始得炊之疗饥云。

辛苦贸来且息肩,一朝抛尽卖薪钱。恐遭邻曲相怨嫉,灶下三旬窃举烟。

减 膳 依 例

三月六日,洪小芸和余所寄与谁谈行韵,有言曰:"御厨减膳官捐廪。"其体民饥急赈恤之意,诚为美事。然古今论救荒,名美而实无补者,减膳发廪为其尤。盖开粜有限,赈济无继;民从粜从食,不务节缩,一时倾囊,而枭乃告闭矣。若夫御厨减膳,一人所缩内帑,其乎有几。盖小芸非不知之者,国有例焉,不得通变适宜,亦斯民之不幸也。思政殿在勤政殿北,《东国舆地胜览》载郑道传《思政殿文》,略曰:"是殿也,每朝视事于此。万机荐臻,殿下降敕指挥,尤不可不之思也。臣请名之曰思政殿。"

郑图千载奈斯氓,减膳虚传颂圣明。君王时御思政殿,闻否田间号哭声?

发 廪 垂 怜

闻顷日所在官厅,发廪开枭,而道路之说不以为恩。语曰:"民之多口亦可畏。"后半直叙其语。

艰步蹒跚日易熏,断烟弥月缓支筋。纵令平贱得升米,枵腹行途添几分。

警 报 非 虚

三月二十日,住永某自对州归,始得审内地军兴以后情势。初某之赴对州也,二月十六日发。豫期搭二十四日进口邮船而还。何料西征令出,二月二十五日。邮船"浪华"号亦充运漕船,邮递路绝,信息不通,但警报时时漏传。此前五十首之所以作焉,今始得某所赍归公布电报等,传闻始信,忧喜交集,抚卷叹息者数日,遂又溯始,信笔漫吟以寓意。昔者孔子作《春秋》,绝笔于"获麟"一句。说之者曰:"始于所感,终于所感。"维此漫吟,岂敢望《麟经》,而触目感心则同。呜呼!海外奉职,不得投笔事戎轩。况翰苑握管,昭忠奸于将来,世自有其人。吾侪小人,岂敢权外行事。唯官暇独坐,聊咏所思以遣闷耳。故后五十首,不复立课程,广采录内外公私,以待凶逆归荡平。官报一曰行在所第五号公布,二月廿五日。二曰征讨总督二品亲王有栖川炽仁出示,二月廿八日。三曰陆军中将西乡从道任陆军卿代理,及二月廿二日至三月四日西征电报等也。

惨淡风雨天角来,尽忠报国亦悠哉。长城不是治平具,可惜檀卿手自摧。

公 布 见 旨

行在所第五号公布,略曰:一月三十日夜,鹿儿岛县西乡隆盛、桐野利秋、篠原国干等,相谋掠夺弹药库、造船所及邮船"大平"号。朝廷遣河村海军大辅、林内务少辅,往诘问之,为其所拒;乃召县令大山某问之。明知不轨形迹,上震怒,下命征讨,海内吏民其知上意所在矣。

王师征讨锦旗新,万古功名一片尘。岂料汉廷叛臣传,韩彭而后有斯人。

督 府 文 移

二月廿八日有栖川总督檄文略曰:"上意以为隆盛为复古功臣,要其觉悟,特为派敕使。而彼强硬不悛,捉巡查推锻酷虐,终负以无根说,以煽动士民、将兵出疆,及过熊本逞其凶斌。余不肖,奉命遄西大蒒,置总督府于筑前。天皇慈仁,奸巨魁示大义,胁从勿治。犯顺党逆,悔无及矣。"初隆盛挂冠还国,由朝鲜和战议不合。末句故及。

一纸传军钟鼓振,分明功罪不能均。归牵黄犬终难得,元是鸡林猎虎人。

玉 座 烛 泪

征西电报得能达此地者,才不过十一。略曰:"二月廿三日植木、高濑之役,吉井少佐死之,后互有胜败。三月四日官军拔三池,昨夜贼袭熊本,为地雷火所歼者五十馀人。"呜呼! 此岂皆异类殊族乎? 同一神州之士民,而朝廷之赤子也。其胜其败,均是关我国休戚,可发浩叹。

飞血吹尘酣战馀,阵云连处尽荒墟。夜深玉烛垂红泪,天上有人奏捷书。(成斋评: 敦厚。)

大 义 灭 亲

陆军中将西乡从道君实为隆盛弟。西南事起,君投袂蹶起,请自当之,走抵大坂,不得命而还。

誓殪凶魁意气豪,堪看大义灭同胞。鹡鸰原上西风急,血泪深宵洒战袍。(成斋评: 悲婉。)

三 将 褫 位

行在所公布第四号云:"陆军大将正三位西乡隆盛、陆军少将正五位桐野利秋、陆军少将正五位篠原国干等,结党作乱,今皆褫官位降为民。"

自古功名易折磨,萧韩末路果如何。归田何事不要犊,收得华山放马多。

少 将 死 难

四月三日或报曰:"三月十四日官军大战于肥后,某少将死之,大佐、少佐、军曹战死者甚多,俱不记姓名。贼将篠原国干与西乡嫡子某,亦败死。"西乡、桐野二魁常持重在后,至此始出指挥,苦战可想。后闻之,少将阵殁者,系讹传。

风卷炮烟飞剑芒,远西壮士铁为肠。军门一夜将星落,长作镇西山月光。(成斋评:所谓"西乡星",朝鲜亦发见此星变乎?)

邮 船 漕 糒

邮船始通以来,官民便之。未几,西南事起,二月至四月,声息全绝。或曰邮船悉充军漕,盖非诬也。

春来百事属望洋,传道邮船莫敢遑。身若楚囚音信绝,红暾才拜大东光。

遗 孽 乘 时

四月三日报曰:"石井①某者,为江藤新平党。曾逃匿萨州,至此始出,现今为一队长。"

山河襟带锁边陲,函谷春风谁敢窥。留得咸阳一星火,死灰又遇再燃时。

穷 士 有 为

宫崎人吉士族不逞者,共谋党萨贼,出阵于熊本。羽州庄内、美浓大垣人士,亦阴通谋,起兵相声援云。以上见于四月三日或报。

萧条杀气满皇州,西土未平警北陬。泪下九重宵旰意,春风时

---

①　井,原作"尾",据早稻田大学中央图书馆藏本后勘误表改。

节不禁秋。

父 赐 手 书

四月廿三日,始接本省本年第一号、第二号、第三号等公信,并得父书。书曰:"媳妇举儿,汝久羁外地,岂不欲见之乎?汝父亦颓然就老矣,但弄孙之乐,较可以慰情。所望公私尽心料理,待其期满归家相欢也。"

少壮疏豪气未除,几回远翩试冲虚。慈祥一语泪千斛,不忍天涯读父书。(成斋评:悲可想。)

妇 报 儿 戏

廿三日公信内附家书,有儿贞一写照焉,生甫四月矣。本年八月余龄正三十九岁,而始举儿。桑榆不远,所成何事,能不愧于心乎?(成斋评:喜可知。)

异邦奔命半身枯,爷未知儿空对图。不比八年神禹绩,过门犹听启呱呱。

老 樱 慰 情

馆庭樱树,奇古可爱。低枝披靡,盘礴数间,花重瓣淡红,远望一团瑞云拥官衙。闻移馆①之时所植,距今二百八十馀年。其间人事凡几变,阅馆司交替,有贤有奸,刚简迂戆者,清才隽茂者,或贪吝轻悍,招怨内外。举皆为此花所见,人皆曰见花,而不知为花所见。悲哉!

---

① 馆,原作"官",据早稻田大学中央图书馆藏本后勘误表改。

其奈晚霞红仅遮,名葩本色尚参差。春风若解东皇意,尽日吹熏日本花。(成斋评:日本花字样新①奇。)

废 园 抒 思

西馆一厅,庭有樱树三四株,大者合抱,花时红云暧暆,每散步对花吟哦。朝鲜风俗,不酷爱花木,人过樱花烂漫之地,而不肯回顾。俚语所谓"人喜玩华,我宁粉团果腹"也。一噱。

园废庭荒花木残,春风不许主人看。谢他旧尹风流在,遗我故山云一团。

中 川 产 蛙

樱川旧称中川,无有水源,田间涓滴之所凑合,细流不异牛溲。而偶逢雨潦,则暴涨建瓴,土石并走,故尤苦易淤塞。唯产蛙殊夥,雨夜阁阁之声,使人有出尘之想。

十年闹熟忽相遗,阁阁半宵听始奇。一带中川贯租界,鸣蛙亦不择官私。(成斋评:奇想。)

港 民 攘 臂

本港出入商货,无纳税饷,故商贾贸易,理当至公无隐。但旧染弊习之未祛,落货禀单内,往往不明载沙金输出,顾其潜出港者亦甚多。此其为弊一。大凡世之商贾,阳相结阴相倾。然如本港绝海弹丸之地,宜协和以规公利。而今乃不然,互相诈欺倾陷。此其为弊二。古来我吏民之在此地者,待彼邦人如奴隶,威压凌虐,

---

① 样新,原作"新样",据早稻田大学中央图书馆藏本后勘误表改。

习以为常。我商人有常言曰："督促彼逋债,不见血则不见钱。"此其为弊三。如是之类甚多。而朝鲜人亦巧诓赚,变诈不测,复驾而上之。故为其破落家产者,不知岁有几人。此是数弊,一朝难祛。虽然,皆系对州商民数年养成者。若有京坂大贾渐来营业,为伸力打破,则何忧其不祛。继任此土者,所当用意也。

谁与弊风任挽回,凝然一种作胚胎。百年痼疾急难治,当面先除太甚来。

施 药 艰 难

一月以还,人民饥饿益迫,于是卖淫之事作。我氓之蚩蚩,为是传熏染麻,罟获陷阱,不待驱而自蹈之。

一团和气自为春,何料桑中约亦新。利弊相仍何日尽,催花风里折花人。

役 民 容 易

闻朝鲜国民一口,一日有钱十文,可以无饥。盖一日二食为常,唯三月至八月中旬,或三食,计其所需,多不上十五文。而本年凶歉,谷价腾贵,非要二十文,不能支一日。故中人以下,昼间一食,劣充饥腔。贫民则食松皮、海草、蓬蒿等。至肉落骨枯,力难采掘,则流离乞丐,立待其毙。悲酸之情,实堪悯念。闻之国内雇役人,虽恒岁收获之时,就雇主三食,不过赁十五六文,乃至二十文,是为最贵之时。而为我居留商民所佣者,莫论时日,四五十文为定。而本年忽减至二十文,再减为十五文,或有不要一文,来乞为奴,以求延馀喘者。韩钱六百五十文,略低我金壹圆。一文即一枚,钱大小不同,而价相若也。

百钱不直丈夫儿,辛苦尝来甘似饴。稀粥三文若为得,细民命脉细于丝。

哭 评 巧 拙

民间丧仪,虽不得而详之,据所闻:人死必先殡敛二三月,而后埋葬。富者殡于室,贫者殡于庭、于野。其间亲戚故旧服丧服,麻帽苴杖,远近来吊,哭日四回,每回供养温食。少长以次就哭位,其声曲折凄惋,使人楚楚哀恸者,哭之巧也。哭歇乃改服,丧主为设膳羞。其殡棺未出门之间,每朔望如之。当此时,亲疏戚族,往来殊稠,故相竞佣巧哭者,因哭之巧拙,评价资给焉。巧者为数人所佣,泣号累日夜。曾观于釜山近傍,殡敛皆在野。或曰奠于家三四日,乃殡于野;劣掩藁席,有时喂于虎狼云。殡棺所在,臭秽远闻,不可向迩。

善哭男儿亦异才,为人饮泣告馀哀。香魂既散九天去,掩鼻且过永夜台。

人 难 笄 字

邦俗以守古礼自夸,不肯与时变通。其于冠昏丧祭,参用《朱子家训》《四礼全书》等。而星移物换,真个告朔饩羊。至僻远民间,流弊最甚。大抵昏礼一举,全家为倾。绎其故,则邻伍少长,交来为庆,数日不撤宴,费且不赀。故男女过时无夫家者,项背相望。于是乎桑间濮上,淫媟亵慢,民恬不为耻;严刑莅之,亦不能惩戒焉。或语余曰:釜山傍近,民间婚礼,冰人先通两家之言,互无违辞,然后选时卜日。期至,男夫共冰人及亲戚,到妇家亲迎。此时亲戚执雁,以木造焉。夫先起拜雁,妇乃拜去,而后始行杯杓。献酬礼毕,夫三宿伴妇归家,是为中人以上昏仪。其至贫困者,则简之又简。而犹有难成婚者，曰惮人妒忌为妨也，曰恐邻保连日来朋饮也。以至花落色衰，国多鳏寡，殆为此云。虽然，末俗馀弊，如是之类，不独朝鲜为然。任移风易俗之责者①，所当留意焉。

窦门倚遍懒浣纱，剥啄贸丝约不差。之子言归何日是，野桑结子落桃花。（成斋评：第二句以下，皆用《毛诗》典故，妙。）

金 钿 买 米

有赍金钿一枝来求售者，价八十馀圆。质纯精，光泽不可言。金使某所有，非民间之物也。某氏购之，今现在其手。

绀裙斜立废妆梳，侍女报来厨下虚。泪出文君饰首饰，多情欲疗渴相如。

虎 皮 易 饵

虎豹之文，不如米麦之质。本年凶歉，虎皮减价数等。梁上君子，察机窃发。斗升②之米，利市几倍，不胫而走。惜哉我邦遭际时艰，不能溥及彼八道也。

看来文质与时新，一领才能易一囷。怜彼俄然减声价，杀身到底不成仁。

松 下 癯 仙

尝读《救荒本草》，知松皮可饵也。然其食之，去粗③皮取白肉，煮烹淘腋净洒，而后混米麦粉蒸之，捣之以为饼，可以充疗饥

---

① 者，原作"类"，据早稻田大学中央图书馆藏本后勘误表改。
② 升，原作"舛"，疑。
③ 粗，原作"租"，疑形近而误，据上下文意改。

矣。今见土人直剥食之,其铁肠亦堪骇,生理艰难至此极。而我辈安坐饱食,宁可不思其故哉?

天道是非徒自怜,路头剥食咽饥涎。采薇无力南山下,行遂赤松骨欲仙。

路 头 病 魅

赈恤有期,籴籴既闭,继之以疾疫流行,医药亦无得,束手待死。其得能免鬼录者,称为天命。

"神农遗业"招牌多,梁惠慈心空渡河。爷填沟湟儿毙疫,全家八口唤如何。

饥 民 聚 埠

近日彼我商民贸易,米麦芋薯为最。饥民累累然常沿门觅食,仅见帆影闪海,千百为群。及卸困苞,穿而攫去者,尾而拾遗者,抢夺而逸者,守以觇隙者,如蝇如虻,挥之又来,急之则泣,挤之则毙,无可奈何也。

巨船万斛贾乘时,帆影才飘人朵颐。遗粒尽为乞儿食,檐头敛翼午禽饥。

漕 米 列 肆

两国商舶舳舻相衔,虽壬辰艋①艟,恐不如是其盛,而皆贸谷粟也。昔者以杀人,今者以活人,仁暴斯判,悲欢自别,交际之可贵如此。彼亦应有少感悟,即不可不为两国贺也。顷日一话堪抱腹

---

① 　艋,原作"舰",据早稻田大学中央图书馆藏本后勘误表改。

绝倒者,一官人语我商民口:"日本亦有米麦如是,恐与他国贸迁来,非本国所产也。"此语卒然闻之,为甚可笑。而退察其意,亦有不足怪者。从前对州人之所啧啧论议,常在向朝鲜要求谷粟。彼苦其无厌也久,乃谓日本地不产谷粟。而今俄见我粒米狼戾,其破胆亦宜。则彼井蛙之见,曾止于对州一隅,可推而知也。

是好是戎经百般,一区边境半悲欢。桅樯林立釜山浦,宛作壬辰战舰看。

通 鉴 课 学

新草梁村有一校,李华吉者教授焉。一日散策访之,时聚儿辈课《通鉴》,音节恰似我邦僧侣读经。见习字者,甚端正能得楷法,盖传自支那者,与我邦人匆匆运笔复别。校广八九尺,檐低碍头发,伛偻而出入。华吉喜我辈过访也,迎揖甚殷勤,指屋西高柳曰:"此五柳也。"且席上为赋七律一首,以拟蜀汉三杰访南阳。然辞句晦涩不上口,临去投二十钱纸币一枚。喜出于望外,肃拜出送。经五六日来谢,后又有书寄余曰:"省礼言。谨未审辰下旅轩起居清穆者乎?仆顽命苟生是幸,何烦言。分袂之后,愈久愈思。吾公风格秀整,高自标持。虽东溪之李元礼,无以过于此。后进之士若或有升堂者,亦必为登龙门矣。向者公所制之韵咏,末初句便觉牙颊生香也。仆所制韵,以臻字为悬,而误悬来字;麦舟石曼卿①之事②也,而误云范仲淹,正是浅识不博之致也。落花韵伏呈,仰备

---

① 卿,原作"乡(鄉)",据早稻田大学中央图书馆藏本后勘误表改。
② 此处用典"麦舟之赠",语出宋人周煇的《清波杂志》和释惠洪的《冷斋夜话》,是指范仲淹次子范纯仁前往地方收租,押运五百斛小麦返程之际,受父命拜访石延年(字曼卿),偶遇后者家中遭难,无钱安葬三位亲人,无法脱身北上任职,遂将一船小麦倾囊相赠之事。

一笑之资。勿挂他眼,即赐斤正。未知何如,余不备疏礼。丁丑三月旬六。书契公座下。罪人李华吉拜疏。"其诗云:"夜来风雨晓来风,一片西飞一片东。睡起残红无觅处,满山啼鸟水声中。"

萧然环堵有谁阚,散策不妨晷刻淹。杨柳斜边扪虱踞,白头学究课《通鉴》。

遁　辞　间　食

有一官人言曰:"日本妇女,来留釜山港,条约书所不载也,宜饬令刷还。"答曰:"妇女不是日本人民乎?此地既经贵政府准听我日本人民纵纵[1]居住,《修好条规》第四款可以见。既曰人民,该男女在中矣。"其人嘿然者久,卒然指膳羞[2]萝卜问曰:"贵国亦有此种乎?"

满胸猜忌释犹存,语次常看涉防樊。使君日夜忧民切,咄咄顾他问大根。

烟　管　冗　长

邦人酷嗜烟,步骑坐立,俱不离口。烟管长三四尺,火盏大如拳。烟叶多不缕切,用手寸断吹之。官吏则精叶细切,命侍童拈之,管之长倍蓰民庶所用。盖清国人亦大盏长管,而西洋人用短管,又有卷烟者,吸之不用管。此虽细事,足以观勤惰所由。我邦人居其中间,今则长短并用,殆无一定。

烟管长于马腹鞭,指头拈叶盏如拳。蹇驴背上徐徐去,隔涧吹翻一朵烟。(成斋评:状得善。)

---

① 纵,原作"便",据早稻田大学中央图书馆藏本后勘误表改。
② 羞,原作"差",据早稻田大学中央图书馆藏本后勘误表改。

蝉 翼 沾 渍

服色衣冠之制,全袭前明遗风,有可观者焉。而阔袖长裾,不便作业。或曰:国制,平民不得用伞与雨衣,雨则用油纸覆冠耳。故颜面漆黑,殆疑印度人种。

明样貂蝉亦可观,不障风雨不遮尘。入当冠盖出蓑笠,自诧满清以上人。

三 策 督 逋

五月十八日,夜方八时,忽闻墙外争斗之声。走出视之,皆逃匿不知所之。后闻之,我民督责彼民逋债也。盖督逋债者,不须多费言语,觇其来至,直绑缚之两三日,则其亲姻交来纳钱办偿,是为上策;殴打见血,为中策;执左券相要,下之下者也。渐不可长,曾谓之市道乎? 近日告诉路开,是风稍革。而数百年馀习,有时出于意想之外者。

市道元要乘事机,怪来此地互诟讥。何当洗刷旧污俗,三策终归一笑非。

互 欺 规 利

我商曾与彼民贸易者,常占倍蓰之利,而未以为慊也。曾闻以我物品价百圆者,贸彼沙金及牛皮、海草等物,转送诸大阪,则时或抵三百圆。但立约不坚,片纸为证,面貌相识,虽姓名籍贯,莫能审之,终致见诬赚焉。从前对马人贸易也,在彼限训导、通事、商译、都中等,在职者数人,馀皆以潜商论。潜商罪甚重,按《大典会通》和《馆条》云:参货潜商者,首从皆馆前斩。然古之潜商,乃今之公商。而今之官吏,皆古之公商也。盖曾查明治二年至九年之贸易案件,公与潜常相轧,故外严"守"门名。"设"门名。两门。而自我观之,苟从事贸易者,无论公潜皆商。而彼犹有隐然存故态者,是以商路踯躅,欺罔炫卖,相竞倾陷,滞债积负如山。且无由往督促之,我民之受弊尤甚。为是破落身家,归无家,留无资,栖栖不能自活者,年多一年,此所以贷借案件为本厅今日一大难事。而彼官吏之语曰:"俺等曾犯国宪,私相通商。故督其旧逋,先不得不问诸潜商之罪。问之则骈首就死,无乃日本商民亦不利乎?"该案相持久不决,管理官尽心开诱,而后始能听受理。我商民有常言曰:三回卖物,一回取值,不复忧折耗矣。安知彼亦早侦知我情,始披肝胆相示。及得其所欲,则挤而下石,不肯入"守""设"门。我无可奈之何,宿弊所在,容易难除,而今则略就厘革矣。

气类相招俗不淳,看来浇薄有渊源。秦宫马鹿相欺诈,韩海鲛鲸互吐吞。

开 赌 见 追

邦俗好赌博亚食色。其为戏亦简便,断割分许树技为四,随手撒之,输赢立判,到处可开场。一日力役所得,翻手为空。官曾于龙尾山下,荡平粪场,为游息处。何料忽为渠等所占,禁之不得。乃报海关将时追之,犹不能绝踪也。曾在江华、京城等地方,见军卒麇集赌博者,皆于官道广众中,公然为之。问之乃曰:"赌博固为国禁,而于门候卫卒特许之者,防其睡去也。"唯都府繁华之地,多用骨牌花牌,僻陬人民无复有之。然其简便易行则复过之,于戏家无担石储,而一掷输赢,妻孥寒饥,为祸烈矣。

八口啼饥肯息肩,营营力役日如年。十文到处还朋赌,输尽依家活命钱。

求 食 招 累

五月十一日，有客来访大仓组支店。服色都雅，扬扬策驴。店主富田某谓好客也，延之楼上飨焉。其马夫就某所雇之奴崔今五者求食，今五辞焉。马夫愠之，侦其出，要诸途殴打极惨。今五叫号求援，管店某遑遽赴救。时办察官偶来在某氏家，闻之辄命官隶，捕捉马夫及今五等二人去。店主一夕失二雇，而未知其坐何事也，及暮始觉之告诉焉。官为照会伸理。一饭睚眦之恨，受祸亦已甚。大抵[①]彼商人务修外貌，迹类诓赚者甚众。

边幅修来务自裁，何图墙下起氛埃。一盂睚眦马夫恨，即搅乃翁心算来。

拿 捕 淫 妇

五月十四日，有朝鲜捕吏四五人，突然乱入我商民高岛种藏家。时种藏以事他出，吏排户入搜索，捉其国妇女三人去。闻种藏供状，该妇昨夜款户求饭甚哀，拒辞不可。东方将白，顾念妇女来我馆，国禁所不容，不如暂允其请，及夜放还，不使国人目之，终延之室饮食。待明出访人，何料乍为捕吏觉知捉去矣。该妇之就缚也，榜掠捶打，无所不至。国人观者亦皆极口骂詈叱咤，继以乱殴，血痕淋漓，体无完肤，捕吏在后熟视不敢制。面缚甚紧，且连结头发，牵之如犬豕。气息奄奄，不堪跬步，棍棒驱逐而去。我人民逢之者，皆掩目俛首，不能正视云。至午后，谓犹有一妇现在梶山吉

---

① 大抵，原作"大低"，疑形近而误，据上下文意改。

右卫门家,再来袭之,而无有焉。时我民方愤捕吏之疏暴,奔赴援之,终致海关将被殴打焉。

求活百方终辱身,绣床无意买馀春。果然罪死胜饥死,早免婆婆积劫因。

罢 黜 关 吏

一网打尽三妇,捕吏犹谓馀勇可贾,又袭梶山吉右卫门,俱未曾有一语报于我也。乍有上厅诉冤者,视之海关将某也,愤惋特甚曰:"贵国人亡状,殴我肩,撩我冠而足裂之。小官奉职警察非违,而被外人凌辱如是,不可一日冒居此职也。"终去具状东莱。是日之变,实出意外。而其不一语知照,恣发迹我民家,蔑如国权亦已甚。故一面诘译学,一面照会府伯。关吏终见汰职。

为暴为狂任客嗔,多情犹是护花身。蓬然汰职归无处,一朵荆钗愁杀人。

斩 首 悲 惨

前日所捉去之三妇女及媒合男夫一人,六月二十二日处刑双岳下,皆斩。是日天阴,微雨惨淡。罪囚之出东莱狱也,反缚背骑瘠马,颜扮白粉。捕卒猱手拥前后,号笛拂人,行徇其罪。既至刑场,铁镞贯两耳,偃卧地上,男仰女俯。猱手临斩,刀钝不殊,交代数打,始能身首异处。例府伯及办察官莅场捡尸。是日府伯以病不来,办察官见其下刀辄先去云。

玷污岂敢不知非,活路岁饥与意违。淫雨濛濛腥碧血,幽魂夜夜逼人飞。

浣 衣 嫉 忌

民家不贮盥盘,妇女浣濯衣服者,皆出就川渎,浸而敲之。其衣纯白无织文,间有服蓝色布衫者,颇称袆服。平民衣绢绅,绝无见之。官令所禁乎? 抑亦贫使然乎?

双双结伴杵声催,绿润前溪雨后苔。敲著白衣心转惑,日南顷许翠裙来。

听 讼 尽 辞

五月十九日,始开对审例。使彼我原被诉答于公庭,亦前古所尤。庶几奸民屏息,而良民得展力矣。原告密阳人某,被告我商日高某。

雨后风和天地暄,双双鸟语讼庭繁。扶疏林树无逃影,旭日分明隔水村。

施 刑 非 地

刑两国交涉罪犯于双岳下,朝鲜政府之旧例。然昨年既约革旧布新,则处奸犯自应有正法。而今必来就旧场,若阴援古例者,故急作书为问。且思纾之死,而事已莫及矣。

边门迹绝散烟霞,生怕残云一片遮。无限伤春情未彻,秋风吹落合欢花。

薰 突 驱 虫

《语》曰:"齐一变至鲁。"窟炉是穴居一变也,则其变为木造、瓦造、炼化石造,以至涌楼、飞阁、铁柱、玉墙,果在何时乎? 茅茨不剪,犬马同居,厕溷不设,朝移夕转,百虫嗷嗷,不啻饭上簇蝇、蚊蚋之肉迫螫人,马蚿、守宫、蝙蝠之窟宅壁间,以驯致蛇蝎,亦未可知。则其薰烟驱虫之举,在朝鲜人家,实为好手段。然未曾洒扫,洁清户庭,晏然任其化生,曰:"我力不能驱之。"其措本而趋末,何独怪于窟炉哉!

豹脚饥蚊百足蚿,终宵无术得安眠。尘砂不扫潢汗臭,薰彻驱虫万突烟。

露 卧 饱 睡

民庶多不贮卧蓐蚊帱,冬寒燠温突,密闭牖户,不茵不衾,一家当火阁;夏时露卧海岸沙石上,以避蚊消暑。习惯之久,风露瘴疠不能病之。生理简便,太古遗风矣。

举将全户出瀛滨,不用蚊帱与草茵。露卧沙场君莫笑,居然席地幕天人。

月 波 荡 浆

七月二十六日,衙退相谋纳凉。僦船三只,泛釜山浦。是夜既望,袭赤壁游故事也。时暑氛渐散,夕阳春山,清风自远至。转柁向豆毛办察所,遣人招立紫英。以事出于不意,紫英倥偬殊甚。遂为拉乐工数人,另装二艘来见。适明月离山,星斗烂然。左望九德四屏,突兀耸空,我诸将猎虎之处何在哉;右则釜山牛岩,艋艟蔽空者,今则贾舶商船,相接波间。既而乐作,雍雍纡馀,泉流而烟霏,为兴民乐,划然贯耳撼海,行阵乐非乎。击波头南出,则晶莹滉漾,月兔蹴水,金碧破碎,皆为琉璃片。披襟献酬,不复觉人间有炎热。忽忆去年海路达仁川湾,实为昨日。其在京寓也,旱亢不雨,宛坐甑里者二十有六日。与二月江华奇寒坠指,孰苦孰安。况是时两国机变不测,思岂及此。而今则两情和洽,共在恩波涵泳中,其乐何如也。客将辞去,留乐部一舟为送。月下锵铿松影在地,归廨时夜既十二时矣。同游近藤讷轩、矢野枞阴、中野许太郎、住永辰妥。客则办察官玄昔运,号紫英,于釜山、江华、京城诸所,干理交际事者有年;旧官训导,本年一月升今官。紫英请余记之。余特喜两国一舟欢洽至此也,晓起执管记之以赠焉。

万顷金波摇皎晶,画船作队八音并。月娥倾耳或听取,前数百年无此声。

雨 霖 漂 穗

昨年亢旱不登,再垦水田种麦者,国内甚多。本年幸遇时气和调,两岁粪培一时致效,麦秆长倍常。黄云涨亩,国人之喜可知也。何图收获之际,阴霖连月;加之民皆游惰玩愒,日复一日,过时不收。遂致两浸风拂,麦穗化为蛾,稻秧顿宿蟹。料本年收获,亦应十耗三四。况遭顷日熊川暴涨,所在流麦。一日乘晴徜徉南滨,骇看海岸藻荇堆积,数里不断。取而视之,皆麦秆也。风潮抟击,不复存一穗。据国人所说,本年凶歉饿死极多;概算八道人口,则一道全亡矣;但庆尚道民死亡尤鲜者,实因仰日本米麦也。此语虽如欠精覈,以新旧草梁村准之,盖亦不诬也。新①草梁村曾与我亲睦往来,故多免饿死;而旧草梁村反之,曾不纵我民入其里,我亦不悦其来,故登鬼录者,十有三四。则赖我全活之说,不无确据。呜乎!饥荒如此,继之恶疫流行,医药具欠,斯民之遭瘼,一至此极。而峨

---

① 新,原作"旧",据早稻田大学中央图书馆藏本后勘误表改。

舸万斛之说,终归于空言矣。

麦粒化蛾飞半收,秧针宿蟹拂犹留。昨忧旱赤今忧雨,欲不悲秋不自由。

府 伯 解 任

府伯在任,例四年交替。今东莱府伯洪祐昌,以我明治七年莅任,适为余始祇役釜山港之年。屈指四年,余之往来此间亦久矣哉。府伯时寄书,略曰:"仆承召银台,梧秋之望可以浩然。虽男儿轻别,至于吾人天涯会心一朝分手,其怅绪倘复如何。"盖余与洪氏文雅为好,唱和篇什哀然累幅。而今先归,意岂不黯然。况新约履行之初,事垂方成而未完也。以余之碌碌无寸效,瓜期倏过,雁信罕通。呱呱之儿,未认颜色。栖栖之居,已属回禄。心之忧兮,其谁使然。虽然,武士死于武,文臣殉于文,男儿本分。今日何等时?庙堂宵旰①,而一念才及家庭,辄为儿女态,能不愧死乎?

闻说佳期万里违,残蛩守壁断鸿飞。秋来休问愁多少,主遇瓜期客未归。

远 官 忘 寐

九月二十八日,余感冒在告,耳边乍响汽筒亮亮之声,以谓土人戏弄胡筛也。既而人民一时奔赴船舱,曰汽船来。汽船来,乃欢跃蹶起,叫西贼平矣者数声。遑遽上厅,顿忘病在身也。二月以来邮路,至此始复。据船长德田几雄语及长崎县所报书:是月二十

---

① 旰,原作"肝",疑形近而误,据上下文意改。

四日,官军围麑岛城山,大憝自刃;馀或死或降,西国悉平。此夜喜不自禁,忘寐达旦。

航路半年硬不开,便传喜语亦惊猜。索居卧病釜山廨,新报灯前读几回。

军 舰 派 来

十月四日,军舰"高雄"号入港。

异域半年肠转雷,潮头喜见国旗开。鲸鲵西海应收迹,船带扶桑日影来。

星 使 远 暨

"高雄"号送代理公使花房君来。据约条,自今二十个月之后,开他二港。是月适为其期,故将赴汉城议事也。

阴云漠漠暗西浔,蠢尔凶酋尽讨擒。日月扬辉祲气灭,使星早既入鸡林。

善 后 有 望

西征师兴以来,战死者无算。而政府所糜金额,殆上四千万圆。呜乎! 一人不平,海内骚然。黎民何辜,横罹锋铳。此明治一厄也,岂止九国疲弊而已。善后之策,偏仰明哲协翼。

将虚将实梦耶非,欢极哀多不自持。一夜秋霜千里野,回春何日草根知。

广 济 长 企

余百咏起笔于警报,则须事平结局。而国计盈缩,民之休戚系焉。交际有礼,通商得宜,亦善后一策。于是终录博览会一诗,非敢言参画财政,以美我管理官及诸僚竭力从事交际也。会场十月七日开,限三十日闭之。先是余代居留商民,草广告文一篇;管理官与东莱府伯及办察官议,加校正,以付活版,颁布朝鲜国中。文曰:"在昔神农氏兴,交易道开;轩辕氏兴,舟车利通。尔来数千年,民赖其便,圣人泽被后世者亦深矣哉。谨按我日本于朝鲜国,虽隔溟海,土壤为邻;人文虽异,习尚或似。但其舟楫往来稀疏,通好数百年之久,两情有所未洽。于是昨年两国朝廷深虑,重修好谊,革除旧弊,为开扩商路,要在有无相通,全交谊于千载,岂止古圣人日中为市之遗意而已哉?我辈小民,幸生此昭代,常得在本港日事贸易,则须孜孜勉励,各执其业,以图奉酬朝廷盛意之万一也。而两国物产,勿论天造人工,自非遍睹①博览,以详其有无,则所通济互狭。今也我邦幸有火轮船,东西快走,运输极便。则先欲于本港,试开通商博览会,大搜聚我物品,以供朝鲜国诸客之品评交易。其为物自绢布绒缎、金银铜锡、陶器漆器、铸制锻炼之诸械农工一切之要具,谷粟果卉之异同,以至各国之诸名器诸精品,举凡天下之物,山积林列,莫所不备,无求不得。伏望朝鲜国诸道博物诸君,亦多赍远近物产来会,贸易通有无,且讲商法,则庶几不负于两国朝廷敦睦邻好之谊矣。开场以十月朝鲜历九月。朔为始,限三十日内,嗣后每年为例。其间物价务要平贱,以期远近诸客多聚纵览,资其所需也。惟望金君将此刊文,布及于各道同志之人,勿愆此会场期日,则有荣多感,照谅是希,肃此广告。明治十年月日。在釜山港日本国商人谨白。朝鲜国东莱府商会中。"

---

① 睹,原作"赌",疑形近而误,据上下文意改。

今古奇珍尽①列庭,通交并得启心灵。眼前博物君看取,不比荒唐《山海经》。

以上五十首,三月二十日起笔,十月七日毕。

---

① 尽(盡),原作"昼(晝)",疑形近而误,据上下文意改。

卷　二

图 2－3　柳原前光手书"穆如清风"

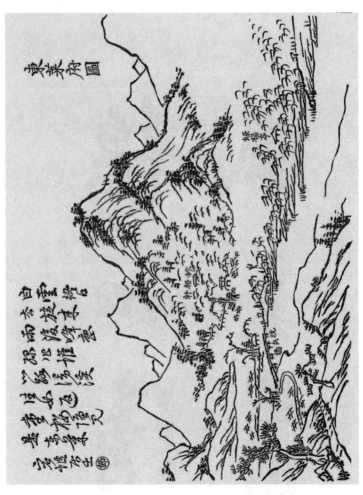

图 2－4 东莱府图（诗云：白云终日去旋来，雨后峰峦岂缘非堆。心路涌溪往溪如返，重樱隐见是东莱。落款：岩坡居士）

东 莱 赠 答

（成斋评：卷中倡和诸什，伯埙仲篪，才力相当。而两情和协，其赞成公务，想应非鲜少。引中所谓文雅之益世者如此。）

明治九年十一月十日，余奉命驻扎朝鲜国釜山港。时照约条，新置管理官，近藤真锄君号讷堂。任焉。以十五日俱发，抵横滨，驾汽船"东京"号，午后六时起锚。先是大丞花房君号眠云。亦奉命赴朝鲜，先发，相约会于神户。十七日抵神户，其翌起锚。十九日午前七时抵马关，停船三时。时司法卿赴长州，治前原一诚狱，偶同船，至此上陆。廿日午前五时至长崎，即夜十二时转乘"浪花"号。廿一日午前八时三十分至五岛福江，午后五时四十五分起锚。廿二日午后五时三十分至对州严原。廿四日午前六时起锚，午后四时达釜山港。十二月某日，管理官与东莱府伯，会于秋梧轩。在东莱府。公事之馀，谈偶及韵事。十七日，府伯赠一律曰："东京消息锦帆船，万里邻壤接海天。奉使交深兄弟国，守城谊笃主宾筵。心存和霭同春腴，事欲公清似月圆。绳墨不娴殊俗地，推移物态莫相牵。"先是议游步期程测量曲直，议久不相协。十二月十三日听其请，沿路引绳量之，而非《修好条规》所揭直径也。因即日抵釜山永嘉台，驳议移刻。又不协，乃有此诗寄来。其绳墨相牵之字，想用意尤深。夫假韵事要济其事，投机结欢以归公好，即文雅之益世者。此编皆当时唱和赠答文字，虽出于公馀匆卒，亦足以见革往时交际面目以言归好。故先揭原诗，继及次韵三首，昭其始也。府伯姓洪，名祐昌，官为礼曹参判。

浦上恬波峡口船，布帆相映白鸥天。一朝练武堂中约，两国永嘉台里筵。交如兰醑香愈远，心似荷珠碎却圆。若克公明图远大，古来何怪世名牵。练武堂在江华府,为两国人臣会同钤印约书之处。

沙际浮鸥伴钓船,栏前一碧水浮天。此非星使尊俎席,有似风人诗酒筵。逐鹿此邻旧相角,破瓠宇内今为圆。索居他日隔蜓海,物外幽情远梦牵。

何日万樯泊贾船,长峦回匝釜山天。百年带砺通交国,千里莘航随喜筵。语有象胥或圭角,情无畛域互团圆。吾侪愧竟乏仙骨,未免这边尘务牵。

洪小芸再叠前韵寄赠 十二月廿五日

自是行装似泛船,烟云相接海东天。追随名榭①孤城路,款曲宾轩两国筵。诗格已欣心共淡,交情自许事皆圆。古来千里多知遇,何限人间梦相牵。

与洪小芸 明治十年一月三日

四序肇端,凤历开祚,伏惟道候万祉。但贵国不得同是庆,甚为遗憾。仆材惭樗栎,幸见高明齿录,数辱佳什,感愧益甚。尔后德宇如何,久欠询候。自贻伊阻,小诗一首呈览。词极淬窳,幸惟鼎教,临楮曷胜悬企之至。敬具。

天路尘消万物熙,授时虽异意何差。雁书传信词常诵,凤历迎新梅未知。遗世陶琴从客鼓,行春谢屐与谁期。古来能治劳偏逸,日后豳风当有诗。

洪小芸答书 一月七日

近寒折绵,怀想深均料表。公札忽至,忙手擎玩,仍验兴处锦

---

① 榭,原作"谢",据早稻田大学中央图书馆藏本后勘误表改。

安。仆长时唵病而已,琼什何其盛也。庄诵屡遭,自不觉口吻生香。以若拙手,今兹戈呈,不戢。

吉气千门总洽熙,两京春信却参差。思乡应返新年梦,为客翻多旧日知。花似良俦将见到,琴逢高士每留期。他时如隔天涯远,万里关情在此诗。

二月十六日与洪小芸 二月十三日,即为朝鲜历正月元日,故有此寄

岁寒严哉,笔墨皆冻。缅怀此来诸况如何,倾属纷冗。久欠存问,时引领怅然。贵国元正开祚,既在曩日,速当颂福履,以事之殷。迁延至今,亦有不敢专也。小诗寄上,聊表贺意。知公澹甚,然见羁人徒自作若壮语,以压旅忧,则开口大笑也。草渺不尽。

几度异邦愆远期,闻他节物有馀思。酒壶长贮乾坤大,诗笔要回日月迟。红缕春盘促花信,锦心绣口寓瑰词。羁人唯与东风约,一朵寒梅聊举卮。

与谁谈行,用清国冯子良《流民叹》韵,赠东莱府伯洪祐昌 为二月十三日。时地方饿民流离困顿,入我居留地者,不知日几百人。救恤不给,道殣相望,为是惨然。乃作此诗讽之,亦终属闲语嘻

手脚凉皴与谁谈,篮缕百结且引男。乞食东西气先馁,黔黑犹若鬼面蓝。哀鸣求粒雪中雀,饥卧苦寒霜后蚕。眼见枯瘠行就死,世何为者淫乐耽。呜乎饥民饥至此,无是亢旱田绝水。天降鞠凶非得已,无赖炎魃虐千里。夜风透骨极严苛,唇焦肌栗言语讹。转壑在近皮骨落,可怜累累饿莩多。我见饥民甚悽恻,澹灾莫继古王

迹。交好幸成兄弟情,互相补给凭书尺。千里溟海风云黑,巨涛撼山湿日色。此间轮船凌空来,粒米万斛指顾得。君如有意勿踌躇,大计何暇较得失。约在盟府如皎日。(评:情深意厚,一字一珠,非留心世者,断不能作此。岭南潘任邦拜读。)

洪小芸和韵诗 三月六日

哀哉颛颔不忍谈,背旂手瓢谁家男。化饭门外来膜拜,合掌有如礼伽蓝。洞庭木落噭霜雁,翰海风寒缩冰蚕。御厨减膳官捐廪,恤隐何敢游观耽。税蠲禁弛无彼此,恩波沛溢西河水。守臣愧乏对扬策,可怜凿窳离田里。(成斋评:美则归上,过则自引,极为得体。)黑帝逞威怒号苟,愿吹暖律回南讹。纳民沟中谁责任,自知距心失伍多。一天彝性同隐恻,禅寰无外神禹迹。旧好新盟永无斁。载书明白遵绳尺,大瀛森浒天地黑。蜒云鳄雾惨暮色,壮哉龙骧万斛举。感苟即当辞不得,竭人之欢古有戒。但愿交好无相失,丈夫心事如天日。

洪小芸所寄 同前

钟琴徐榻每相期,地迩人遐几梦思。山郭日潜然红寂历,海门潮落碧依迟。纵横上下谈千古,毕竟商量得一词。莫道后园春尚早,知应花发共深卮。

与洪小芸 四月四日

外间忽传贵下数日病卧在告,未审起居今佳否,未曾一字奉慰,极属简慢。岁饥人豪,尘务猥杂,想亦过劳也。前时见赓和长篇,洋洋盈耳。若入邻厨饱五鼎,无所不有。使彼浪跄饥民见之，又将厌饫。仆羁旅幽忧，但顷渐自悟，清壶遣烦，或时披卷，至言跃出，心乐焉。忧喜浮幻，已饥方食，未饱方止。髯苏卫生之轻，不外于此，聊为贵下诵焉。且当阆姑出游，槁①木其形，死灰为心。俯仰陈迹，是虽有似方士养练，私甚为适。故又此奉广，所得芜韵一首。寓向往殷念，事少睡足之日，辗然藉发一笑矣。和气渐扇，翙尘柳褭，霞红桃夭。霁后曳杖放脚，从绿杨洗兵之间。旷然天真，不知远近，其果在何时乎？惟万万为国自爱。别幅花露一瓶，用注发肤极快，今聊奉呈。敬具。

　　一日三秋思郁纡，贤劳惊听致清癯。使君持节南民活，客土携家远贾愉。倾盖风流盟久冷，炊粱春梦乐常孤。披情为问东楹下，寒勒晚梅花有无。

洪小芸答书 三月十五日

　　阻怀黯然，翘首依窗际，琼函忽坠，玉友伴至，恍惚如入波斯而饮露也。满幅淋漓，情款益溢，不能释手，咏读荷诵。第当此花暮，恼人羁愁幽想，亦可拱认，何尝不烦烦于心。仆一病逾旬，尚未清苏。至于民忧接济，公务丛脞，自入春来，日复烦恼，不知良辰之为何。役役乎今尚未图欣然一握，尘累之及，有负故人实多。既怅且恨，惠韵忘拙和呈，幸赐斤正，馀不戬。

　　绿杨城外路萦纡，病起还同老鹤癯。一燕生涯如客苦，百花消息使人愉。讷轩炼字情犹密，东岳挥毫意不孤。远远寄来甘露水，旅怀从此断然无。

---

① 槁，原作"桥（橋）"，疑形近而误，据上下文意改。

洪小芸寄诗 四月十三日

东风无力燕参差，梦罢高楼玩物华。犬吠鸣鸡千万户，花明柳暗两三家。踏来青草春痕软，坐到斜阳酒味佳。山雨初晴天气好，意中云树怅人遐。（成斋评：洪诗难得此清畅。）

与洪小芸 四月十六日

和畅天气，慎不可虚掷。大块假我，以济胜之具，如旷一日，终生不复来矣。是地绿湾青嶂，古松脩①竹，皆欲迓驾扬辉。况花木绣错，妆点其间，现出一段光景。馆庭晚樱，亦渐点微红，有如美人娇羞相待者。忽接高楼玩物华之章，朗诵数回，室迩人远，怅恨无已。所以我讷轩氏昨日折柬为请，不知见许否？对花为文字饮，人生之至乐。文章如金玉珠具，国殊爱同。每一篇见娱，觉寝食有味，想贵下亦略同此感。但秕糠与珠玉异，倘或有时饱浓思淡，亦在所不弃。兹复聊和呈报复，不既。

云树想望情不差，彩笺几度寄词华。窗驹倏过客三月，芳事犹供诗百家。世故羁牵无日已，天和放养此时佳。谁言玉帛春如海，游迹期君及迟遟。

洪小芸答书 四月廿二日

独倚曲栏，偶见庭花一树，忽有书气诗香，乃故人赐也。忙披咏读，依然合簪于芳园红绿之中。且辛勤情绪，蕴藉雅意，不觉愁颜回愉。窃欲奋然如翔握手把袂，奚但故人之向我款款。此心之

---

① 脩，原作"修"，据早稻田大学中央图书馆藏本后勘误表改。

愦愦,宾有谋焉,倘可忖度。而奈此千百尘累,遂为造物之猜戏。虽呎尺林麓,尚不能放杖一践菀陶胸海,岂胜千猿万马有时跳跃而雁鹅抱案? 每至日之将西,铃索不定,庭外喧哗,此犹馀事。每一月屡千民之几次赒赈,备尽方略,心神俱恼,若恫在己,而多惨恻之情界。则土主之佳辰取趣,非但有碍于人眼,亦多自愧于心君。(成斋评:既为官府拘,又有民事之急,哀情可悯。)虽吴楚江南,其不能畅敷。而愁郁则虽强一日之暇,抑有何安心叙怀耶? 可惜光阴不留,良辰虚度。而次第之别样花卉,当有春外之春,伫待民情回春,此心亦春,则何时不和气春风耶? 以今日孤负之心,当有和会之期。唯是企望,亦赐曲恕焉,不备谢例。

与洪小芸 卖淫发觉以来,互有违议,交道为梗①。故予私与是书,由中品节。时五月廿七日也。卖淫事,载于《釜山百咏②》中

官海风波,词林为榛。斗讼简牍,曾绝雅音。品制持议,有望欢洽。若其视俗齐政,洞弊酌治,即老生常谈。乐友信道,鱼经蟹思,亦可以资彦会。前日秋梧轩拜晤,蔼如其容,情澜不竭,只恨公座不遑尽私款。况天斩良缘,怅惚奉别,丰姿缥缈,至今不离目想,何使弟衔结靡已一至于此乎? 凤契之深,自成水乳之合。即欲修书输写是心,忽遭民物致扰。有意不果,益增愧歉。乐只君子,终不可谖。其与人无畛域,豁然公明,行方气和,古之论交,岂过于此? 贵下即其人也。弟于贵下,所切望在此。独奈今日两国公议之未和协,若与私交相悬隔然。夫自疏而亲而密,不设崖岸,磨励相益,友道如是勿论公私已。我两国议论之多,职由情义未洽。诚

① 梗,原作"硬",疑形近而误,据上下文意改。
② 咏(詠),原作"录(錄)",据早稻田大学中央图书馆藏本后勘误表改。

使其蔼然谆然,俱坐春风,何须口角勃窣? 两国交际由是而密,两民公益由是而兴。贵下其亦必知之矣。则憧憧往来,为之首倡者谁? 首倡之不勤,咎率下之无效可乎? 仆亦退省自愧耳。近得一诗,今敢博粲。中川即居留地一水,顷浚疏渐成。夜深思人之际,鸣蛙阁阁,清幽可爱。剪烛共听之,在何日乎? 蠢尔小虫无择官,不鲜临缄不堪翘注。馀怀不一。中川闻蛙诗,载在《釜山百咏》中。(成斋评:此柬自私交入公交,假小物譬大义。婉曲恳到,鲜人虽顽矣,能不感动。)

洪小芸赠书 五月三十一日

　　来守是府,前我儿人,而适丁交好复修,得与讷轩公及贵下,灵犀照心,款好之契。虽更分于万里之外,当寄书远雁,情有所不能已者,其往来弥襟之怀,想为一般。是实贵我今行之始有也。各在一方以生世,并观两界交道,有此回别,乃不易得之奇遇也。可以有言于遗后年谱,贵下岂独不然乎? 常所遣眷,不在于频数合席。而及其逢筵,礼情有殊,亦不能懈怠无间。每有含怅①甚多,亦应同此心也。向日公干,特出于事体往复云云。各其主见说去,在所不得已。此何有干于私乎? 所以赍牍一陈于讷轩公,庶式傍照深恕,而倘谓我认有圭角而然乎? (成斋评:口角含糊,特觉不了了,盖为前柬说明,必屈辞愧故尔。)岂有是也。意外之事,例不免论勘。今将浩然,以私为幸。而从此怅悯日切,图有因公一会,共叙别怀。此在于讷轩公周念厚谊,公亦勉之哉。博粲一绝,自不觉玩味讽咏,兹又和呈。不备。

──────────

① 怅,原作"帐",疑形近而误,据上下文意改。

故人消息绿阴时,剩着藻华意外奇。若听鸣蛙深有解,其声犹恐负公私。(成斋评:诗亦含糊。)

洪小芸赠书　六月十五日

公庭深邃,竹阴扫地。小立曲栏,政切怀人,恭请荣卫玉护。海光入帘,白鸟时翻。惹接诗思,所得几何。檐日抵年,把甚消受,只劳款咏,而常恨身同病鹤,尚迟携琴相迓,有负故人多矣,唯日吟怅为探。略抱不备。

与洪祐昌赠《米利坚志》书　六月十八日

一地球上,洲以五分,国以百数。其间甲仆乙起,朝执牛耳,夕裹马革。竭毕生之力,争雄霸于一方,终不能令之同车书。自天观之,何异群儿扰扰,竹马相竞。盖姬周之末,王室式微①,而名分自在,鼎之轻重,未易遽问。今则不然。彼宇内棋峙星散之邦,无所统一。且汽船电机,千里瞬息,出没侦报,全地球犹比邻。谁曰风马牛不相及,顾亦不察焉耳。然彼人也,我人也,禀生既同,嗜好无异,强称华夷,岂亦禽兽。况若欧罗巴、米利坚,以文明著称于世。其制度文物,纵令有各殊,要期公明富强,故其徒恐之,既输一筹,而终远之,亦违天理。达观远猷,存乎其人,则广察列国隆替,深知各土人情,未雨绸缪,岂敢言不然。今以友人所译述《米利坚志》一部赠焉,以为桑土乎? 以为牖户乎? 披读一过,破午睡亦可。初米使伯理之来我邦也,或有慷慨愤激,盛倡膺惩者。既而与之和亲盟约。昔之所夷狄视,今则为友邦,亦时势之变,而世运开化之效

---

① 微,原作"徵",疑形近而误,据上下文意改。

居多。尔来与西土各邦，订盟往来。故书籍之流传，亦不为鲜。英国之兵制、佛国之法律、鲁米之工业物产，咀华含英，取其所长以利我用。如斯编，固绪余耳，但译书之为体，概皆系国文。贵国人未谙我邦语，故姑赠以斯编。窃谓邈矣同天同地之邦，岂无彼我忘形，争夺永息，而友爱亲密之时乎？若然，则向之恐而备之，疑而远之者，早晚为兄弟。回忆前数年之事，亦只为一笑资耳。智者察物，故于山观静，于水观无息，于云观闲①，于鱼观自得，则贵下于斯编亦如何观之乎？达观远猷，自应有在焉。妄言及此，妄听为可。他时会遇，当付一笑也。

自画绿阴清暑图便面，赠洪小芸

山雨朝来凉似秋，石泉高挟断云流。水禽惊起卷帘处，更写故人向竹楼。

洪小芸答书 六月二十二日

擎读高文一回，且奉二册，不待披阅，可验天下各国人物风土文明才华，各有参闻艳称。而盖人之禀得于天者，俗则虽殊，性何有异。顾以海隅偏邦，所见不能旷志于山之泰，于水之黄河。士人之欧阳，皆古之文章，唯能见之，今人所不能矣。及玩淋淋华笺，可认疏襟旷览之趣。葆语璀灿，既受珍重。好笺一面，诗画注情。可谓故人清风，尤感感。续呈一律，以备斤正。

剡藤湘②竹剪裁初，较胜团纨任卷舒。展锦不烦仙史画，挥毫

---

① 闲，原作"间"，"于山观静，于水观无息，于云观闲，于鱼观自得"出自元末明初叶子奇所撰《草木子·观物篇》"是故于草木观生，于鱼观自得，于云观闲，于山观静，于水观无息"一句，据此改。
② 湘，原作"淇"，疑形近而误，据上下文意改。

何待右军书。楼尘斜日飘摇外,林暑清风飒爽馀。爱把深情长在手,秋来何忍弃相疏。

与洪小芸 七月二日以公事到东莱,其翌赠此书

昨承怡颜,雅爱殊深,勒在寸衷。旬日不相见,辄为戚。及相见,莫有大快乐。寻又怀想,何其如是,不自知其说也。(成斋评:真情实况,人人意中事。)昨雨馀,沿途景象,青黄相接,灶烟涨野,绀碧山水,髣髴乎豳风图,皆足慰客怀。忽如有所得,欲持告故人,我忘吾言,今聊录二十八字为报。不戬。

一雨青黄村野晴,秧针缝了水田平。箫韶不换太平乐,打麦声中到府城。

洪小芸答书 七月六日

虽镇日倾盖,未尽攄怀。而逢时每迟,别处辄忽然。至伊怅,回首黯然,只觉人情之无穷。即者惠函兼以琼韵,如复见故人。在座稳展,而触目时物,寓怀入咏,可知骚人记行之迹,还复艳叹。仆承召银台,梧秋之望可以浩然。而虽男儿轻别,至于吾人天涯会心,一朝分手,其怅绪倘复如何?偶提一句,今日始逢天下士,百年长作梦中人也。此岂非恨事耶?和呈二十八字。临书随题,何论巧拙也。

及时宜雨亦宜晴,但愿年丰乐太平。怀保民忧馀庇念,忝恩百里愧金城。

姑丙不备。

与洪小芸 七月十五日

承示"梧秋之望将浩然",何其瓜期迫促也。因妄自谓,始知

如此,则孰若不相见之为胜。既相见矣,孰若泛交澹泊如途之人相逢,而今皆不能然。(成斋评:亦情挚之语。)神韵投合,一日千秋。咫尺莱釜之间,尤恨不遑款曲。况他日参商,山阻海隔,雁鱼信绝。纵令因当时唱和零篇,搅起一念,亦既晚矣。回忆贵下昨年来,恪恭尽职,交邻有礼。不幸遭岁凶歉,民弊俗悍。而除秽革邪,敷和于下,彼部民之赈赒,与内外案牍,躬亲当之。(成斋评:回忆一段,尤亲切。)所谓若恫在己,惓惓尽心,则弟之惜别,虽急切,孰若抚字肉骨之鳏嫠哉。(成斋评:觐缕一至此。)来书以天下士目弟,不敢当。百年长作梦中人者,宜出于弟,而见先及也。然今时与昔日异,两国交好金石不刊。男儿桑蓬,亦不宜画海内外。况缩地晤言,旦暮相遇,自有其具,安知他时贵国议及汽船电机,举趾则辄得能相见,不如我邦今日与西洋诸国交际哉。然此属一时放言旷怀耳,但所甚乐闻者。前日贵下之话,有要购一汽船之事,实当实善。果有此一举,洵为通济情谊表章亲睦之媒,内之可谷粟互移赈济,外之可使价送迎无虞。(成斋评:纳约自牖。)而仆与贵下,一朝握别,不复忧室迩人远,不亦善哉!不亦快哉!新伯莅任在何日,想其人与德必伟。恨仆之在此地,亦将不久,能得如与贵下唱酬否?前日赠我讷轩氏琼韵,极为合作。仆亦忘拙和呈,语不尽意。其怀保民忧一绝,以慈悯胜,何容论巧拙。馀他日面悉,临书惘然。匆匆不尽。

报道孤鸿指廓廖,汉江木觅梦魂遥。衷情殊域感君渥,鄙吝连床觉我消。八道京畿铨殿最,多年南海卓风标。却馀一簣让新尹,何事故人归本朝。结末指游步期程事,原诗曰:铃阁深深守寂寥,故人尝自白云遥。百年如水中流过,一日开樽万忧消。点捡去来关已设,较量长短界无标。我应解绶装恩重,更以何辞答圣朝。

洪小芸答书 七月廿日

满纸辞教,先获我志,更有何架叠赘陈。而蓬桑之志,虽是男儿之事,天涯参商,何幸共会于兹。一日奉袂之后,襟期辄许,实由讷轩公与词伯之耿介雅操,可以倾远人之心,非余庸愚之所可承容。而自语于心曰:未知邻邦知遇,古或有之。而其眷眷敬爱同余者,抑有几人?款然之挚,果非溢词过语。词伯之心,以为如何?一苇万顷,层波接天。浩浩茫茫,莫知端倪。纵云万里咫尺,信息甚迟;山复海重,梦魂亦劳。但贵盖之方留馆中,稍慰去者之心。若当星轺回旋之时,则虽在千里凤城,尤不禁怅怅然,莫之为怀。惟冀奉职珍重,其久苊止,顾以不侫,有何小补于对扬。而新伯之清仪,亦素有称。安知不交好之谊,尤笃于旧缘耶?要购一汽船之事,非不为好,何有如此方略?只闲话漫说也。故人提语,亦系关情。还复知感,告别之后,从兹替探之道,惟在锦笺一片,满腔心绪不知所云。惠诗和呈,哂收如何,多少留念。更陈不备。

冲漠神精境亦寥,商量恨事两相遥。驿程流怅孤琴载,海郭牵愁远篴消。何日天涯论宿契,长年洛北忆清标。行旋虽喜乡园去,可耐深樽送别朝。

送东莱府伯洪祐昌任满归京序

京为八道中央,政令所出,衣冠文物之盛,虽我不得而悉之,于山观三角圆峤木觅,于殿堂衙署观勤政礼曹司驿,于人则见申金尹赵诸大官。其材德忠信瑰奇特绝之操,虽亦不得而悉之,望见其为人,清国毛董李文莫过焉。洪君小芸京人也,在南边方伯之任数年,有治声。与之交,久而益亲。其待物泱泱,胸蓄汉江;接人温藉,德含圆峤;文辞森严,攀三角之嵌巇;处事重厚,援木觅之深奥。
(成斋评:照顾妙。)盖黄允吉、申叔舟之遗爱,求之清国,恐不易
得。因忆余之曾溯江睨河,挟泰山而至北京也。接当世人物,亦不
为少。以谓凡天下之事,容易可为;海外之人,岂不可得而亲之。
则若我洪君,今一朝为知己,推而言之,纵令其人在天涯地角,亦
是旦暮遇之。然安知旦暮遇之,即所以多别离。而于此别也,余
尤难为情,何也? 昨年二月我两国条约新成,朝廷派遣管理官,
照新革旧;凡旧例之有碍于交谊者,罢革殆尽。而游步期程一
事,至今绳墨相持。呜乎! 我之于清国,比之贵国,交际日浅。
而清国许我之行步,十三省中莫不可往之地,则此议早晚有所
归。而余与管理官,尤痛惜之,幸为两国朝廷深虑焉。京城自有
人矣,必不使毛董擅名于清国也。洪君其勉旃,予深恨遭遇之不
易,于是乎言。

八月十四日,东莱秋梧轩会晤洪小芸叙别,
小芸出示此诗,题曰《奉赠讷轩东岳两先生》

怅绪无言共不禁,阳关欲别奈如今。深灯应积三宵梦,孤月长
悬万里心。客路将归方驻马,边楼旋上暂携琴。黄花他日登高处,
回忆伊人独我吟。

与君此别更难期,各在天涯海色迟。远信须凭新别雁,深情唯
读旧藏诗。洛城风雨空相忆,蓬馆烟云总不知。驿树斜阳人欲去,
蝉声惆怅乱鸣时。(成斋评:七、八清新。)

逢别人间任转蓬,曾无期会自西东。百年那得襟怀近,两载犹
难气味同。饯酒临筵留旧雨,行旋出廓值秋风。南天如海云归处,
回首茫然意不穷。

使事蓬瀛我有宾，南来奇遇见斯人。百年谊厚犹同域，万里情深恰比邻。怅矣那堪仍远别，泛然奚道但相亲。迟迟去路青山侧，漫送归云望眼频。

次洪小芸留别韵

惘然别意不能禁，倏忽居诸辄作今。今后苇航空屈指，从前书牍共倾心。天纵宿契还分袂，人莫知音拟破琴。此去沿途禾正熟，采风寄赠击壤吟。

无由一别问前期，离恨绵绵眠独迟。镜月留看尘外意，锦枫并照袖中诗。远官惠爱勋方见，久别团栾喜可知。边海多年鬓髭白，更馀忠赤答明时。

恰是秋风万里蓬，连镳无路遂西东。偏欣今日两情熟，忽恨当初一笑同。远客来沾裾袍泪，故人行逐鲤鱼风。异时殊域天涯邈，蜒海苍茫欲不穷。

客中送客主耶宾，奇遇还为惜别人。胶柱时虽琴少韵，开窗长与月为邻。风萍浪迹动而合，鱼水交情淡以亲。此意无忘其室迩，寄书望勿厌频频。

洪 小 芸 赠 书

夜来秋天如水，仰惟旋驾一稳，起居益旺，即昨奉乃别怀也。至怅交挚，男儿亦将老，可此间奚何以黯然想望为语也。面兹未满一旬矣，发行之前犹可宽慰耳。为探，不备，别副白绵①纸三束，粉纸五仞。

---

① 绵，原作"緜"，疑形近而误，据上下文意改。

答洪小芸 八月十八日

顷日作文书,笔墨湿涩。即知丈夫之泪,亦有时洒于别离矣。前者秋梧轩握叙,犹有馀情未尽。今承发行之前,有可宽慰,望外之幸,天缘不佻矣,仁以待。菲薄三品,非敢为赆,聊以谢答。临复怅然久之。不备。

计开:

纹纸五十枚,扇二握,烟袋一个。

洪小芸使其属五卫将金九植代告别书

向日枉别,至今至感,而承委讯,伴以三种惠赆,何情眷之至此也。拟即仰谢,而行事临迫,滚攘殊甚,未遂一晋之诚,怅缺之怀。河海反浅,兹使幕宾金五卫将替别。还切歉味,惟祝起居,岁时锦重。不备。

惠示琼韵,三复咏诵,而藏行箧中。若有词伯之思,则归路亦当披玩而慰此心耳。

小芸以八月廿四日发东莱,使人往饯,乃有此寄

千里之别,奄忽在今日,天非其天欤? 何使我故人相违睽也。仰祈自爱自玉,永以为好矣。小诗寄怀,庶几有以慰羁旅耳。自此各在天一方,所凭雁鱼通信,不敢睽金诺。金绮秀及李庸肃、安光默诸公,弟曾相识也。数欲裁书,而至今不能。还京幸为烦一语,握手无期,别意有馀,又赋一诗为送,惟贵下知弟意也。不一。

京洛北连层壁垠,青云遥望紫微新。断猿孤月殊邦客,又向天涯送故人。(成斋评:格调高浑。)

八月廿六日,接小芸在途所答书

即拜委函于十里出境,忙手奉玩,极情挚。而方至新伯交符,未能从容谢晤,岂胜怅恨。惟望对时锦重,姑不备。

诸处俯讯,当一一致意,以此俯谅焉。

与玄迟云　九月五日

洪祐昌解任,尹致和代为府伯,俱在八月廿四日内。而尹氏不曾通姓名于我,九月四日卒然致公书,言漂民之事。闻前别差玄济舜者,亦以内稗将,属尹氏来。济舜与余相识有年,而今又无有其报,意者是讹传也。及九月一日,吉副某至东莱,贺国君诞辰。济舜卒然问之,以带余书否。越五日,遂与斯书,其意不独在济舜也。

汉城拜别,荏苒一周年。山阻海隔,无由接音耗。居常劳念,语人曰:"迟云玄君今为何状乎?"忽有人传言,迟云子顷者从尹府伯来,现在东莱。余初闻而未轻信,再闻而信疑相半。日昨闻吉副某亲面足下,而后始信不疑。窃贺其无恙之外,恨无一语见及使余徒疑也。夫东莱、釜山,咫尺眉睫之间耳,非如异时动辄隔千里也。且两国人民之相往来,亦非如昔日置"守""设"二门之时也。气脉疏通,彼我相忘。讴歌盛德,表章亲睦。而足下之来,在数日前。纵令仆未曾知,足下早既前知之,而却讶仆之不致书问。欿然若不嗛,悄乎若有责。(成斋评:一责一解情意委曲。)以余观之,此所谓放饭流歠,问无齿决也。余与足下主客地殊,主先知之不讯焉,面责客之无礼,天下岂有是逆施例行哉?顾相爱之,馀偶及于此,不足深相咎耳。前府伯洪公,料既达京城矣。其在任之日,友谊尤渥,别后无日不回想,时出曾所唱和篇什自慰也。后伯尹公虽未得相见,想必不日得欢好尤旧伯也,更为先致此意。交际虽旧,其约维新。自是憧憧往来,以副两国盛意也,则是书读了火焉。不一。

玄迟云答书 九月廿四日

昨夏拚别,殆若梦境。瞻咏之怀,靡日不憧憧。即承先施惠翰,感荷感荷。矧审际兹公起居清胜,仰慰区区,实惬愿闻。仆意襮作此行,馀怠未怯,兼有身差。荏苒到此,未探一候。其于恋恋之地,实庸所怅,书画一封伴呈,哂领如何如何,余惟希随序珍重。不备。

洪小芸还京复命后所寄书 十月十五日

同国并世,闻名而不见者有之,况越疆人乎?仆既闻足下名,见足下之面,又与之翰墨游,何古之难之,今之易邪?昔百济王送五经于和国,莪士满霭,如玉水翁者出。今日贵邦学玉水翁者几人?足下者几人?足下文章体裁法五经,雅丽傲中华,不问可知为玉水翁私淑也。我国箕子旧邦,古称小中华。其文五经,其人中华,故见文之知其经,见人之知其华。仆所以一见足下诩之,文以其所尚者同所好者也。足下既名于国,出境远游,高山大海,脩①竹挺松,风韵逸响,轮括吟哮。归以告一国之士,则亦可谓不让于玉水翁也。伏惟关树秋凉,旅居百福,仆返命脩门,猥忝恩资,感愧实深。自从别后,东云杳茫,颖颖一注,或有梦际之相寻,想一般怀也。时因西风,幸惠德音,统希照亮。不偶。

---

① 脩,原作"修",据早稻田大学中央图书馆藏本后勘误表改。

卷三　汉城载笔①

明治十年十月四日,代理公使花房君来釜山

　　明治十年十月四日,代理公使花房君来釜山,驾军舰"高雄"号。将赴汉城议事。闻长崎地方虎狼痢病流行,病性尤剧。感触者,吐泻二三回即殪,药饵无效,比往年加剧,传染诸港。卫生局出示豫防方法:船舶出入,医员临视,审无病客,而后准其上陆。公使之发长崎,亦有感触者。与舰长杉少佐谋,系泊绝影岛东,轻舸上陆,熏硫黄、注石炭酸,而后敢接人。管理官与大军医,设避病方法,以夜继日,乃建茅屋一所于绝影岛,遣飞舸载病客泊萨摩壕。在绝影岛西,岛津氏所穿云。四日至六日,死者二人,一葬于馆后,一火葬岛中。舰长又报曰继死者二人。居留人传闻无不震慑。于是舰长决议回航长崎,痛涤舰身,扫除病氛,当经二周日再来。公使可之。七日拂晓起锚,豫防得方,幸馀氛不及陆上。然朝鲜人稍稍漏闻惧甚,邮船"浪花"号过期不来,皆谓得无虎狼痢为碍乎。廿九日,僚友副田宕坡作《船不来》一篇,乃用其韵,作《虎狼痢来》。

　　军舰来,虎狼来,极力扼吭海水涯。虎狼殬人最惨刻,爪牙触处不可医。嘻嘻乎狼吼虎怒,顷刻满天降毒雨。乍侵九窍入五内,

---

①　原书不分章节,为方便阅读,以诗为节划分为二十一节,并以每节首句作标题。

柔见茹兮刚不吐。蜀帝啼血夜月昏,冤族吞恨紫海澜。无乃西南怨气结,虎狼野心未全孏。小臣思之心菀结,前门后门走路绝。虎也狼也术何神,无形无迹使人蹶。公使来虎狼可遣,岩令锁港踪乃远。横路虎狼非所惧,所惧使命为是晚。汉城邈矣汉江寒,皇国南望路漫漫。安得世间虎狼绝,带砺交好万斯年。(冈鹿门评:盖师鬼上官驱八道猛虎,以策带砺方法。)

十月三十日,"高雄舰"归报

十月三十日,"高雄舰"归报曰:"病氛渐灭,无复可虞。"公使乃期十一月三日发轫①,有命随行。三日午前十时起锚,得一诗:

万里宦游犹未休,几回裘葛伴羁愁。轮船一蹴疾飞隼,重向重溟指白头。白头山在韩满交界处。(冈鹿门评:此放翁"不许今年头不白"者。)

四日午前十时,至所安岛下锚

四日午前十时,至所安岛下锚。岛与甫吉、路次二岛鼎峙,为一大湾,船舰系泊甚便。但岛上寥落,无可取水炭为憾。昨年我大臣船舰寄泊此湾,韩人以为大事作矣,男女骇奔。诸员务招来济用,而终不能焉。有诗:

红枫碧树倚山根,潮落依稀见窦门。下艇村墟沽酒去,岸沙谁认昨年痕。

七日午前六时发所安

七日午前六时发所安,十二时向珍岛海峡。至马路岛前洋投

---

① 轫,原作"剏",据早稻田大学中央图书馆藏本后勘误表改。

锚,下艇测量。方暮忽闻钲笳喧聒,海南县监金演奎来劳也,以日暮辞之。九日再来,乃延之舰内,供酒果。公使问曰:"据所闻,贵国民仰我米麦,得达麦秋者甚众,贵县亦然否?"曰:"然。未详其多少,且今年亦不稔。仆辱任地方,而纳民沟壑,唯有辞职耳。"翌日又来,问所管地广狭、民口多少? 曰:"地方百里,我方十里计。兵额千三百人,民口四千七百馀,而本年饥死三千馀人,不肖承乏牧民,何面对世人?"语了悄然。导之纵览舰内,骇曰:"神船也。"少焉辞去。余与大井、住永二子,访其寓答谢。寓舍矮小漏窭,殆不能屈伸,只具卤簿跟随甚多。有诗:

荒馀民户釜生尘,奔走犹招醉尉嗔。青盖红旗高出屋,茆檐先表住官人。

十日午后七时,小汽船还

十日午后七时,小汽船还,曰:"诸处不适开港,但海图所未曾载者,至是始得详覈,其有益于航客不浅少也。"据《八域志》:自海南县三州院,岩石渡海至珍岛郡,水路三十里有碧波亭;水中岩石横亘如梁,梁上梁下绝如阶级,海水至此东趁,西北为瀑甚急。壬辰之役,倭僧玄苏至平壤,抵书义州行在所曰:水军三万从西海来,水陆并进,天王龙驭自此何之? 李舜臣乃奏:海上横亘铁锁,倭船过石梁,且水势近梁益急,不可回船,五百馀艘一时全没,只甲不遗。所谓石梁余虽未亲睹,据所闻考之:犹江华孙突项耳,石脉障潮汐,激而抛之,虽则险未必如记中所述。况五百馀艘只甲不遗,是属孟浪搗张。顾当时韩人诓怯,每战破败,适得此一胜,乃以捏报贪功,不足怪耳。《惩毖录》曰:"贼将马多,马多谓管正阴,正阴通称又四郎,韩人呼为马多。率船二百馀只,欲犯西海,统制使李舜臣

破之珍岛碧波亭。"与《八域志》不合。《八域志》朝鲜青华山人所
著;碧波亭,珍岛东北一村落之名。有诗:

> 石梁何处设环钉,冒险孤军海气腥。一胜偶然真不幸,寒烟长
> 锁碧波亭。

十二日午前六时,发马路岛

十二日午前六时,发马路岛,探扶安沃沟。此夜风雨骤至,洪
涛汹①涌,咫尺难辨,终不果往。十四日午前五时,转到宝岛下锚。
十五日午前十时,又进向南阳湾,至水源浦口下锚。公使俾人报南
阳府使曰:"将陆路入京。"余过此湾数回,而岛屿棋峙,水路欲穷
又开,不能一认识,唯遥见三角山于空际缥缈之间。山为汉城镇,
其高可知。有诗:

> 鳌背神游几往还,茅冈依旧俯晴湾。气凌群岛意先到,天末依
> 稀三角山。

十七日诘朝,又下脚艇探湾口

十七日诘朝,又下脚艇探湾口,遂至古温浦,要浦民而还。问
之以海湾暗礁,及到京陆路所由,皆莫知也。唯言道多虎害,不可
独行。顷者有一妇为虎所食,才馀头颅手足耳。盖朝鲜国内商旅
不行,游客至少,民唯知其闾巷间事而已,以故道路荒芜,榛荆没
人。古温浦距汉城数里,而犹不免虎患,况于边陲远隔之地乎?昔
者丰公欲得虎肉为药饵,命在韩诸将致之,岛津义弘猎获以献(野
史)。当时我诸将视虎犹猫,惜不能使之扫除八道永无虎患也。

---

① 汹(洶),原作"淘",据早稻田大学中央图书馆藏本后勘误表改。

有诗:

破驿寥寥欲问津,京畿道路半荆榛。腥风卷地阴云暗,昨夜前村虎食人。(成斋评:市川宽齐辈,有此样诗,而未如斯篇之记实际。)

十九日午前五时,发古温浦

十九日午前五时,发古温浦。陆行议止。十二时至济物浦而泊,与永宗城相距数里。明治八年九月,我云扬舰①过此,为炮台所击,即进入陷之。明年二月我大臣莅盟,闻之岛地斥②卤,城市经兵燹,不复修理,居民渐减,今才存十一户。仁川府使李南绪来劳,此夜月明无一点纤翳,散步甲板上,口占一诗:

霜后荒城凋野蔬,黄沙漠漠井烟疏。永宗岛外当时月,无复微云污大虚。

廿一日,永宗金使某遣船五只来

廿一日,永宗金使某遣船五只来,乃搭载行李,运之杨花津③,大井、住永二子监焉。公使将以廿三日赴京,雨不果,议曰:"自此到通津海峡八里馀,有孙突项之险;过津以往,可充旅馆者,不过郡府衙门数所,不如早发乘进潮以投金浦郡署。"议定,廿四日午前一时,告别舰内诸士,小汽船发济物浦。四时过孙突项,潮水弥漫,不觉为湍险。余数过此滩,未尝有如今日平且稳。盖释迦峰石脉连江华岛,汉江水势与北海潮汐,此处潮汐干满特甚,及二十馀尺。至北

① 云扬舰,原作"云杨舰",据上下文意改。
② 斥,原作"斤",疑形近而误,据上下文意改。
③ 杨花津,原作"扬花津",据上下文意改。

一束,峡状如门,直上冲天。潮过其间,汹涌盘涡,不得速出。飞湍喷雪,声如雷霆。岩石共走,汽船犹鹢,退不得进。且暗礁林立,利同剑芒。船客舟楫破碎沦溺者,无岁无之,称为天险,不诬也。(成斋评:与瞿唐艳预颉颃文,亦似读范记。)或曰:"朝鲜国太祖,曾御船过此。舟子交谏,不可。有孙某者,自断其手而进。太祖惧,既而得候潮无事济之,所以有孙突之名。"壁上列置炮台,特极宏壮。渐过滩头,则水平波恬,一睹苍然,壁垒如虹。遥绕江岸,傍垒而溯者二三里。东方既白,小憩控海楼与江华镇海门,为犄角状。下民家,人马络绎,杂沓特甚。通津府使及延接差备官等来迎,仪同昨年。有诗:

卷雪惊涛转楫迟,忆曾奇险始航时。人生祸福同潮汐,过了滩头总不知。(冈鹿门评:此极有卓识之语。)

午前七时发控海门

午前七时发控海门,门在文珠山下,俯瞰海峡,若渴虹吞江。漕船贾舶旁午其下,为汉城咽喉要厄之地。且对岸江华岛,是国王坟庙所在,重地可知矣。清太宗之征朝鲜也,师已逼国都。李倧挈妻子,逃江华岛,遣使谢罪。清使者莅盟,约为兄弟之国。崇德元年朝鲜复背,太宗亲征,李倧仓惶徙妻子于江华岛。诸道奔溃,李倧上书乞成,奏奉称臣。《江华府志》。岛西北绕渤海,东南隔大陆,险要亦可知。项山岛至此,约我六七里,两岸筑胸壁、备烦墩者五十馀所,首尾相援,曲折相应。防虞之严,称国内第一。以此琐琐一岛,国议所系,和战立决。据《朝鲜事情》,佛人①某著。西历一千

---

① 佛人即法国人。此处记述了1866年"法舰犯朝事件",因为丙寅年,朝鲜方面亦称之为"丙寅洋扰"。

图 2－5　通津图（诗云：文珠山高叠翠峦，江华岛大当急滩。急滩便是汉江委，浊流注海多狂澜。镇海控海挟江立，江山惨憺江云拥楼晚岚湿。佛军昔向此门寇，吾亦两回曾出入。朝鲜方今一桃源，今日何日胡底侍？险终闭门渔郎问，来期已远？此地况是称通津，告汝注意善交邻。勿使箕子遗封数千里，纵横碧眼红髯人。落款：鸭北陈人）

八百六十六年九月廿五日,佛兰西水师提督罗舌,乘小汽船二艘,溯汉江六七里,我十二三里。见朝鲜兵船扼狭隘,直击沉其二船;过之更见一炮台发炮,乃乱射石榴弹。彼怖不敢复发,直入京城,留一日,测量地势而退。又据佛人理传留所记:十月十五日陷江华城,获弓箭、刀剑、甲胄、铳炮、火药、麻布、铜钵、一切器具、书籍及锭银十八万不阑禺①。乃发兵百二千人进京,杀敌一二人,我兵死者三人,及普贤堂在文珠山后。战败,火江华府弃而还。千八百七十七年六月,米国水师提督罗是留须,亦进陷府城。则朝鲜政府前后受惩创,常在此地。而昨年我两大臣之来,旌旗蔽空,艨艟蹴浪,两国和战之机,未易逆料。当时余赋一律云:"风拂釜山雨,浪连渤海云。聊致奉公力,安要不世勋。八年谆谕理,千里吓移军。使命若无就,谁草册封文。"追忆如昨,不图今日诗笔之独策勋也。有诗:

> 忆昨日旗闪渡头,狼烟今不戒边陬。一望危堞连云处,牵起诗情上海楼。

延接差备官等百馀人

延接差备官等百馀人,具轿马戒器仗以待,临发啰叭箭笛,旗枪森列。舁夫时放声喝道,山谷相答。仪拟监司云一里许憩通律府厅,府使诚悫人也,款遇蔼然,不置藩垓。时道昨年情况,辞气悃愊。午前十一时辞出,东南行田野稍辟。冈陇起伏之间,往往见村落,皆寒陋。夹道山骨呈露,不殖草木。田地虽硗瘠,功力犹可施。(成斋评:触处寓慨。)距府门里许,始见三角山。午后五时至金浦

---

① "不阑禺"疑为"法郎"音译。

而宿,距通津府三里馀,郡守治焉。大书匾曰"金陵衙门",规模壮宏,胜于通津阳川诸府署。郡有寝陵,国君以时致祭,此署充行殿,故特致土木之美云。郡守尚气疏敖,临下刻励,事多疏滞。廿五日午前五时发程,时浓雾一抹,咫尺不辨,唯见舁夫拥舆前耳。有诗:

朝发金陵宿雾连,冷然疑是御风仙。紫薇天外应非远,喝道声从空际传。

午前九时至阳川府

午前九时至阳川府,匾曰"巴陵衙门"。飨膳如例,府厅结构不及金浦,府使温温谨厚人也。辞出,一里馀出汉江。壬辰役,五月二日夜,行长、义智[1]先众骑而涉此川,遂到京城。及其许和撤兵,成龙、如柏[2]发军追蹑出江上。军半济,忽称足疾,乘轿还城。天为汉城设此江,而不能救其破败,信哉在德不在险也。(成斋评:此行最得意处,故笔亦畅达。)江广二百馀间,为近畿巨浸。渡口两岸,石壁崛起,如互迎揖。正面望三角山之巍巍接天,右眄水波弥漫弯曲。遥见一村里,掩映乎枯蒲翠松之间,瞩目敝阔津头吏民数百人,舣舟以待,闹杂殊甚。北岸名杨花津,有镇,户口仅少,船舶颇多。明董越《朝鲜赋》曰"畿内之景,汉江为最[3];楼高碍云,水碧浮镜;渡有杨花,物亦繁盛。萃八道之运饷,为一国之襟领"是也。有诗:

两邦交道未全淳,奔走不胜衣上尘。客梦杳然身万里,汉江又作问津人。

---

① 行长、义智即前述日本将领小西行长、宗义智。
② 成龙、如柏即朝鲜名臣柳成龙、明朝将领李如柏。
③ 明董越《朝鲜赋》原文为"畿内之景,汉江为胜"。

图 2－6　到汉城沿途村落图（诗云：服白人如鹭，地疆山胃堆。夕阳村市晏，百货载头回。落款：九皋散人强乐）

午后四时达汉城

午后四时达汉城,以清水馆充旅寓,在崇礼门外。按汉城古朝鲜马韩之域,北镇华山,一名三角山。有龙盘虎踞之势。南以汉江为襟带,左控关岭,右环渤海。百济中叶都于此,未几播迁南土。高丽肃宗虽置南京,有时来巡而已。《东国舆地胜览》。馆昨年理事官所舍,地名盘松洞,门外有清泉,喷流为池,池方百馀间,浅淤坏圮。馆内正面曰西爽轩,公使馆焉。左为天然亭,右有四宇,随员及差备官通事舍之。背后一榭曰清远阁,可以供游息。地接市街,而门塀围划,臭秽不接耳目,稍为洒脱。但屋宇狭小,各房离立,不便执事。且京地气候不平,昨夏熟及百度以上,而今年则低下二十三度,盥嗽之间,手巾结冰。公馀无以可以遣闷,时或登清远阁,旷然自放,会砧声四起,使人复凄然起怀。有诗:

停针休讶信书稀,月下霜砧催早归。万里愆期人益远,一灯寒影制儿衣。(冈千仞评:犹是三百篇遗韵。)

廿七日午前十二时,公使以随员造礼曹衙门

廿七日午前十二时,公使以随员造礼曹衙门。过崇礼门,地稍下,行二十丁许,左折则正面见一大门,内为王宫①及勤政殿。殿前夹广衢耸起者,六曹衙门也。礼曹在左行,公使于第二门下轿,随员第一门前下步,均入郎署,待报。报至,公使先出上曹,从延随员。礼曹判书赵宁夏,议政府堂上赵寅熙,礼曹参判洪祐昌、李在敬出接。坐定行宴享,有舞乐,仪同昨年司译院。此间仆隶兵卒,

---

① 宫,原作"官",疑形近而误,据上下文意改。

坌入庭内,千百为郡,喧哗行欧,殆无定纪,一面逐去,三面补缺,或穴纸障攀庭树,曰倭人亦解饮矣,曰举匕矣。堂堂官衙,不异剧场,失敬邻国亦已甚。公使色不平,以诘判书。判书殆不堪座,至躬亲起制之。礼毕将出,尿溺为川,浸门阃者数条,皆掩鼻目而过。十二月辞别之时,犹加剧一层。判书赧然谢公使云:"横乎慢乎,其所以至此者,不知何故。"昨年沿途市廛,一时牢锁门户,不纵人民出观,且到处配布逻卒,街衢寂然,如无人境。临归照会弛其禁,果见扰杂。此行公使亦论锁闭之非,故所过士女安堵,而终又致万众争观,牵衣撩发,继之有嘲嘈指笑者;护卫卒伍,极力攘之,棍杖打人,如驱犬羊。听其哗净之语,卫卒皆借以报其平日宿怨。故另有差备官通事数人,骑马纵横扞其私斗,而犹不能开路,于是判书特为发近卫士官送之。有诗:

深院纷纷雪未收,飞来狼藉压檐稠。帘风一阵①冬无力,要拂玉尘不自由。

国俗猜忌,不纵他邦人散行

国俗猜忌,不纵他邦人散行,虽清国使节亦然。清国使节之来,每舍慕华馆。然其不来既久,馆亦渐荒废。明治六年六月,我大臣在清国,使某问彼总理大臣曰:"朝鲜介立贵国与我邦之间,往来两国亦已久。闻在贵国称属国,则其政教禁令贵国所闻与乎?"曰:"唯依旧存册封献贡例耳。""然则若和战权利,任其国自主欤?"曰:"然。"此则所以我庙议看做自主独立,约行对等之礼,其公明正大,谊包天地,无愧古今者可以见。而彼之疑惧猜忌,犹未敢自安者,其果何心哉?昨年理事官驻京间,随员得游步者,不过药水、射的场、关王庙等仅仅数所,皆在城外;自非公见,不得入城

---

① 阵,原作"陈",疑形近而误,据上下文意改。

图 2－7　汉城图（诗云：叠嶂连空暝色横，客窗且引杞忧情。北门锁钥无人问，凉雨凄风满汉城。落款：眠云主人）

门。京城凡八门,正南曰崇礼,壬辰之役,小早川隆景守之。正北曰肃清,正东曰兴仁,浅野长政守之。正西曰敦义,东北曰惠化,西北曰彰义,东南曰光熙,西南曰昭义。城壁倚山筑之,四傍耸峙,而凹其中央,恰若榴盆然。内广不及我一里,市街栉比,檐牙逼迫,车可方轧者,除四大路之外,不多见。王宫据三角山裾,历历可俯瞰。商货亦甚寥寥,国尚古朴故然,或曰壬辰兵后,终不复旧。然京为八道首府,政教所出,物货所凑,岂无可一物耸观听资博物者,而不得散行纵观。但游步地界,比昨年稍广,至如南庙、祀关羽。东庙、祀孔子。制纸场、新寺等数所。每出游,差备官通事以下兵卒数十人左右之,不得任意探讨,是为可憾耳。

山村过雨逗烟尘,时有黄鹂晚报春。龙也无情眠半觉,隔墙犹吠问花人。

廿八日,我海军士官游观药水、金溪洞诸地

廿八日,我海军士官游观药水、金溪洞诸地,途中有掷石为妨遏者,官吏捕其人,来我馆门外,鞭捶示众。公使闻哀嚎声,趋出止之。

悲风肃杀欲吞声,仗下忍闻泣老伧。偏有主人能爱客,门前百戏亦留情。

馆内雇役人民

馆内雇役人民,称曰房守军,军犹丁。三日交代,使之买物,为其所利者三居一;使之配膳羞①,潜攫饭倾瓶。叱之夷然如不经意

---

① 羞,原作"差",疑形近而误,据上下文意改。

者,低声请曰:"卑人不食数日,愿赐之。"每礼曹宴享礼了,有许多
馈馈。房守守户不去,俟我下箸,以不适口撤去,渠辄惊喜,饮啖立
尽。或曰朝鲜人贪馋,此其所以多饥也欤?

盘餐充溢竭民脂,天上犹仍守旧仪。攫去不知仆血肉,交称兼
味有馀滋。

十二月十七日,我武官二人、生徒一人往谒东庙

十二月十七日,我武官二人、生徒一人往谒①东庙,便路拟过
城内。到东大门,门候谁何,急锁户扃,论争至暮。飞使往复,城内
外一时骚然。适公使访伴接官,燕见相欢,问之切论,求访门吏,速
放三人还。又急作书,直报礼曹判书。时既入夜,馆伴诸小吏,口
耳相属,皆谓大事起矣。伴接官亦谓不能保首领,乞哀不已,且请
令之原路归馆。公使不可,往复数回,终夜不交睫。其明三人归
曰:昨夜宿东大门外民家,今朝待门开,过六曹前大路,无复有为
障碍者。叩一廛,购得烟函、印箱诸器。盖我邦人非因公事经过城
内者,此为始。或曰大院君闻此事,急招有司曰:"日本人过城内,
于事何害?"故得无事归馆。昔者行长、义智之到京城,门牢锁不得
入。木户作右卫门脱铳架冲门扉,扉开,城中寂无一人。四日三路
兵皆入京城,即此门也。余笑曰:"贤哉门候,善谮敢事矣,但不知
时不可耳。"

历劫了来前世因,笑看风鹤遽乘闉。能谮故事徒为耳,不是当
时排闉人。

---

① 谒,原作"竭",疑形近而误,据上下文意改。

公事未易遽了局,而时迫岁晚,遂以午前五时发清水馆

公事未易遽了局,而时迫岁晚,遂以午前五时发清水馆。出街天渐曙,行色全同来时。京官送者数人,至杨花镇而别。时霜冱已甚,汉江舟中,风寒特栗烈,一行对面寂无语。憩阳川府,府使例出供盘飨,辞之不得,又不欲食,乃出所赍面包以疗饥,将举供膳惠轿夫。忽见一群兵吏来集,喧哗抢夺,一盘顿尽。府使及属官,注视不敢制。轿夫束手茫然。于是某某等戏设一策,画地令众勿入。骈立轿夫于外,列膳在中,令曰举右手则座,皆屏息听命。左手才举,四方栏入,恰是蚁群投骨,或出跨间,或伸臂攫取,蹃者压者,旋取旋失者,一行为之哄然。午后八时达通津。

逐臭蝇蝇酒肉堆,拜跪唯命弄泥孩。犹甘阶下嗟来食,三日断烟应募来。

二十三日午前六时,发通津,至控海门

二十三日午前六时,发通津,至控海门。海军士官舣小汽船以待,以潮水满溢,孙突滩不足虞,乃急上船。午后三时还月尾岛。后发之官僚及小厮,越廿五日尽归,曰汉江冰厚数寸,杨花津路绝。闻严寒之候,诸津不复须舟,人在冰上往来。余始闻疑之,今果信矣。

舆马成行旗几双,应知渡口苦行舻。胡笳先送日南使,天遣层冰锁汉江。

廿七日午前六时,发济物浦至丰岛

廿七日午前六时,发济物浦至丰岛,取淡水。廿八日午前六

时,起锚。三十日午后三时还釜山港。港口市街,虽属修整,竟不过寥寥一村落。而忽自汉城还,耳目顿改,如入仙境。此行往来五十七日。(成斋评:韩地荒残可想。)

莫怪舷头数回首,阅来城市尽荒残。寥寥部落本邦样,却做玉楼金殿看。

卷四　磐松馀韵

汉城报洪小芸书 十一月廿六日

八月十日手书，我十月十五日接到。因审玉京复命忝恩资，庆贺庆贺。以相见在近，未敢速裁书也。久在釜山，断猿孤月，客怀岑寂。今来京城，望紫微青云，握手之欢，实出于望外。近藤讷轩犹在釜山，临发殷勤为报道。尹确堂名致和，代小芸者，东莱府伯。公馀文墨订盟，莫以为念。来书目仆以玉水翁私淑，仆瞆未知玉水翁为何人，希有以指示，馀在面悉。敬具。

洪小芸答书及寄诗 十一月廿七日

书未暇谢，驰往接面，古人所谓书不如面，果准备语也。我国退溪李先生道学，想已稔闻矣。玉水翁分类《退溪全书》，体裁间架与小学编同。我东学者闻而钦之，知玉水翁为贵国文学高士也久，年代虽未详，似在百有年前耳。馀明奉。不戬。（冈鹿门评：近闻有和刻《退溪集》，玉水恐尔时校定付刻之人。①）

---

① 此处来往书函中讨论的"玉水翁"，确如冈千仞批注所言，为编撰有《退溪书抄》的江户时代中期的儒学者村士宗章。村士生于享保十四年（1729年），字行藏，号玉水，别号一斋，因其父为村士淡斋，又号淡斋子。曾师从稻叶迂斋，后在江户开办私塾，其后奉仕福山藩。安永五年（1776年）卒，享年48岁。著有《一斋先（转下页）

海陬阔别，洛下更对，喜何如之，爰成短什，以博东岳吟坛一粲。

清水馆深辟小春，初筵欢笑旧缘因。黄花老屋相思梦，碧海长风远渡人。往迹须看星散地，此时又接月明邻。知应逢处为离处，多苦浮生扰扰尘。（成斋评：佳句。）

次　　韵

鸡林载笔几回春，湖海原知有旧因。神契异邦忘作客，天缘各地遇斯人。一朝燕语往来绝，千里莺啼远近邻。能使韶风和气在，他时砚海不留尘。

洪小芸寄诗

峨洋琴一曲，古调正堪闻。有和为白雪，无持可赠云。江山人易老，天地路多分。东望还怊怅，绿杨亭树薰。

次　　韵

鸥莺盟如旧，新诗且报闻。梦通孤馆雨，窗隔半天云。楚畹蕙兰茁，崑山玉石分。讷堂定岑寂，绝影夕岚薰。　时小芸以伴接官，日

（接上页）生雅言》《二礼仪略》《玉水文草》等。参见南海山人著『日本儒林明鑑』文明堂书店 1918 年、179 页，及講談社『日本人名大辞典』。此外，其编撰的《退溪书抄》由李朝为褒扬并祭祀李退溪而于庆尚北道安东郡创建的陶山书院收藏。其中原委，据朝鲜文臣、儒学家洪直弼（1776—1852）《梅山集》中收录《梁山邑店谢李明府见访三首》所云：“海外人传玉水翁，尊亲退溪细研究。更将全部仍删述，付与星槎满一笼。”并作注云：“倭人有号玉水翁者，以儒名，作《退溪书抄》十卷，仿《朱书节要》例也。辛未信使，行到马岛所谓江户使者特赠正使，正使示明府云。”其中《朱书节要》即为李退溪对朱熹论学书信的精华辑录，由此可知村士氏参照其体例，编撰了《退溪书抄》，并由陶山书院收藏，因而为朝鲜学者所知。详见「陶山书院に蔵する村士玉水の李退溪書抄」、松田甲述『日鮮史話』（第 6 编）朝鲜总督府 1930 年、56—91 页。值得一提的是，「陶山書院に蔵する村士玉水の李退溪書抄」一文还援引石幡貞《朝鲜归好馀录》中石幡氏与洪小芸的来往书函，证明“玉水翁”编撰的《退溪书抄》在朝鲜士人中引发反响。

来与我公使接话。其家在城内,不便于事,故暂假馆傍民居充寓,而有嫌我遇访之意,是诗故及。

寄洪小芸

竹篱鸡犬蔼斜晖,回首世间一笑非。桃源不许将人入,庾岭时看放鹤归。月午紫云仙馆闷,夕阳苍树玉楼围。个中岁月长如许,不使渔郎复款扉。 时京中游步议,颇致多纷,护卒扰扰填咽馆门外,见我人出游,则左右围绕防遏,不任徜徉散策,因有此寄。(冈鹿门评:此暗讽韩人固陋自是,而小芸答诗,不一语及之,所谓哀如充耳者。)

洪小芸次韵,且寄二首

苍苍馆树返西晖,坐看浮云无是非。烛影微明诗适至,钟声欲断客初归。巾车荒径知先拭,裘带轻风觉减围。自笑冷官多静阒,数椽茅屋掩松扉。

官楼如水夜如年,万里行人正未眠。郡角三声喧闹起,酒灯处处远连连。

以桃源引,奉和东岳词伯,吟珊斤正

古有荒唐说,何处是桃源。闻道晋代人,渔到武陵村。姓名与衣服,近古其俗敦。渔郎眼生疏,谩拟秦汉论。浪传编韦纲,盛说脱粟殨。世人闻而喜,知有别乾坤。渔舟应识路,何为不辨言。仙源非别境,桃花流水园。无地不种桃,处处可名存。堪笑渔子棹,春水往来频。(冈鹿门评:彼持论在末二句,我邦廿年论者亦犹是。)

和 韵

一气磅礴系众星,无内无外造化灵。就中尺土称邦国,此间人

物各赋形。邦国爪分水浮萍,人物割据蚊睫螟。开口大笑笑何事,
笑他蜗角分渭泾。(成斋评:满口冷骂冷笑,小芸到此竟无答词。)
幕天一星地球小,秦汉兴亡奔风霆。蠕蠕何物称避秦,商山①桃源
同一尘。峨舰破浪遁海伯,电机送信通国脉。却恨东洋多波澜,早
已西洲见玉帛。渔郎问津不在津,要问时势变迁迹。奇才有谁能
练石,补填天柱地维隙。

洪小芸书,时赠《李退溪全书》来

朝气清寒,居处平安。仆竟夜吟病,精神不佳。《退翁全书》
二匣,兹奉副耳。不戬。

发途有期,告别洪小芸 十二月十八日

成欢几时,又将远别,人世多恨事哉。久荷高谊,感愧不可言。
玉水翁一话,遂致赐《退溪全集》。古人赠人以言,片言且佩服之
不暇。况开卷琼玖万斛,使人疑薏苡,何须避瘴疠,可以砭顽愚。
藏之家,子孙读之,将言乃祖乃父故人,朝鲜国洪小芸先生所赠,则
使后人忆当时交谊,不问海内外,相爱相亲,是不独贵下厚意,亦出
于两国朝廷恳笃盛虑也。别幅二种,非敢为酬,暂以表衷。《辩
妄》一卷,先师安井翁所著,并以备览。翁学问渊博,著书浩瀚②,
为清国应宝时、成林等所推。此著乃其绪馀,今聊为赠。前修信使
金仓山及从事安斑山,来我国之日,亦曾见翁,故欲各赠一本。山
河眘邈,无由致之,为作一书,烦贵下转致。翁著书既刻者,《左传

---

① 此处用典应指秦末避乱隐居商山的商山四皓(东园公唐秉、夏黄公崔广、绮里季吴
实、角里先生周term)。
② 瀚,原作"瀚",疑形近而误,据上下文意改。

辑释》《论语集说》《管子纂话》等数部,皆行于世,他日备览。桃源行拙和一什,未赐赓答,顾以事殷不暇及焉。远别期迫,特觉闷闷。语无伦次,勿深咎。不尽。

与金仓山 名绮秀

违教倏复一周岁,未审近况,想当胜常。千里来客,切希一语,便如海外三山,可望而不可即。曷胜惋叹,磐松客寓如昨,勿以为念。《辩妄》一部,先师安井翁所著。翁为高明曾识人,故今为赠。近日应辞寓所,渭树秦云,倍远倍思,唯临风骋怀已。玉护是希,不既。明治十年十二月十八日。

与安珽山 名光默

昨夏盘松洞唱和,一何乐也。今来斯人不在,怅怀靡已。吟履近如何,遥瞻为慰。《辩妄》一部,安井翁所著,今为赠。若有近作,勿吝寄示。馀不备。明治十年十二月十八日。

将发釜山与洪小芸 十一年一月五日

蓬尔分袂,企仰良深。弟海陆无事,以我十二月三十日达釜山,明日应发此地东归。远者逾远,唯心不谖兮。时忆往欢,独自慰藉,故人意中无乃亦如是乎?惟祈万万珍啬,为国副望。不备。

题自画①山水与高永喜

万象森罗,天地间一幅活画图矣。乃借笔墨以写磊魂,不求形

---

① 画(畫),原作"尽(盡)",疑形近而误,据上下文意改。

似，何问巧拙。古人云："书，心画。"画岂独不然？高君他日对此幅，能念及余乎？余朦于绘事，然于书于画，念兹在兹。天涯万里犹同堂，乃题一言塞责，亦俱在此活画图中而不自觉也。明治十一年第一月四日，书于在釜山港大日本馆。

归京后报洪小芸　二月六日

隔海万里，未审起居佳迪否？弟以我一月五日发釜山，二十日归朝。每忆盘松晤谈，以为奇遇，贵下亦得无有今昔之感乎？唯不昧者心，不佻者谊，纵令引之浩茫，终不能云散鸟没。侧闻贵下属者宠任全罗道监司。监司总辖一道，休戚所系，责莫重焉。贵下盛德积功，仁义为城池，诗书为府库，担得此任，绰然有馀，窃为贵国民社贺之。仆一念及两国交际，至今不能释然。全罗与庆尚，壤地相接，人众物阜。想于釜山贸易，大有影响，幸为致意焉。何时会晤一笑，惟是否一报，思渴之至，非笔墨所能尽也。不一。　附孙突项诗一篇，诗载在前卷。

洪小芸答书　五月九日接到

古人云："黯然消魂者，唯别而已！"道得我今日两人心事也。万里书音，如见故人之面，未知手几往而目几去也。即审复命后兴处泰平，稍至别馀之蕴。仆今我旧我，如印一板；公务私故，苦无片间。区区纸面上，倏未暇一申，未免辜负之归，惭悚万千。盘松洞谈话，彼此虽因公干，亦一前生宿缘；今昔之感，何但贵下已也。全罗监司之说，可谓乌有先生专道之寄，岂我劣品疏才所可望，而亦可堪者耶！初无影响，传之者误耳。两国交际，昔非不足，今有何不能释然之端乎？世上事都不如顺且无事，贵下亦以是着念焉，则两国幸甚。男儿何处不相逢,安知无他日奇遇?挂一漏万,语不尽意,姑留敬覆。戊寅二月十日,朝鲜洪小芸。

往日孙①突项琼韵一绝,擎读屡回,甚感甚感。而峡滩危险,本自如是,去来人莫不悚然而懔然。贵下句语果是,写出真境耳。

讷轩词伯,更不来留釜山港耶!从此心往,尺素难凭,何时不烦烦于心乎?

重野安绎评语②

石兄与洪小芸往复书诗,备悉当时事情。我言正大,彼辞晦涩;我常浩然,彼乃欿然。可以见两国交际矣。安绎妄评。

---

① 孙(孫),原作"孩",据早稻田大学中央图书馆藏本后勘误表改。
② 此节原无标题,为编者所加,以示区隔。

卷五　杂文

朝鲜语学校则 明治十年一月三日改定

废从前《学课》《规定》《试验》三则,更新定《校则》:一曰学规,二曰修业,三曰试验。

学 规 第 一 则

校中置塾监二人,掌试验簿,督生徒勤惰,且补日录遗漏。若官厅有申饬及生徒诸陈情等事,举皆经由塾监。生徒轮番当值,办校事,但塾监不直。

学 规 第 二 则

生徒傲情背戾,行出规外,及不友不悌者,塾监具状,告诉官厅。

学 规 第 三 则

凡有疾病事故欠席者,必告塾监,午前八时为限。过此以往,至明日定期时间,不可不从校则进退。但剧症急笃者,不在此限。

修 业 第 一 则

午前七时登校,复修新习,各就其课务,至十时而止。十时至十一时,传语对话。

修 业 第 二 则

午前十一时至十二时,课编文。文体分为二:曰谚文,曰汉文。共从题意译述，以取批判。

修 业 第 三 则

午后一时至二时，习字、学数。二时至四时，修汉籍，轮读轮讲，各就其党研究。不可会得者，而就质焉。

试 验 第 一 则

每月一小试，六月广试，岁杪①大试。每小试，验其术业，以问试验第三则。

试 验 第 二 则

试验各课之韩语书册，虽从前有定本，今尽废之，一任教员临时指摘，以背诵译读。然浩翰大帙，业难浃恰，故或仍旧贯，或创意变换，唯教员之命。盖学语之要，不唯在背诵译读，要在使彼我通辞达意。故雅言应答如流，练熟无阻。为上，则晨夕接话，亦应用意。学语是为平常所务，故自今一层振励，要文书并考以供他日用。所惜汉籍未备，故暂就其所藏零本，轮讲轮读焉。

试 验 第 三 则

每月通算点数，铨定甲乙丙丁各科。一月所得百点以上者，为甲科；七十点以上，乙科；五十点以上，丙科；三十点以上，丁科；以下皆为员外生，每月计算次序焉。附点者，出于教员特意。

右以明治十年一月七日，为遵行之始。此日教员石幡贞、中野许多郎，会同铨选，置塾监二人。嗣后每月三、八日，午前十时至十二时，中野上校。午后一时至四时，石幡上校，并教督批判。石幡特讲汉籍，每月三回为定。

明治十年一月七日，管理官厅。

---

① 杪，原作"抄"，疑形近而误，据上下文意改。

济生医院告示　代

人身之有疾病，甚者夭折夭寿，否则废痼躯干，不幸莫甚焉。故古圣人始制药讲术，使人免废痼跻寿域，其意至仁，其泽至远。虽然，时属洪濛，人文未开。及至中古，岐扁张华辈出，当时称扬①如神，而其所传之书，大抵不论病理，不辨药性，遂启以药试病之弊窦，岂不遗憾乎？近来我邦医术一变，顿舍周汉陈说，博探万国精技，支体则解剖研究，药石则分析验覈，发明千古未曾有之良法，以制出回生起废之妙剂。自二京五港，至府县村邑，莫不有医院之设。乞治者，不论内外贵贱，或许入院，或派医员，一诊不苟，半匕切病，以奏卓效。收奇验者，历历可征。除彼天刑久痼，自然命数之外，凡百诸患，可得而疗。较之往时望闻问切，直资草根木皮，则谓医道大成，亦非诬也。今也义彻奉命，新设医院于此，方剂尚采近世，治科兼综内外，其意不独为居留人民，将以广及朝鲜人民。所希两国生灵，长免夭折废痼之患，各全其天命矣。即所以表章交际亲睦，情谊惇厚。而往古神圣之意，亦岂外于此哉？虽然，人生所重，在日常摄养，其与疗之于既病，宁若豫防之于未病。但摄养活机，自凡饮食动作，以至情欲愤怒，无不要节适。况于不幸一旦罹病，委身乞治，则唯医员之命是从，不得妄意擅私，希疗养并行不相悖也。兹设院则三条，开列于左。（成斋评：周匝无罅隙。）

第　一　则

治疗每朝巳时为始，午时休歇，午半刻再开，至未半刻全闭。

但自本月十一日，开院施行。每七日，休业一日。

---

① 扬，原作"杨"，疑形近而误，据上下文意改。

第 二 则

药价,每一日,朝鲜人须纳朝鲜钱三文至二十文之数。但人有贫富,其极贫而力不能猝办者,听得钱之日纳之。日本人,每一日必可纳金六钱以上。

第 三 则

每月十五日施种痘术,不要谢银。

明治十年二月十日,驻在朝鲜国釜山港济生医院长矢野义彻。

种 痘 条 例

痘疮是一种传染病,其当感染流行之剧,自乡而郡而州,转连蔓延。父祖丧儿孙,兄姊亡弟妹。幸而免焉者,满面瘢痕,妍媸顿变。甚则盲目聋耳,延及手足,为废人者不遑枚举,可胜浩叹乎。世医尝讲求所以救之之术,粉末疮片,嗅以感之,其法似矣。然亦侥幸万一,理之不穷,术之不明,却酿成莫甚病毒,误人命不为鲜。及至近世,发明牛痘引接术,行于世者有年。我邦医员最研精力行此术,其方至简,其术益精。防遏流行感染之势,以全父母爱育之恩,百不失一焉,古绝无而今始有者也。济生医院效之,兹施行种痘术,每月五回为定,庶几博爱广济,以无措畛域于其间。然痘苗易耗,流行无时,自非定规以要之,难保久普及。故种后必当有就其儿采浆,以递传他儿者,于是先揭示左条件。

第 一 条

每月以二日、八日、十四日、二十日、二十六日为施术定日。

第 二 条

小儿无男女,施术不拘年纪。但生诞二月,至一年之间,为最良期。若时际天然痘流行,则虽未经二月者,速种为可,不然后悔无及。

第　三　条

施术后少时间,慎勿劳其手膊,且自非两臂针点干涸,禁垂衣袖。

第　四　条

施术后十四日间,勿论沐浴,凡洗涤痘所,亦为严禁。

第　五　条

施术后每七日,必须来就乞诊痘性良否,此时应有采浆者。

第　六　条

种痘儿,例发微热,然不必要医药。唯豫防冒寒冒暑,节适饮食,切戒放纵。若其炘冲热发非常者,宜速来就请方剂。

第　七　条

秉性赋质,每人各殊。痘浆感受,亦从异其力。故虽既施术,或有不善感者,更可待后回再种之。

明治十年三月,大日本济生医院。

与河上房申书

二月十二日华笺,四月廿三日接到,何其迟缓。公私信路几乎绝矣,得无因西南风浪为恶而然乎? 窃为国忧愤不能措。初警报达此地也,单是舟子贾人之语。曾参杀人,市虎三人,诬言且信疑相半。况元勋柱石如彼,养望有素亦如彼。而一旦犯顺谋逆,不能遽取信。已而知其洵然,真个长城不复治平具。一朝手自破碎,实为可惜可愤。远官殷忧之际,偶得《漏传警报》《久伫邮船》二首。其翌衙退闺窗,则梅花笑人,东风解愠,亦不可无诗。于是捻须展纸,自觉平生忧郁无聊之念,从指端进散。讷轩词伯为之赓和,十日间得五十首。但词伯中道而废,劝余终其功,固出于公馀无聊,不足以似大方君子。唯其异邦风土、民俗尚习之感触耳目,或就其实而咏歌之,或婉而曲之,讽而刺之。其国既约为兄弟,樽俎之议,虽非吾任,诱掖①警醒之念,窃有望焉。此是诗之所以作也。公信方至,公事忽又剧,无暇一并净写。且每篇皆有注,长者累数百言,亦无暇从省。七、八月之间,期满归京,为兄倾囊资一笑未为晚。昨年来与东莱府伯洪祐昌,唱酬诗文亦甚多,今以其一二致赠焉。洪氏为人爽亮,甚嗜文墨。仆曾窃②谓僚友:公座执义,私觌结情。情不结,则事多扞格;义无执,则动覆公馀。两国交谊岂亦异是?公私相济,以求尽情谊兴公益。(成斋评:假外交讽内交,用意自有在。)无奈从前我吏民概皆逞威凌人,绎其所由来,亦非一朝一夕之故。文禄征战姑置焉,德川氏务反其所为,厚币招徕,出于一时权宜,而专委对马藩将命,藩人专横利己,彼亦惩前役,务听其所要,我驯而玩,彼警而避。元禄六条 待日本人六条秘诀:一曰逊辞。屈己接人,辞气温恭。二曰哀乞。势穷情迫,望人见怜。三曰怨言。矢志慷慨,激出怒肠。四曰恐喝。将加威胁,先试吓动。五曰闪弄。乘时幸会,翻用机关。六曰变幻。情态无常,眩惑难测。之弊由以兴,尔来二百馀年,彼奉为圭臬,其实我启之也。宜哉相持九年之久,而后盟约始成。仆于公馀,务订雅盟,首唱矫正,归于明允,殆有感于此也。今先誊写顷日赠答二三篇备览,请为余质诸宫本鸭北君,君首肯否?仆与府伯,语地位则霄壤,语交谊则朋友,故书中不必屑屑下敬语,在方外交固当然。近藤、矢野二氏,俱健在。顷日棋战丁东,四面皆勍敌难当,仆尝局外中立,其组练三千多多益办者,一败胆落者,奇正相

---

① 掖,原作"腋",疑形近而误,据上下文意改。
② 窃,原作"窈",疑形近而误,据上下文意改。

生,循环无端。而中原之鹿,自有所归矣。廿三日家信内,寄儿照影来。余晚岁始举子,而认其面貌,此日为始。生既四月矣,对图恍然者久之。有作曰:

异邦奔命半身枯,爷未①知儿空对图。不比八年神禹绩,过门犹听启呱呱。

兄其谅之,别纸编纂《外交史》一款,待兄发议。万万以时自爱。不备。

晃朗台记 在釜山港龙尾山

望之苍然,如有龙蟺蜒曳尾于海者,釜山港也。官厅据其颅,称龙头山。龙尾入海之处,障颓澜以远抛,古松怪树,槎枒横生,郁拥海口,龙尾山是也。有一水自西北来,堤上多樱树,命曰中川,发源龙背,绕腰濡尾,以达于海,盖伏流也。以故时际雨潦,旁溢四出,势如建瓴,而天晴则泌乎煦沫,辙鱼待涸。于是居人时忧昏垫②无所避,又时苦污秽气远闻,殆乎无利而多害也。管理官始至之明年,两国间事之当罢行者,略既就绪,乃谕诸民曰:"及今不疏浚,后悔无及矣。"金曰然,谨如命。辄奔走募役,会朝鲜地方凶歉艰食,旬日间得数百人,乃伐龙头之材,以充梗干;割龙尾之委,以制潮汐。驯而服之,利而遵之,官僚亦各自捐资以助役。始于四月七日,至六月十四日告功竣,犹馀役夫若干人,乃又傍其委而辟园,跋彼尾而作蹊,总计佣役千五百五十六人。盖为民除害,而有救灾之意寓焉。山上有加藤肥州祠,祠侧一亭久不修,依旧营缮。君一日与余坐其上披襟曰:"快哉! 祥风晃朗,可以乐矣。然古今之相

---

① 未,原作"末",疑形近而误,据上下文意改。
② 垫,原作"墊",疑形近而误,据上下文意改。

寻于无穷,安知来者之无继乎?且吾二人者,亦皆有时而去也。"余谓寥寥荒废一区,今作四达之街,舟车之会,抚古鉴后,后人亦无乃因名求实犹今视古乎?则川改樱川,园称祥风,亭名晃朗台如何?曰:"善。"呜呼!三百年邻盟将寒复燠,龙战玄黄之妖全消,而见龙无悔之祥顿现,则他日继任者,其能使两国祥风常晃朗乎?樱川之樱可得观,而上是台也。日出东海,云飞釜浦;颢气回合,松涛飒爽;牧马嘶风,水鸟掠波。(成斋评:祥风颢气缭绕字句间。)舳舻压港,而两国人民之讴歌互市,颓垣废址之从而整理,川沟街衢之久而益修。士女观游,管弦涌耳。仰而望焉,俯而察焉,则必知施设自有先后,不独地势有头尾矣。管理官为谁?近藤真锄君也。君清慎服勤,号讷轩。此港置管理官,以君为始。

跋

　　石幡子干在朝鲜，撰《归好馀录》，记其风俗山川，观者称其能，而余之所推服者，无于此也。子干常用心于邻交，其始来东京会柳原大丞，使清国辄执役从之，颇得其国情。既而朝鲜之案起，庙堂有异议，舆论骚然。子干曰纷纭至此者，坐不谙彼情形也。自请为吏，至釜山，居一年。钦差大臣驾军舰抵江华府，有所诘问。子干以谙国事，充随员。是役，变在不测，或为子干危之。子干不以为意，曰："此予之所以为吏于釜山也。"今夫平居谈论，辄曰家国，而遇一事变，则畏避退怯，如不闻知；或托疾病事故浮言相动以求苟免者，天下皆是。而子干独当物论汹汹之时，挺身当其冲，往来万里之外，出入百死之途，关间崎岖，不少自挠，以济其志。余交友半天下，与子干心事相许者以是也。江华修好以来，子干两入都城，一戍釜山。时以文诗与其士人唱和，纪其可喜可惊者，状物赋景，曲尽其妙。今将付诸剞劂，察其意，盖欲使邦人洞悉域外事情焉尔。予恐读此书者徒眩其词藻而不知作者用意所在也，故书此以为跋。

　　明治十一年十一月，冈千仞撰。东岳书。

《归好馀录》序①

　　石幡子干屡役于朝鲜,撰《归好馀录》,记其风俗山川,征余序。嗟乎! 朝鲜事起,议论纷纷,要坐不得彼国情也。余所推服于子干者,其能用心于此,不以一再挫折变其志,遂能通两国之好也。初子干从柳原公使于清国,颇得彼国情。既而朝鲜之事起,二三大臣,有异议,舆论纷然。子干曰:"事至于此,坐不得彼国情也。"自请为吏赴釜山。未几,江华府变起。朝廷发大使粒军舰,有所诘问。子干以谙彼国情,充随员。是役,变在不测,人或危之,子干不以为意。曰:"此余之所以请为吏也。"今夫平居谈论,皆曰我能效力国事;而遇事变,则畏避退怯,如不闻知;或托疾病事故以求苟免。比比皆是也。而子干独当物论汹汹之时,挺身当其冲,往来于万里之外,出入于百死之途。间关崎岖,不少屈挠,遂能辅佐长官,以济两国之好。余交友半天下,而独与子干心事相期者,以是也。江华修好以来,子干再入都城,一官于釜山。簿书余暇,时以文诗,与其土士人唱和。凡可以资两国掌故者,及奇事异闻,可喜可惊者,录为上下二卷,盖欲使观者洞悉彼国情也。余恐读者徒悦其状物赋景,曲尽其妙,而不复求作者用意之所在。故举余所推服者。序卷首。

---

① 此序收于冈千仞『藏名山房文初集』上(日清印刷株式会社 1920、15 頁),本序与前《跋》内容相近,或又经修改。专此一并收录。

汉城遭难诗纪

[日] 石幡贞 撰　谭　皓 点校

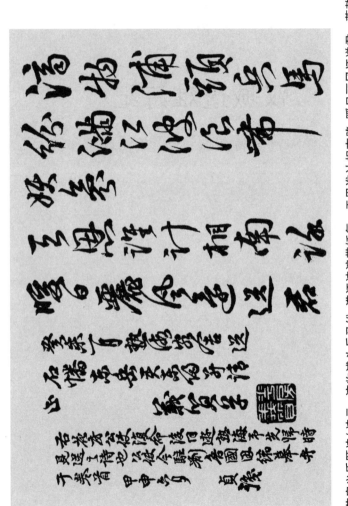

图 3-1 花房义质题诗（诗云：济物浦头兵马纷，满江波浪带妖氛。天恩谁计相南路，暖日丽风还送君。落款：癸未一日热海客舍送石幡东岳君东归并请正。义质草。另记：右花房公使公复命后同游热海，予先归时见送之诗也。公使今驻今驻扎鲁国，因绪拳弁于卷首。甲申六月 贞识)

遭难诗纪序

　　夫变生于不测,祸难发乎仓卒,智者不暇为虑,勇者莫所施其力。当斯之时,从容自如进退不失其度者,其唯胆气乎?如曩日朝鲜汉城之变是已。夫鲜人虽顽,言既归好,两情无间,于是使署不复驻护卫。而一朝卒然生变,数百顽民纵火攻围,势如山岳之崩溃,如巨石之压累卵。虽有一以当十之勇,宁能免碎粉?而公使诸员皆文官出身,躯干不及寻常,苟使惶惑失措,索走路逃避,则顽徒乘势掩击,岂有一人得脱?唯其胆气豪壮,不骇不惧,泰然以视彼之所为,顽徒不能测其意也。迨破围而出,犹不向去路,乃前进造王宫,王宫不纳,然后徐徐而去。顽徒夺气不敢相逼。呜呼!是岂智术勇力之所能使然欤?初余始识花房公使于飞鸟山庄,见其眼深而睛定,固已知其必能办大事、任大难。及送其行,尝一言之矣,而今果如此。石幡子干以书记与公使俱冒此难,自乱起至事卒,曲记其实况,每一节又继以诗咏叹而出之,因命曰《遭难诗纪》。盖交际复故,遭难者虽有怫郁怨怼之情,有不可得而明言者,唯诗以发之。则言者无罪,闻者足以戒,此诗纪之所以不可已也。余向闻花房公使说遭难始末已,而见此书,公使所说之事叙述不遗,而言辞之所不及,亦备具于诗中,非敏于文且刚谈笑于死生之际,安能如此? 真可谓信史矣夫。

　　明治甲申夏六月,海南藤野启①撰。

---

① 藤野启(1826—1888),即藤野正启,号海南,字伯迪(廸)。明治时期汉学家、史学家。文政九年(1826 年)生于伊予国(今爱媛县)松山城下。嘉永元年(1848 年)入昌平黉学习史学,与重野安绎等同学;同时随胜海舟学习航海术等。明治五年(1872 年)任东京府权典事,参与编撰《府志》。同年参与组建汉诗社"旧雨社",社员有重野安绎、冈千仞、岛田篁村等。明治九年(1876 年)转任太政官修史局御用挂,翌年任编修官,后随重野安绎以汉文修史。编纂有《先朝纪略》,留有《海南遗稿》。参见牧野谦次郎著《日本汉学史》等。

附　言

一，汉城凶徒，振臂一呼，应者数千。馆员死斗溃围奔仁川，辄复来袭击，我良多毙。当是时，死生反掌，岂得有诗？会遇英舰，始得二首以纪变。及还长崎，公使电报请进止，有命至马关听节度，已而发陆海军兵舰来护，再往诘状，赖庙谟确定。公使勤敏处事合机宜，代干戈以樽俎，旬月之间，刷冤洗辱，立约据。余前后奔命，备尝艰险。时执铅笔，率赋遣怀，非敢拟雅颂，窃充私史。虑浅之诮，固知不免。

一，变报之达东京，清使遽报本国，命将出师，声明护日保朝。则我一举一动，影响綦①大。此编直书，不遑曲庇回护。如其耳目所不及，与讹传惑众者，务从阙略。至致变前后，特附臆见。

一，当时予幸搏一生，海陆奔走，事平先归，未至卸任，再赴有期。公私多事，不一念及编著。迄公使归京，时议渐移，后任有人。于是裒辑校定，而诗止咏叹，事欠明爽，每首记事实，命曰《诗纪》。

一，《归好馀录》初编，自九年至十年，既经印行。二编记十一年探港全罗、忠清、京畿，及捡讨元山港地基等事。三编载自十三年至十四年，开港仁川议事，创置衙门，及绅士游览，儒疏谏诤等

---

① 綦，原作"基"，据文意改。

事。今年三月,携至汉城,将参之时事,订正删补,益期精确。变起,并近稿诗文、手抄秘笈若干卷,悉罹劫火,数年心血之所注,尤为可惜。顷者搜索故纸,偶得《探港纪闻》《汉城杂志》,乱稿数纸,虽断烂不完,有端绪可寻。他日脱稿,将相继付梓。此卷次第为四编,然而事属时变,体裁随异,改曰《遭难诗纪》。

明治十五年十二月,东岳陈人识。

汉城遭难诗纪

凶 徒 火 公 馆

乱民虎啸馆南山，日旗惨淡影不安。领官密书促防备，貔貅有谁救时艰。王宫咫尺犹万里，烈火四起天色烂。一行廿八指天誓，此时生死何足患。妖云拨墨忽昏黑，拟开血路叩阙关。约束严明人自奋，挥刀突出夜未阑。首碎胫折飞血肉，人堵崩坏指顾间。使君令曰勿滥杀，途敲监营无人拦。南门牢锁唤不答，陛辞无处极间关。靖难何日全邻谊，辛苦汉上吞恨还。

明治十五年七月二十三日，朝鲜汉城有凶徒暴起，攻我公使馆火之。办理公使花房君率诸员，夜半溃围，出避仁川府。（藤野海南曰：府以上先提大纲，先是以下分疏。）先是朝鲜遵约条开二港，元山、仁川。公使劝以富强之术，欲俱进开明，以固唇齿之谊。国王聪明，延我陆军中尉堀本礼造，始用泰西兵式，训练卫兵，称曰新兵。王时亲阅，眷顾颇优，时拜恩赉，几将三年。而李万孙、崔益鉉、黄在鹤、白乐宽等，起呰时政，谓：日本恐吓，种种要求，大臣姑息，顺适其意，无或敢违之；如是不已，恐至举国听于人。当路用事者，无不历诋，言颇过激，人心汹汹，变在不测。至昨年十二月，李载先（大院君冢子）、李钟学、李钟海、赵中镐、柳道奭等，乘间图不轨。事觉，载先下狱赐鸩，道奭谪济州，馀皆处死。一时底平，而士庶不慊，隐然伏不测之祸矣。盖大院君以王生父，一意锁国，尝任周霍，居势道执政权之称。十有馀年，至近日专事韬晦，而非其素志。常见国王中宫及闵泳翊等，与二三志士主倡开国，颇怀愤懑。内之军人，外之学士，不平当世者，皆赖以为重。严刑酷罚，不足以沮其意。而政府因循，徒举常典，不务洗刷以靖反侧，怨嗟载道。时安边在元山南。命案，未至结案，朴一富等伙党，殴杀我人民。吏民屏迹，内外情阻。传言南大门有人贴示曰：将火倭馆，馆外人家若能纳钱若干，则可免灾。吾人皆不深介意，谓何物恶汉，流言惑众。土人数流言，以沮挠庙议，不止今年。而忽然有此变。是日，堀本中尉约来晤，公使与余等，会食露栈。前年以公堂狭隘，假设露栈。馆之南有小丘，可俯瞰馆内，土人常群聚觇我。（藤野曰：变以上一段解，所以变起。是日以下又细说一遍，文有条理不紊，故事情如目睹。）是日特众，咆哮虎啸，高声嫚骂，又掷下瓦石，石如拳大，砼砼飞鸣，迸坠露栈，众始戒心。所雇役土人，稍稍亡去。午后三时，领官领新式兵官，即尹雄烈也。由下都监操练场，堀本以下所寓。密报曰：乱民为党，与兵队相斗，如欲干犯诸公者，至则诸公放铳挥剑以自防。于是阖馆结束，堀本所雇韩僮来告曰：贵国人冈内恪、陆军语学生。池田平之进、同前。黑泽盛信私费语学生。来公馆途中，过南大门，被殴打。公使即遣巡查川上坚辅、池田为善、本田亲友逆之。众皆愤惋，争请出击，公使不许。川上等至观察营前，贼群围攻，奋斗斩一人，馀皆见害。差备官李承谟来劝逃避，公使不可，曰："乱民犯馆，贵政府宜出兵扞护，世岂容遁逃公使？足下以此意还告京畿观察使。"乃遣陆军军曹千原秀三、巡查宫鍋太，登后山斥候。归报曰："乱起矣，城中尘沙冲天，喧腾如沸，不唯我馆可忧；且丘上暴徒势倍加，不如早决计。"而馆员仅仅数人，无可奈何。冈警部曰：

"先闭门示弱,众而歼之。"贼每瞰我出,呼曰:"杀倭奴!杀倭奴!"门外乱射弓铳,矢丸雨下,众哄震天地。水野大尉与冈警部谋,锁后门开前门,欲待其入斩之,公使例带兵员自护。自十三年始用巡查,不复备兵仗。唯浅山、小林仅蓄拳铳,因潜身墙内狙击,毙贼数人。冈又见贼逼,以小林、远矢等,格斗走之,随走随聚,冈等为徒劳不复出。贼亦狐疑,在远张声势。馆中肃然,忽然火起三四所,熚炜与嫚骂声,轰然如雷,矢石炮丸自烟中来。初皆谓凶徒虽众,固是乌合易散,牢守移时,则变生由中;且政府无傍观之理,必派兵镇压。时闻啰叭声,皆以为官兵来,而来者亦贼也。环攻倍急,守御及夜半,烈火炳耀,不异白昼。四邻民家,尽毁为灰尘。馆未火者,才有西爽轩、公堂。清远阁、公厅。天然亭近藤、杉村及予寓于此,后近藤别借比邻一宇,转居未久,遭此变。而已。馆胥铃木、金太郎。中村、卯作。饭塚玉吉。等冒矢石炊饭,及是来会公堂,谓是死所,万万无活路。公使集众从容饮酒吃饭,握手诀别,誓曰:"如得生还,所不报是憾。"(藤野曰:决死之状固应如是。)有如火者,一快战而就死,意定志决。有倚剑假寐者,有坐起吟诗者。火延公堂,大庭曰:"事迫矣,烧死不如自刃。"水野、小林、水岛等曰:"后山路险贼寡,冲围出保仁川,以待我船来。"冈厉①声曰:"此速死之道,韩人健步,岂可侥幸?不如出正门,积尸作山,以洁其死。"水野曰:"唯公使之命。"公使起曰:"自正门出,叩观察营赖其保护;观察不能保护,入南大门赴王宫,与国王同安危,是我分也。"皆曰:"唯唯!"乃部署随员。冈、名兵一,二等警部。浅山名显藏,外务七等属。互为先锋,广户、名昌克,一等巡查。宫名锎太郎,二等巡查。承之,近藤、名真

---

① 厉,原作"励",据文意改。

锄,书记官兼领事。水野、名胜毅,陆军大尉。佐川名晃,海军中军医。与
予左右公使,大庭、名永成,外务省御用挂。川上名立一郎,通词。为之
前驱,曾、名庸辅,外务省御用挂。铃木、名利作,海军看病夫。小林、名志
津三郎,一等巡查。远矢、名庄八郎,二等巡查。五十岚、名惠吉,二等巡
查。横山名贞夫,三等巡查。为后距,枫、名玄哲,本愿寺生徒。近藤、名
道坚,私费语学生。樋口名将一郎,语学生徒。及铃木、名金太郎,公馆雇。
中村、名卯作,同前。饭塚、名玉吉,同前。今西、名某,公使跟随。宇野、
名某,书记官跟随。松广名某,大尉跟随。等从焉,千原、名秀三郎,陆军
军曹。水岛名义,公馆雇。殿之。时夜十二时,取所有公书,浇石油
火之。整列结队,众凡二十八人,拔刀呐喊而出。门外路狭,沿池
曲折,唯容二人并行。水极处,贼众填咽,设栅栏阻,见我在毒烟
中,阒寂无声,谓既烂死矣。争出栅外,忽见刀光映火成队而来,怍
愕欲走无路,进退维谷。冈、浅山一蹴及之,信手乱斫,贼踬栅栏[①]
倒,互相踏藉。我众奄至,迸血为渠,积尸为丘,无脚可投。或负伤
逃走,或坠沟,或投池,不者仆刀下,札札唯闻刀声,不闻人语。既出
大路,则贼众一空,而丘上贼一齐蹑后,势如坠雷。我虞其夹击,按
剑待之,彼不敢尾。既而捡众,则佐川左股有小疵耳,不损一人。进
敲畿辅布政司,即京畿观察营。入门见一人,狼狈失走,乍毙刀下。
二门屋上有一人,放铳走之。上堂暗黑,连呼官吏,不应,盖皆逃匿
也。观察使金辅铉,兼通商司经理事,公使所与议使事,往来亲善,
因欲先依之以纾急。而监营既如此,遂决计入阙。街上张灯焚火,
不见贼一人。既至南门,铁扉牢锁不可开。(藤野曰:分竭义尽在
此。)公使令浅山大声告门曰:"日本公使遭乱民侵击,今应去京城,

---

① 栏(欄),原作"澜",疑形近而误,据上下文意改。

无由陛辞,敢烦执奏。"转向汉江,时雨萧萧降,顾望公馆,火焰烧天。及离街,大雨霹雳,天地为裂,暗黑不辨咫尺。失脚颠踬,困苦难状。忽迷失路,薮圃漠漠,不知所向。遥认灯火,逼之令乡导,固辞,强之则匿。信足前进,相唤相应,幸得出官道。公使即叩杨华镇将,索纸笔作书寄监司。东方始白,雨亦适止。欲急渡汉江,舟子怖不肯近,拔刀断缆,极力摇橹行舟,拟抵五里洞,一休疗饥,鼓勇前进。复误入山,大雨沛①然从至,风寒彻骨,手足冻龟,步武蹒跚,众相顾无语。既得一村,曰成谷,衡茅数宇,敲之告情,乞惠一饭。其人怪一行异常,不敢拒。烧火燎衣,为炊麦粥以进,众始苏息。是时一盂封侯难换,虖沱无娄可想也。即酬银货数片,厚谢而去。雨倍甚,欲买蓑笠无有,予造意编枯草缠肩,放雨水迸射,状甚异。众或被苞,或以筵席掩体,群妖现形,百鬼昼行,谁谓日本公使一行,飘零至此也。脚酸泥深,众弃靴徒跣,既而至九岘山,碎石棱角啮足,一步一伤,痛不可言。午后三时,始达仁川府。

仁川再遭难

汉城一击出死地,大雨滂沱何所之。汉江作书报彻去,夺舟又似壬辰时。深泥滑滑乱步武,天明凶徒不追随。成谷燎衣始取暖,糜粥犹思虖沱饥。徒步蹒跚疲困极,交亲聊赖仁川慈。何料萧墙变复起,四面楚歌计虑差。门外壮士伤且死,厅堂咫尺未相知。铳丸轰射始见贼,鲜血满身来者谁。皆曰百死鏖此贼,出门呐喊策何奇。恨我用武非其任,不令鼠贼无孑遗。此役不幸多伤死,彼何为者敢如斯。政府熟视无所施,呜乎政府无所施。挞伐代治非得已,

① 沛,原作"肺",疑形近而误,据上下文意改。

公法在焉不容私。

仁川府距汉城七里馀,厅在山足。是日公使书记官,与三四随员,依例憩公厅,馀皆在门外支舍,相距二三十间,隔门二。府使郑志镕见一行徒步提剑猝至,愕然失措,不知所为。先是松冈利治、陆军中尉。杉村溶、御用挂。久水三郎、同前。高雄谦三通词。赴济物浦,见高永喜,审定租界,不知是变,乃飞书告状,且曰速来见公使。府使闻状悄然,恳笃倍常,取其衣衣公使,急命膳羞,为薰温突。众饥走一昼夜,雨露湿透,虽傲不虞,比席稍暖,顿催困睡。久之促膳不来,呼僮不在,府使与高不复来,众始异之。小林大呼曰:"起起!变又起!"(藤野曰:前波将平,后波又起,危急之状堪想象。)乍有铳丸震屋瓦,贼子墙外抛石如霰,乱坠卧床。浅山怒,拳铳狙击抛石者,贼飞丸来伤其股,裹之促众进击。众未及结束,冈曰:"彼众我寡,非一齐突出,难以脱围。"远矢、五十岚、横山自门外来,流血淋漓,杖剑踉跄,曾、铃木、枫踵至,曰:"广户、宫等,皆既战死,公使盍早图!"是时贼恃胜跳梁,取死尸所佩刀,自墙外招曰:"来来!挈铳来!"我众怒发逆竖,廿二人挥剑,一齐下击。昨夜出汉城,将紧要公书及银货带出。至此,一切遗弃,中村卯作犹持国旗。贼披靡开路,门外见近藤道坚尸,公使、书记官、大尉等先免。贼分为二三,或执眉尖刀,或挥抢。冈警部击左路官道。之贼,予后出,当中路,而不觉公使及诸员去既远。舰间顾就官道,乍有物奉然中背,不伤,过一丘,始及远矢,脚伤步艰,铃木看病夫。扶掖之。远矢在英舰,医官治疗备至,入长崎病院,伤破而死,惜哉。是时贼追击甚急,冈与小林,且战且走,贼至丘而止。我众相会济物浦,唯少水岛义、铃木金太郎、饭塚玉吉。被伤者四人,曰浅山显藏、曾庸辅、远矢庄八郎、五十岚惠吉,远矢、五十岚伤尤重。因忆当时神疲力竭,贼势益加,内外隔绝,前有横尸,后无救援,如使彼用全力袭公厅,则我辈无今日久矣。

济 物 浦 捉 舟

伤者走死者已矣,一转瞬间贼群起。宝刀不斩汝小丑,使君幸遁济物里。随员物色无所寻,此时有贼来渐迩。黄昏扶伤遽出舟,舟败楫折潮没趾。解剑代楫舟不行,脱帽充杓潮益弥。拔山有力无所施,疗饥无术病壮士。夜深始认使君舟,相见悄然杂悲喜。督促舟子举锚行,从此渺海无定止。昨日堂堂韩廷宾,今日湘累愧比拟。西望禹域邈云烟,欲向何处同生死。呜呼! 生死有命安用叹,由来世故如是观。

公使虽既免奇厄,途中铳丸轰发,山岳震动。予意其或有伏,鼓勇赴之。时既昏黑,会公使老仆失路彷徨,扶之至济物浦。书记官、大尉等先在,曰:"公使既以松冈、浅山、杉村、久水、高雄等出舟去,不知所在。"皆相顾茫然。是时篝火,布满山谷,知贼追蹑渐进,而海口无只船,唯近月尾岛处,遥见泊舟五六。众谓公使或在彼,顾无舟可济,曰:"坐委饿虎非计也。"转至南岸,始见大船数只。时会潮既退,船在砂上,距水数町。众极力滚转,呼土人取桨。土人畏难,挥刀威迫,而后从之。溯洄数町,轴摧桨折,以旗竿代之。海水渐深,不可复棹,加之潮逆浪激,众乃脱刀代楫,用手截浪。船亦朽坏,潮水滚滚,自罅隙入,动摇殆覆。皆脱帽汲水,随汲随满,渍没及腰,将葬鱼腹。前狼后虎,出死力操船,始得达岛南岩角。皆谓离此咫尺,我辈不知死所。遣小林、铃木、川上,叩岛民出舟,物色公使。冈亦继发,暗夜跻崄,俱拉村民出舟,果遭公使。先是公使既捉,一船来迎,于是始得聚首。悲喜交集,有惨然泣下者。

立即解缆,时火渐迫,铳丸可达,相戒勿哗。潮候恰好,离月尾岛里馀投锚而泊。初公使避乱仁川,意谓凶徒虽暴,不久而镇定;至仁川逢再袭,终决计归报。

邂 逅 英 舰

三决死矣而不死,天神呵护似有以。瘴雾晓晴旗章翻,忽报有穿三桅岾。头脚淋漓血未干,壮士慷慨裹疮起。搴旗扣舷喜欲颠,不知何福能至此。宇内友邦同一视,韩仇英恩见表里。医药有方安食眠,一行告语始莞尔。顾念兵火生死间,十有馀人皆切齿。舰长感此急解缆,图南鹏徙崎阳背。腰间只馀日本刀。入无帽兮出无履。电机一线忽连天,精兵三千按剑起。呜呼! 当时如不遇飞鱼,鱼腹骨朽既久矣。

所驾韩船极粗,造构亦脆,素不胜远航。唯用帆樯甚巧,开阖如意,不论风左右,皆可用以前进,行止自如。非如我一桅布帆,必候顺风,而后驶往。我意本欲乘之抵丰岛,岛距此南三十馀里。我舰每往来,就而取淡水。居民怀惠,想必宽待我。驻寓至七八月之交,有筑港官船来,幸可搭乘归报。廿五日晓向南阳湾,初买米一笆在船,舟子炊饭进之。遭变以后二昼夜,始得安坐吃饭,而犹虑前途,相戒不多食,止疗饥耳。米贵不啻拱璧。(藤野曰:难可苦想亦可矜。)廿六日朝雾,不辨咫尺。及午后稍霁,遥现一岛,曰勿溜岛。舟子乍报:"岛外有异洋船,韩人指汽船曰异洋船。仿佛见三桅樯。"公使之在汉城,闻轮船寄泊南阳[①]湾,曰属者英舰测量东洋,疑或是。然事在数日前,故不敢明言。至此,始告实。众喜极

① 阳,原作"洋",据上下文意改。

曰："天未殄我辈,果是有神助。"伤者病者,皆揭篷额手,痴立舷头,挥日旗求助。(藤野曰:亦如见。)岛上劣露樯端耳,未至现船体,我先认之,而不知彼无由见我也。既而英舰亦渐觉之,出脚艇来,以为遭难船也。见我众衣服绽裂,血痕朱殷,惊异殊甚。公使略告事情,言未终,舰长曰:"事急矣,委曲航路悉之。"即起传令扬旗,撤所在幕舍,测量所用。招还端艇,即夜拔锚而发。舰长待一行极优,士官至水火夫,接遇周到。始上船时,速命医官,洗伤裹疮,不异家人。为扫一处,充随员寝食所,食必先推,酒肉清鲜。于是始回思韩船之艰悚然,而汉城仁川之艰更甚者,则反几乎忘矣。廿九日夜十二时抵长崎,英舰即"飞鱼"号也。(藤野曰:远航之人不知身,亦赖何人助其情。自以四海为家,虽然,如所记见厚之至,所谓地狱逢佛,真是等之谓欤!)

长 崎 待 命

君不见,东禅寺里提宝刀,电光一闪斫节旄。尊攘赤诚沦骨髓,防海备寇议喧嚣。又不见,萨海长峡忽奋战,炮精器利知时变。斥和变成主和名,英雄举事使人眩。否泰有时贵变通,青邱明暗由我衷。此时庙议如何决,和戎之间期善终。待命琼浦闲无事,相谋摄影资记识。眉目明秀认使君,领事峻嶒占位次。大尉军医相翼侍,憔悴我亦为之二。握剑提铳忆当时,裹疮扶伤出死地。廿四人员虽不全,一团赤诚相联结。杉村有公事,久水、高尾再搭英舰赴仁川,曾、远矢、五十岚在病院。公使、领事、跟随二人,多事,皆不与此列。翻思鸡林为何状,祸福安危萃目前。诸公英明盍早决,问罪诱衷不嫌切。况有生死未知人,半宵思之肝胆裂。

一行衣帽袴靴俱不全,露顶赤足,不异草泽伙盗,亡国败兵,所幸犹免革尸。已至长崎，半夜上陆，街灯无光，各顾影相吊之外，无有怪之者。叩上野弥平投宿，家人素相识，出迎错愕，卒然问行李几个，由何地归。曰：第速扫席设浴，此躯虽悴乎，未可委豺狼也。翌早赖电机报变，一面遣人病院，托负伤三人，内海县令、小岛判事及英领事等，交来问状。待命之间，或写一行肖像，或购衣履必需之物。众不带半文钱，县令为办数百金，得流用不乏。但渴者易为饮，是时冰糖一碗，殆胜醇酒百斛。

马关计画事宜

我曾观于壹州胜本，叹息诸将抱私怨。廿万众水陆进行，贪功争雄谋终舛。赤地千里草木腥，至今万姓结怨愤。今日马关异情形，王师问罪在惆款。八道人心久懔乎，朽索六马谁能驱。闻说乃公手进鸩，仙妹凤雏升天衢。玉堂昨日持铨人，黄泉今作负累躯。朝野悲惨天无色，殿门喋血泣穷途。吾人何事触馀怒，国步艰难家多故。犹思生死未知人，此去天缘或有遭。巨舰堂堂转瞬间，天语咫尺授使者。思此思彼夜难眠，阿弥陀寺畔双泪堕。

三十日电报传命，曰："公使往马关听事。"其翌即发，八月一日抵马关。其在长崎也，虑釜山、元山官民安危，请早遣保护舰船。政府因命"天城"舰，往守釜山、元山；又特派"金刚""日进""扶桑""清辉"四舰，护公使赴仁川。宫本大书记官、前田总领事先是总领事归京，闻变即赴任。及属员数名，搭"金刚"先至。先是"磐城"舰在元山，五日经釜山，而归至马关。副田领事附报曰：据东莱府使之言，堀木、冈内、池田、黑泽、川上等，皆既见杀。大院君鸩杀中宫及王子，而李最应、金辅铉、闵台镐、闵谦镐、尹雄烈等二十一人，亦皆遭害。此外多死者，唯国王幸无恙。大院君自擅政权，命东莱府伯告我曰："前日之变,自内及外,兵队皆叛,不能护公使馆,甚为遗憾,近日应别赠书契陈事由。"曾无谢过之意。金玉均、徐光范、金镛元、姜玮等,向来逗我邦,闻是变,忽忙来问。闻中宫升遐,恸哭无措,登一丘北向举哀。盖大院君与闵氏一族,怨隙有旧,国人固知早晚不免轧轹,而乱后国势,果为何状,未可知。政府欲先遣人观其状,且告再往诘问事状之命,以近藤书记官任之。七日搭"金刚"舰,先发向仁川。是日,井上外务卿以斋藤、栗野、赤羽、中田诸士,驾"玄武"号来,有训令,亲授公使。更发小仓屯兵一大队充护卫,高岛少将率之,先发二中队,馀俟后命。海军则仁礼少将率之,"日进""天城"二舰,今日应来而未来,皆引颈怅望。后闻洋中遭飓,搁浅殆危,候潮始得免云。

马关祭死难人

翻云覆雨结奇祸,哀怨填胸人暗哑。毅魄踢倒坛床翻,清酌供来泪先堕。数年训兵恩化仇,千百群起丛戈矛。横冤惨孽古无比,当时晤谈隔幽明。欲救不及身同死,诸士英魂列典祀。想见虐氛滔滔间,张胆怒目跋虎尾。何况府门贼追踪,转瞬四外剑气冲。哀咽薄此致祭品,世上枭雄何久存,沙场埋没看凄凛。

公使闻堀本以下既已遭害,率诸员就马关祠官竹内某,设坛致祭,予代作祭文。文见九月三日条。书记官继上坛,读至"壮士死之,吾侄亦与焉",口嗫舌结,不能出声,坐客皆悄然泪下。(藤野曰:读之亦足掩泪。)因忆近藤道坚岁十八,精悍有气魄,在釜山学韩语数年,其突汉城围,顾诸士曰:"受辱已甚,吾必斩贼而死,诸君幸在,敢烦介错。"(藤野曰:以追忆补叙前纪所未及。)仁川之变,果战死,横尸门外,今犹在目。广户昌克闻变挺进,数追贼,忽有飞石中额,还及户眩倒,终为所杀。其馀四人生死,虽未可知,宫、水岛固尚气节,万无忍辱苟活之理;唯铃木、饭塚卑微阅事,久逗汉城,善操土音,其或有草间延馀喘。每一念及此,潸然者久之。况堀本为彼政府所聘,训兵有年,时访公馆,酒后围棋谈兵。黑泽好读书作诗,时就予质正,而今皆为异国望乡怅怅无依之鬼。嘻!孰作是孽,昭昭者天,罪自有所归矣。

别宴醉后放歌

浮世黄土同一堆,马革裹尸亦快哉。登坛命将庙谟定,书生又为军伍陪。绛灌无文,随陆无武,狗尾续貂岂有补。韩潮苏海空自雄,草檄谁复策平虏。诸将飒爽坐生风,管弦涌耳细腰舞。醉酣举杯把臂歌,远役自此竟如何。友邦祸乱鼎折足,群凶肆毒民不和。问罪何唯为死者,东洋大势得失多。我作此诗告韩客,韩客忌猜何日释。痛饮且尽杯中物,明日生死不可测。

诸舰相继解缆,公使期十日发往。外务卿张宴享饯,文武诸员来会,无虑六七十人,红裙青娥,极一时之选。歌舞侑杯,银烛满堂,尽欢而散。盖此行两国和战之所系,数百万生灵忧喜福殃判焉,况躬当其事者,聊所以永今夕也。

再抵仁川湾书感

朝廷不好兵,备兵在寝兵。兵不可妄动,况国有旧盟。一朝大厦覆,一木难支撑。我良毙贼手,彼魁未惩创。春秋无义战,桓文徒假名。怪底清舰逼,千古有史评。

十二日公使抵仁川湾投锚,仁礼少将、近藤书记官等来言:乱民略既平定,国无异状,大公大院君改称。立朝,百官慑伏;废统理机务衙门,交际事务,复为礼曹所管,告示国中;一面发书契,报我外务卿,如待公使再航者云。午后乍见有汽船三只,自西南来,近则清舰也。盖变报之达东京,清公使闻之,电报禀其国。故清国急命将出兵,声言保朝护日。盖清国处措,每事缓漫,唯今次一举,迅速合机宜,众颇异之。以事属三国一大关键,而彼邦荣辱所系不细也。是时停泊我军舰,曰"比叡",曰"金刚",曰"清辉",曰"日进",以"明治""品川""和歌浦"三艘充运漕。清舰则曰"威远",曰"扬威",曰"超勇",共计十艘。桅樯林立,旌旗蔽空,轮船一时会萃与朝鲜如是,江华役以后,为未有之事。

宿仁川府

萧索风扬拂府门,再来此地易消魂。模糊犹带当时血,离乱长衔宿世冤。势迫死生间一发,途穷祸福岂多言。诸君泉下应相语,不委饿狗亦国恩。

广户以下五人,果皆遭害。朝鲜政府既命假埋,而其孰为广户,孰为水岛? 无由表识,因使人开棺临捡,则或缚手足,或系项腰,首碎面毁,体无完肤,暴掠惨虐,无所不至。肤肉腐烂,唯认衣服,以识其人。众皆无不酸鼻,乃择地府东山麓,葬殓表旌,是为八月十五日。(藤野曰:真可酸鼻。)府厅内溅血处,命役夫削去。距遭害日,仅二旬,言笑在耳,幽明路隔,无任感怆。初公使之上陆,沿路榜示云:"我兵来此,非有他意,以暴民火馆作乱,故特护卫公使;非好动干戈,耕者安亩,织者不止杼,勿妄自疑惧以动摇人心。"夜大护军赵宁夏来见公使,窃有所请。

抵 汉 城 途 上

忆昨徒跣走海道，石齿廉利血染草。马上今日联队过，今严秋毫民不扰。剑铳磨光灭氛祲，不似当时互震掉。糜粥犹思成谷饥，从军我非杜陵老。山河依然变情形，旭旗飘风蔼林表。

十六日，公使发仁川，护卫兵凡四中队，分为二，昨发其一，屯汉江南岸，以二中队自护。随员轿与马匹，亘山跨谷，数里不断。各轻装裹粮，不烦地方供亿。令肃威凛，剑铳映日，辎重载道。（冈振衣曰：扬扬气象写得在目，所谓大丈夫生不为将，得为使，折冲口舌之间，足矣者。）追忆前日徒跣饥走之时，云渊不啻。是日溽暑，流汗为酱。既而出汉江，柳阴下马嚼冰，气始苏，快不可言。冰库在江北岸，官岁发役夫数百人，伐采蓄之，每岁三伏颁赐诸大官，盖古制也。傍近民多逃窜，因以充我兵营，与汉城、仁川联络，以备于不虞。

汉 江 叹

江上舟子识我不，七年几回借汝舟？漏舟易朽人易老，人世浮沉梦一场。取楫授人何所济，同舟遭飓忘恩仇。汉广可涉海可踏，如何针路失所由。牵制况复向断港，一去中流驻不留。不如更能修尔舰，火轮铁甲据上游。江之深兮不难涉，百年难消杞人忧。

公使渡江入杨华镇，京畿监司洪祐昌。来见，为其旧交识，互相贺无事。公使因嘱择京城中可充馆舍者，监司曰："丧乱之馀，凶汉出没，难保其无虞；且家屋多毁坏，匆猝难办；此地幸有伏波亭，为太公别业，稍称宏敞，敢请驻屯二三日，乃可扫席而待。"公使不

可,使书记官牵一小队同监司往择馆,公使继发。诸将校按队,日
暮入汉城。当是之时,两国兵舰压边海,犯阙凶徒未就安靖,其内
外多难,朝野骚扰,韩人之困迫,可以知也。(藤野曰:寻常待馆定
则彼中议设辞,今疾雷不及掩耳,使彼不暇抗拒,一着得先制,故能
得要领。)

泥 岘 旅 馆

入木数寸刀斫柱,峻宇轰然破牖户。忆昨叱咤起风云,将军乱
后家无主。夜鬼哭庭鹏上床,高门大纛梦一场。鸠居切念覆巢祸,
怨府有由岂独当。自古嫌忌外宾驻,况敢城内占旅寓。祸乱一朝
天降福,革故开新知时务。

泥岘在南山下,馆即近卫大将李钟承家。钟承与申正熙申欀
子。任训练新兵事务。前日之变,凶徒乱入,举家逃避,任其掠略。
墙坏柱碎,鸡犬一空,但规模颇宏。而我文武数百人,无所容之,故
更借掌乐院及傍近屋宇七区,以馆少将及士官。先是数年,公使以
清水馆在廓门外,拟廓内择一处。而官民嫌忌,不欲相近接,不肯
而止。此役不费一语,入廓安顿,亦时势之变,非情理所能争也。
(藤野曰:即公使继发不与计议问之功。)

杂感四首 今录三

七年国事一朝非,掣肘恨无立德威。风雨燕山休问讯,此身未
可著僧衣。明治九年约款,称朝鲜国自主之邦。

其奈幽明未了因,时危饮泣望清尘。玉纤承鸠生前恨,好报黄
泉焚死人。

显晦八区见喜悲,平生豪气未全衰。疾雷掩耳悔无及,叱咤风

云彼一时。

有所感而赋此，今难斥言其事，唯在读者言外领意耳。

公 使 晋 谒

文武相拥护，使君攀仙路。手持云汉章，进谒贺福祚。奏言惨害状，凭信求安厝。咫尺恩教明，雅度见神悟。

二十日公使入阙谒见，进颂万寿，捧呈新拟约款稿，请三日内赐决答。王允之，简命委员，刻期议定。归途见太公，初太公之执政也，秋霜烈日，人不聊生。及王亲政，犹苦掣肘。及至近年，内外多事，权归闵氏。闵氏酌宜更张，反太公所为。于是太公怏怏不乐，思行一大变革，蓄谋且十年。自冢子载先昨年谋反伏诛后，心愈不平。会连年水旱相仍，疆场弗靖，国力疲弊，权停军饷，几至数月。且我公使向致国书开仁川，已中彼人士忌。而旋回复往，不测其深浅，无知军民横生疑惑。太公乃察机嗾之，终至毒妃刺兄，李最应。袭击我公馆，其馀威势逼者、主眷隆者，一网打尽。设心至惨，非常人所能忍。想其为人魁岸狰狞，而容貌闲雅脱洒，有文儒之风，不类其行为云。

南 山 瀑 布

珠缨悬翠崖，喷雪转风雷。润下水之性，亦能作奇瑰。触物无定态，乘势相击排。飞沫洗毒暑，襟怀飒已凄。从前有此瀑，始来殊低回。不遇非天阆，名下有弃材。愿言镌峭壁，阐幽试留题。海客接踵至，欲壮此山溪。

南山之麓，有瀑悬焉，距旅馆不远。其地渐高，乔木郁葱，崖石怒走,镤隔街衢,即具山林之致,不料是地而有是境。但游人罕至,草莱没人。是时我文武人员,不沐浴旬有馀日,尘垢盈皮肤。况侵毒暑冲风尘,自得此泉,皆每夕往澡,始觉爽快。无奈土人聚观,山中成市。其东北地高敞平衍处,殊富佳瞩,城市历历可指掌。或谓他日建公馆,宜先占此地,所恨距王宫犹远耳。

配 兵 备 不 虞

惨惨烟迷且雨狂,残孽隐现未可量。练甲三千备奇变,夜半抚剑人激昂。令严秋毫不相扰,杀气凭陵日无光。谁取衣冠换旗鼓,我望自新且自强。治忽由己岂由人,何为虎狼任跳梁。玉局金吾连祸变,恣意挼噬不吐刚。须叟敛迹无所寻,都城百雉同丛篁。分合素定军声肃,哨兵一线扼其吭。体国将士重品节,不用入关法三章。

劫焰才熄,罪人未获。且凶汉不逞之徒,出没隐显,祸毒不测。公使自入汉城,与诸将佐计画,张哨兵数所,与汉江、仁川兵策应,以备不虞。

题　　壁

三日不赐答,无乃自食言。好戏翻手决,去留不复论。其奈二三命,归奏吾道存。顾念交谊绝,祸害及区寰。飞章致缱绻,不遑弄唇吻。明日犹执迷,如何壮士愤。

约款决答之期,方在明日。领相洪淳朴。致函曰:"中宫仍在殡,今奉命看审山陵,事毕还,即可回报,请俟之。"众皆愕然失色曰:"方事之殷,犹游移推诿如此,非樽俎可能济事。鸣冤伐罪,世谁容异议?"公使谓:"一身进退,两国休戚之所系,苟有一点未尽意,其如百万生灵何?"乃进奏章曰:"既不赐答,命以他事。"使臣之望殆绝,无任怅叹。又报其政府,以驻京无益,拟明日撤还。

去 汉 城

行迈重行迈,长揖不遑拜。秋燕睡屋梁,南雁出旅次。谁言摄衣行,行路奈露零。归好非无道,轻重不持衡。行迈重行迈,晓寒零露凝。(重野曰:婉委有致,深得风人之旨,可称压卷。)

廿三日,公使留近藤书记官理后事,早发至五里洞。领相飞书要留,项背相望,公使一切不省,我将校愤怒郁勃。是时凶逆虽潜迹,清兵在前,变将不测。李、裕元。金宏集。等遑遽,就书记官问计。书记官指示大意,寻还仁川。廿六日,公使由济物致书领相曰:"我为两国生灵,停舰二日,以俟贵报。苟欲图和平,其亲来决答。"

大 臣 来

大臣来兮病大臣,大臣无病病在国。百年痼疾遽难医,一朝溃裂贻伊戚。春秋尤愧城下盟,即来边境心太亟。忆君解纵结横言,淋漓未干胸中墨。

廿八日,李裕元为全权大臣,金宏集副之,奉谕旨来"金刚"舰见公使。时夜已深,约明日遣副官就议,归舍花岛别将厅。李岁六十馀,门望素重,乃疾力奉委。前年我征台蛮也,李与清国权要某,往复书函,其语往往绽露。世人所知,今不必赘焉。

济 物 订 约

一波未平一波起,风波何必在江水。安边人殴我民案,未至审结,

故及。平地生波有渊源,驭船无人颜色死。行路之难请自图,要盟
诛求非所娱。为语当途客,惩愍犹在济川桴。

　　廿九日,李大臣遣副官来,就公使议约款,于填补兵费、置警兵
等项,颇有异议。翌日公使以书记官与余,访李大臣于花岛。花岛
村名,在济物之北廿町许,别将金弘臣镇焉。午后启行,卫兵如例,
至将厅开议。彼逐条抗说,坚持初议。公使曰:"今日之事,不须多
言,贵国唯言听不听足矣,我国不欲强迫,自将有所处。"李不答。
公使改容曰:"贵国不欲听之乎?"犹嗫嚅①无答。公使又曰:"贵国
果不听之乎?"于是李、金聚首,口耳相属,顷焉曰:"非敢不听也,
望酌商耳。"乃删改字句少许,约明日来济物浦,互相钤印。入夜而
还。初我兵之上济物也,购假屋一二所,高岛少将、堀江大佐等居
之。三十日大臣与副官来,会公使于假屋,盖印凭信,事全归和平。
所在军舰,皆发炮庆贺。约条略曰:(日本七月廿三日,朝鲜六月
九日)之变,朝鲜凶徒,侵袭日本公使馆,职事人员,致多罹难。朝
鲜国所聘日本陆军教师,亦被惨害。日本国为重和好,妥当议办。
即朝鲜国实行下开六款及别订续约二款,以表惩前善后之意。于
是两国全权大臣记名盖印,以昭信凭。其一曰自今期二十日,朝鲜
国捕获凶徒,严究渠魁,从重惩办。日本国派员眼同究治,若期内
未能获,应由日本国办理。二曰日本官胥遭害者,由朝鲜国优礼瘗
葬,以厚其终。三曰朝鲜国拨支五万圆,给与日本官胥遭害者。四
曰因凶徒暴举,日本国所损害及护卫公使水路兵费内五十万圆,由
朝鲜国填补。但每年支十万圆,待五年清完。五曰日本公使馆置
兵员若干备警。但设置修缮兵营,朝鲜国任之。若朝鲜国兵民守

---

① 嗫嚅,原作"聂需",据上下文意改。

律一年之后，日本公使视做不要，不妨撤兵。且为益表亲好便贸易，更订定续约二款：一曰元山、釜山、仁川各港间行里程，今后扩为四方各五十里，朝鲜里程。期二年后，自条约批准之日起算，周岁为一年。更为各百里。自今期一年，以杨花镇为开市场。二曰任听日本国公使、领事及其随员、眷从，游离朝鲜国内地各处。但指定游历地，由礼曹给照，地方官勘照护送。特更加一条曰朝鲜国特派大官，修国书以谢日本国。右立约盖印。更请批准，二个月内，于日本东京交换。先是竹添大书记官、中山参事院议官补来。是日，井上参事院议长亦来，传内命于公使，议官补先还国报状，以事归和平也。

瘗葬死难人

絜粢丰盛自外廷，森然队伍祭神灵。汉城夜雨同剪烛，客路秋风时叩扉。玉骨虽收犹异域，芳魂不返隔重溟。洗冤有道约方就，墓畔不禁涕泪零。（重野曰：全篇雅朴，与《去汉城》诗争衡。）

先是朝鲜政府移汉城死难人堀本以下枢于江华。九月三日，公使命并取仁川广户以下尸，俱瘗葬之济物浦东浊溪岘，划地为一区，筑坛祭之。我文武官及兵卒皆会焉，朝鲜政府亦遣礼曹佐郎严锡瓘、仁川府使任荣镐、华岛别将金弘臣来，供物致祭，从条约第二款也。公使先登坛祭之，文曰：

明治十五年九月三日，办理公使花房义质以清酌庶羞之奠，祭七月廿三日汉城死难人陆军中尉堀本礼造及语学生冈内恪、池田平之进、黑泽盛信，巡查川上坚辅、池田为善、本田亲友，及廿四日仁川死难人巡查广户昌克、宫錭太郎及水岛义、近藤道坚与铃木金太郎、饭塚玉吉之灵于仁川港。

　　呜呼！汉城之变,烈如燎毛。咄彼凶徒,狼嗾鳌啕。纵其恣睢,文武遁逃。中尉俊豪,训兵服劳。久驻都监,勤挚款邀。视外犹内,节制甄陶。旗帜一新,酬德虐敖。且及七士,勇斗致死。剞彼仁川,伏莽突起。谁曰地厚,其危如纸。血肉狼藉,化为异鬼。呜乎悲哉！民兵通谋,友邦是仇。我皇赫怒,谁任其尤。舰船蔽海,事归聿修。兹收遗体,厥宅维幽。济物之浦,邦人云稠。我任办理,改葬斯丘。有潸我泪,山长水悠。呜呼哀哉！尚飨！

　　祭毕,依招魂社例,张角觝技以慰神灵。先是以仁川开港期迫,命水野三等属、铃木六等属等,搭邮船"品川"号来,建设官舍。方过马关,适接变报,为留数日,至此始来。而和战未可知,工匠杂役百馀人,徒手旷日,以俟事平。不耐脾肉生,闻催角觝,皆喜上场。东西分班,一人司胜负,绝无喧哗。其多力自颠,精技持危,与避实批虚者,不必由躯干大小。死难诸君之灵,其能知此事乎？

军 舰 宴 会

　　元自堂堂绝祸机,不要多事更扬辉。皇天后土欢声涌,炮火消为烟火飞。烟火。

　　旗章装裹色烂斑,文武传杯始解颜。无复过秦论逐客,留侯箸在肉盘间。宴会。

　　翁妇勃奚劫火侵,旗枪代杖箸当簪。一场演剧杂时事,歌哭溶陶壮士心。演剧。

　　约款妥协,瘗葬礼毕,不至开衅构怨,两国生灵之福莫大焉。是日水野大尉搭邮船"品川"号来,传致本省信函,且还礼判书契,以其书简敖无谢过之意也。是夜,文武诸官会"比叡"舰,设庆贺宴,薄暮赴之。忽有烟火,冲空爆发,日月悬,星斗流,孽气变为祥云,欢声涌海。舰中用各国旗章为幔幕,排斧作菊花章,用枪作旭日重光,绳作波纹。临时创意,特极巧妙,盖皆出于水夫构思云。主宾无虑二百馀人,立饮立食,各极醉饱。既而管弦鼓笛声起幄中,撤①幄则宛然戏台。婀娜二八、弯腰老婆与狡童痴翁等,互出交人,丁当奏技。所演多拟七月变乱之状,触物寓意,世人笑赞绝倒。盖舰内人役,平常纪律尤严,违者以军法从事。一舰俨为一政府,舰长一心,即数百人性命所系,所以一旦有事,能制其死命。但至庆贺宴会时,则颁酒给肉,戏谑结欢,以伸平生郁屈。所谓乐其生者,又乐其死也。

将发仁川,留别公使书记官及诸同人

突围脱厄忽三旬,奔命甘为羁旅人。海北天南惟欠死,冷秋炎夏久忘身。腥风虎啸膳臣怒,惨雨鬼磷楚殿鼙。偏待残孽肃清日,天威咫尺奏朱宸。

四日,"品川"号拔锚归国。公使意谓:"虽罪人未获,事平约成,宜先使人归报。"赤羽、四郎。松延玹。任之。既而又谓:"时气早寒,遭难人员无有御寒具,不如及今交代,归京修养。"于是余与佐川、大庭、铃木看病夫。等先归。期除船车往还外,在京三十日,再来服务。事出仓卒,由"比叡"宴席,直移"品川"号,韩人卓挺植、吴瀚,请同载先在,盖皆远引避厄。午前六时发仁川港。

---

① 撤,原作"撒",疑形近而误,据上下文意改。

马关逆旅书感

峡扼镇西险，好戎此造端。片云蔽天地，一水控清韩。舰队约方解，酒军盟欲寒。再来异喧寂，赢①得旅思宽。

六日午前抵马关，访宫本书记官于梅房，互庆事平，述归朝事由。马关比前日，冷热顿变。诸僚无事，邮船"东京"号，例八日过此，小留拟搭载，因解"品川"号赁雇。

泊神户二日同佐川、松延、大庭诸君，历游宇治、西京

官游几岁事驰驱，风物如何亦负吾。衰柳枯荷洛西路，飘零未必是诗瘰。途上口占。

铁轨缩地接城闉，到处殷繁光景新。却忆悲凉当日状，徒行尽日少逢人。过大阪。

万碧绕楼波潋滟，异香入坐树萦纡。得丧元知身外事，不妨一酌偿诗逋。宇治万碧楼。

一场歌舞亦奇缘，三月枕戈曾不眠。苦乐看来浑是梦，销金窝里小神仙。西京。

（冈曰：英雄回首是神仙，如兄此游是也。）

九月十四日归京，造外务省，见吉田大辅，略陈遭难归好状，赋此记喜

瓜期辄数年，莼鲈情常切。一朝伤秋风，转蓬根欲绝。吹送海东涯，去来何飘匆。妻讶体瘦枯，儿泣不上膝。徐言三旬后，复作

---

① 赢，原作"嬴"，疑形近而误，据上下文意改。

万里身。仰首拜凤阙,裁书报慈亲。微臣无所长,经历徒酸呻。作诗当纪事,事物皆写真。若得言外意,雅颂自有人。今年三月赴任,例当二三年驻留,未数月遭变。

诗纪止于此,但约款载:二十日内捕获凶徒,严究渠魁。公使为结此局,犹留视事。及九月十二日,罪人斯得,朝鲜政府正法如约,公使乃留近藤书记官、中田、久水诸员,以杉村、冈等,归京复命。是为九月廿八日,今记所闻于此。八月廿九日,有书报我曰:剿袭枉寻、利泰二里,铳毙十馀人,乱党既就诛锄。然以事出于清人之手,断罪不明。九月七日,公使前往汉城,见左议政金炳国。有所告。十二日,又会同判决,设场慕华馆,我委员莅场眼同即夜处刑,以明日中宫还宫,特为庆日也。罪人孙顺吉、崔奉圭、孔致元、朴洪植皆斩枭示,但朴先毙勿论;李石学、赵应顺、安兴俊刑配;金长孙、文昌中无罪;其馀大将李景夏、御营大将申正熙,以不能戢军,减死岛配。约条第一款至此完结,终不谬和好,实两国之福也。初乱民暴起也,中宫微服出阙,遁避忠清道忠州。世无知之者,皆谓太公逼之鸩弑,举国举哀服丧。及太公为清军押送也,忠州始报中宫犹在,故至此奉迎云。闻尹雄烈亦脱身免祸。据其所称,廿三日之变,雄烈适方侍直在阙内,闻乱起,大骇告闵中宫避之,一面飞书,告下都监及公使馆。是时,乱民既犯阙,势颇猖獗,呼曰:"出尹某,得以快心!"王闻之出避。雄烈奏曰:"臣死国安,愿就死。"王慰谕脱之,即感泣出阙,变形冒雨,出走一百里,到拖川山玉寺,邂逅闵泳翊。泳翊既祝发,居然一沙弥。会有人追踪迎之。于是雄烈独赴元山,投本愿寺。八月廿四日,航来马关,见宫本书记官云。初清陆军提督吴长庆、水师提督丁汝昌、候选马建忠等入汉城也,访院君私次,谈晤而归。院君即日赴吴营答拜,寒暄未毕,并一行跟役挈留,即日押送其舰。(藤野曰:此策亦从天外来,与公

使卒然入京并闻。不容发约条,速结和好不伤,吴功亦居多。)揭示通衢曰:

朝鲜为中国藩服之邦,比年以来,权臣窃柄,政出私门,毒积祸深,遂有今年六月之变。弑妃、辱王、虐吏一时并发,顷者变告上闻,道路流传,皆言尔国太公实知其事。先以国太公入朝,亲问事状,一俟罪人之得更申天讨之威,奸渠释从,明率典刑。廷旨殷切,敢弗祗栗。今统领北洋水师丁军门暂与国太公,航海诣阙,处人骨肉之间,全恩明义,我大皇帝自有权衡,必不与尔太公有所深责。但举动仓仓,恐尔上下臣民,未谕斯意,妄生疑惧,以元代执高丽忠宣、忠惠为例,大负乎圣意高深。此外,或从前乱党,因以畏迫,更造异谋。目前大兵,水陆齐进,已有二十营。此后继发者,海上相属。尔自度待王师可以显拒,兵力可以相抗,严阵相待,尽可一战。否则深鉴祸福,早自效发,勿执迷怙恶,自速诛夷,而震怒良善。呜乎! 天朝视尔朝鲜臣主,谊犹一家。本军门奉命而来,则体皇帝之至仁,为军力之律令,雷霆月日,备闻斯言,告谕谲谲,尚共信谅。特谕。

是为八月廿六日之事,即在公使停船待决答时,吴又获倡乱者十馀人,立正典刑。国人闻风惶惑,纷纷惊散,至王宫内外,宿卫无人。人骇其擅横,恐因疑惧酿成巨变,故一面悬书按抚,而宫门及南东大门,皆配兵严守,兵称六千人。王乃谕示八道四郡曰:"否德猥托民上,十有九年,惩前毖后,思与一国更始,切望各懋其绩,告以嘉谋。且曰天兵渡海,乱逆斯讨,不极其武宥其党类,行大赦国中,咸兴维新。予方悔过,何暇责人?"又上表清国陈情曰:"交际多端,岁入有限,而经费无纪,至军饷权停几朔。曰臣生父航海入朝,臣席藁候罪。"因是观之,清韩之间可知耳。本年与美、独等国订约,亦称中国藩服之邦,出于清廷之意云。

予先变数日,为作《时务论》,而亡失不留只字,今略举其尚忆①者:

曰宽刑纳言。李载先等虽既伏罪,而其党与实繁有徒,朝野异议,道路以目。而不揣时势,不斟人心,摘发舞文,一概置之极刑,恐为激变。宜宽大包容,洞开言路,以期磨②揉迁革。

曰总揽士心。国内老少南北等私党甚众,自古为怨隙,同朝倾陷。今何时也?宜破其私党,各自体国分忧,以归公正。

曰交际据法。从前闭关锁国,纵令与一二邻国通好,而不过岁时聘问,遵旧例守故事。今则驻京有公使,各港听互市,彼我交错。况既与美、独等国,缔约通商。一朝有违牾,易启衅端。时势异古,宜讲求公法以慎固邦交。

曰兴学造士。其既开关延客,而五方言语各殊,诵习无素,事情不通,何以折冲樽俎?况其机器、炮舰、法理、气化之学,古来东洋所无,所以盛国力。宜早延教师,以造多士。

曰开物兴产。开港贸易,所以通有无兴国益。而彼精我疏,我用天造以输出,彼加人巧以输入。我无术可以发地秘夺天工,则我财有尽;而彼货充溢,利权归彼,无之能制。宜早利其器,以开其物。

曰更张兵政。兵贵精而不贵多,战有古今而无常势。今藉③全国丁壮为兵,从例调发,新陈交代,不有节制纪律,以团练教习之。则虽草木皆兵,战士何在?且其国三面带海,而不见一坚舰利

---

① 尚忆,原作"上臆",据文意改。
② 磨,原作"摩",疑形近而误,据上下文意改。
③ 藉,原作"籍",疑形近而误,据上下文意改。

炮;所有大小艋艟,脆薄朽坏。一旦有事,为铁舰所冲撞,则连艘破碎,不费一丸,全军陷没。宜更扩张陆海二军,以立国威。

曰不假赃吏。国制吏多俸薄,仰事俯育,动辄不给。况开港以还,物价岁昂,易陷赃贪。往者无及,来者可追。而岁入有限,冗员仍旧。大吏一出,驺从如云,外装威严,而内实困迫。宜省员厚给,使污吏敛迹,良民息肩。

曰医药宜精。国俗卑医,视之无异巫觋百工。医亦自比商户,业不加精,株守泥古,卖药为生;一意讲素灵扁岐之外,不知西洋医术为何物。往往用药试病,其于解体、舍密、病理、药性诸学,茫乎无所见。遭一异症,则束手无药。亦斯民之不幸。宜参用泰西医药,以仁民国。

凡八篇,每篇数十百言,痛切论之,庶几于自强之道,或裨补万一。廿二日始脱稿,将呈当路权要。明日遭变,终付劫尘,故今录大意于卷尾尔。

跋　一

外国遭难，况亦变起意外，邦人未有之奇厄，而终始不取国辱，却得好局，一代之美事也。记得源委详悉，无浮辞，无隐情，真足垂千古。

方汉城冲围，仅仅二十馀人，提一口日本刀，破数百贼群，赴王城告别，而后从容就归途。读去凛凛生勇气。仁川再难，惊悸握汗，漏舟泛海，楫折潮浸。则又凄凄恻恻，殆不胜读。盖有情凶人，气可以慑无情风浪，宁择贤愚，仅脱虎口，将葬鱼腹，遭难者之衷情可想见。实历之语，自然曲尽，故能感动人如此。

诗律好劣，非仆所能辨，故不敢评。

癸未十二月念三，藤野启拜阅。

藤兄批评完备，一二掇拾遗漏以归赵。

甲申二月初吉，重野安绎拜读。

跋　二

　　我维新以后,出兵海外,凡三：曰台湾之役,曰黑田参议之使朝鲜,及此役。而台湾之役,生蕃望风降附,清国出军费；朝鲜二役,诸大臣耀大军折冲于樽俎之间,不一辞假借,使彼屈从我命。昔者大献公置兵长崎,戒镇台,曰平亡源兴,皆国内之事,不足以为忧。唯一受辱外国,国土之大瑾,不可复理。今也此三役,耀威于邻域,真为旷古之伟举。而我友子干氏载笔从此二役,奔走于戎马之间,出入于百死之地；踏水火冒锋镝,意气凛然不少屈挠。子干氏衣服容貌,惇惇儒者,何料腹中别贮此百万甲兵也。抑士处事变,犹锥在囊中,颖脱而出。微此二役,则子干氏无一所为,世亦目为山泽迂儒,略无异我辈者。噫！悚服之馀,书其后。

　　于时甲申五月旬二于东京侨居,仙台冈千仞。

东 岳 文 抄

［日］石幡贞 撰　谭　皓 点校

序

　　明治文学之盛,会萃宇内精华,陶镕秾郁,用之不穷。而世之
喜奇矫虚美,以粗杂浮诞为文风之所靡,渐与名教相悬而不自知。
予与子干同窗研经,距今五十馀年,世态人情几许变,以至于此。
凡物不有所变,无以能通正变。摩荡行之以气,文不可胜用。顷者
子干持此卷来,曰时论趋舍,即常天之未丧斯文,百世岂无知己?
且门生等之请,无由固拒,将刷印以求正于四方君子,抄录以授,乞
为序焉。子干曾奉职外务,往来清韩多年,为教官以老,虽不得志
于时,而履于身者熟曲,畅所欲言,以显事物之理,有撰著行于世。
龄今逾古稀,乐而忘倦。其文之淳漓正变,关名教与否,知者知之。
然海内之士可语于此者,盖多乎哉?

　　谷干城识。

例　言

一，先生诗文，久委蠹鱼。令嗣伊三郎君尝请公诸世，先生心许焉。匆匆未暇抄录，日露开战，令嗣战死于旅顺，终不果。予与熊坂子叹惜之馀，劝未亡人继其志印行，聊谢师恩表友谊也。

一，先生龄逾耳顺，矻矻读书不倦。近作文亦裒然成卷，且有旧著《归好馀录后编》，及古今体诗若干卷，将待其脱稿请而刊行之。

一，此编所收文，概成于明治以后。其在明治以前者，寥寥数篇，不过触类长之以观文境变化耳。

明治四十三年二月，门人高城龟三郎、熊坂六郎兵卫。

卷　一

《柳斋遗稿》序

自采风废于太师,诗之为教,世视以为小技,汉土且然。况我之音节异宜,诵之有通有不通,则费而不做,固无有不可。虽然,凡人之性情,无古今无彼我,是故其方触境感事也,咨嗟咏叹,不知手之舞足之踏。当是之时,虽无片语,而诗则自在焉。况如柳斋先生之诗,因事赋意,不假雕琢而流丽,不求高古而淡雅,悠然有自得之韵,如之何可秘而不传。而先生非诗人也。先生远州挂川人,世以医著,弱冠游上国,问术于花冈奥诸先辈,不袭素灵陈套,集成广济,兼及泰西方技。平素嗜吟咏,山阳镇西所到,有诗以寓感。数往来江户,交游应酬尤多。顷者义嗣子胖君,手抄成一册,属予弁言。予不及识先生,何以序之?虽然,予之与子胖君缔交,不于东京而于朝鲜。先生亦尝赴对马,登有明之岳,望朝鲜之山,皆予之所曾游以悉其状,此可以言也。盖今之诗犹古之诗,而呻吟不出户庭,字推句琢,剽袭而伪托,不能发挥己之性灵者,不足与言诗。古人有言:江山成助,非江山来助我,我资江山以发吾性灵也。回顾有明之山,在神州西尽处,磅礴盘踞,屹立海表,水阔天空,睥睨韩清。则当时先生所俯仰咏叹自得诗旨,无乃此处即是乎。

《旧雨小传》序

世运郅隆二十年于此,回顾各藩割据为治之时,茫如一梦觉。夜深人定,瞑目沉思,现于我前者何人也?老杜曰"今雨不来旧雨来",乃知古今人情不相远。况三百年主从扶持,师友交欢,谊同骨肉,一朝废之,纵令出于时势,故趾遗俗犹在,使人有感于梦寝不浅。竹内东仙为福岛县二本松旧藩士,顷者袖一卷来曰:我藩盛时,安积、三谷诸耆宿,奖引后进,声应气求,斐然森蔚。节行奇伟笃学之士,与文诗书画之流,概无非吾师友。花晨月夕,美酒十千,述诗见志,长吟短歌,各极其志。而俯仰数年间,或老死牖下,或忤权官而毙,或踏兵刃而亡。其幸免而存者,戊辰同盟之乱,抗王师而败死,及归顺则为先锋授命。予亦嵚崎历落,嗟吒以老,不能歌颂盛世,聊录当年师友行事,命曰《旧雨小传》,请为论定序之。盖二本松距予故里一日程,安达太良①山、安积沼之盘薄而浸涵,岂终无有其人出而应之乎?而以予之所知,除仅仅数人外,未曾有闻之。及读此编,才行内蕴,负气自高,不为世所知者甚多,始信山泽之气未艾,小传之不可已。虽然,是其旧雨耳。昔者以一藩之力,能造多士。况今讲学之盛,登庸之公,士苟有一技一能,不难崭然见头角。吾固知俊髦乘气运而出者不鲜。宜早有闻之而未闻,使东仙徒传旧雨何也。

《舟门渔唱》序

吾初读子泰诗文,正奇变幻,神出鬼没,夺化工泄天秘,击掌称

---

① 良,原作"郎",疑形近而误,据上下文意改。

妙，而未识其人。明治之初，子泰访予于白石按察府，一见如故。意欢甚，饮以酒，纵论时事，淋漓激昂，淹留数日而别。是冬府废，予乃南上，途过磐城游舟门。峻崖峭壁，冲天屹立，中开海湾，而高楼巍然占第一胜地者，即子泰读书处也，颜曰"观海"。酒后俯响雪湾，仰鹏翔崖；探鳄栖崛，风水震荡；日月阴翳，光怪陆离。既而万雷始息，星斗烂然。唯见山高海阔，叹曰：奇哉海山！与子泰诗文相遇，宜其变幻超脱，而子泰不欲以诗文末技自名。入赞藩学政，出治郡邑，不相见几乎二十年。今兹来东京，须发苍凉，烂熟世故，曰：禄士十年不得志。去游四方，观海楼今付诸他人，时出此卷自慰而已。顷将付梓，请为序之。呜乎！予羁官海外，遭难万死，不得发之于事业，又不能托之于文藻。时咏歌身世，概皆骚怨激楚，求其能超脱于事物之表，如子泰此卷，而不可得。虽然，子泰之超脱，与予之激楚，均之空言无补，而以是求自见于天下后世，不亦悲乎！子泰家世仕安藤氏，督学神林某次子，出继大须贺氏，名次郎，号筠轩。

《积斋遗稿》序

人可百年无诗，无一日不有性情。情感物而动，自山川峨洋，禽鸟飞鸣，至古今隆替，人物遭遇之故，苟有接耳目，虽不切吾身，而忧乐喜悲，继之以流涕，况尝当其事履其境。当是时，俯仰起卧，梦寝呻吟，皆诗也。然非深造斯道者，无形诸言。如亡友子胖君，其庶几乎能形诸言矣。君静冈人，户塚氏，家世医，饱阅变故，曾奉职海军医，赴任朝鲜。时予先在，彼朝野之论，汹汹不测，隐然敌国，情同楚囚。一日坐天然亭，月影透帘，池莲方开，因共赋诗，遣穷愁无聊之情。君归四年，兵民果然暴起,围攻使馆,同仁多死,我辈幸开血路而出,亭一炬灰烬。回忆且十年,交游零落,君亦不得志,告老归县而殁。惜哉!虽然,君先人曾赴对马,以不得北航韩为憾。君则成父志,不遇奇祸惨害之境;所作之诗,温雅清绝,长短高下,必自己而出,不剿袭为巧,读之可以知其人境遇与抱负所在矣。予曾叹:朋友故旧,平居握手言笑,及一旦参商不相见,诽毁百端。唯君之于予,自缔交汉城,离合聚散,凡几许变,必有书报如一日。其交朋友信谊如此,处亲戚者可知。人有此真挚情谊,可以有诗,而斯人今不可得而见乎。噫!

土山某诗序

土山某年少嗜诗,顷者辑其生平赠答,及一时游戏之作为一卷,乞予序之。予诺而不果者数月,既而言曰:古人之于诗文,往往不存少作;假令有存者,亦至老乃始更定。子何遽须予序?且夫物知所弃,而后可以精所取;不知所弃者,其取之也不精。君子志于道,不成章不达。故今日之得,不足以为矜;后日之成,不容以自限。予之不敢下笔,盖为此也。某闻而默然色愠,予曰:勿,予序易成也。昔者顾亭林中年以前,不过从文士之后,注虫鱼吟风月,而积以岁月,然后为绝代人豪。所著《日知录》,人争抄写不能给,乃急刻之。而既刻之后,犹悔向日学之不博,随即改窜,终为经世良书。因是观之,即弃之为取,矜之为限也不容疑。虽然,弃者无迹,取者无穷,势必至辄取陬弃,不免轻躁。孰如知其可弃而姑且存之,以验他日进修浅深哉?攻玉用石,石固非胜于玉,而无之则无以成玉。子是卷不以为玉而以为石,待他日照乘出于世,然后弃之可也。

《条约汇纂》序 代

本省印行条约类纂,十年于此。其后新订及改修,未至载录者甚多。兹命局员,增辑印颁,改从前各国约条,遂年月前后次序,散见于诸所之例,一从字母音韵。通好通商为经,各港归约。联合同约为纬,区分类从。皆系之于其国之下,附以条款细目,以便检出。彼此行文异同,立意艰涩,及名物数量之不相符者,参互比照。载诸栏外,不敢移易一字,以示谨严。所有副本与本条对比,以期画一,更名曰《汇纂》。夫三十馀年,十七国条约,其间世故百出,欠公正陷偏颇者不鲜。迨至昭代,百度维新。而旧约如此,各国各异,加以情文郁菁,每事端起,各以意左右。虽久于其职者,仓猝之际,颇苦援准。据欧米成例,知照各国,从事改正,有成案既久。今虽未至协办,而事关国权弛张,世运污隆,早晚归于权衡得平,公正无偏不容疑,此书即为其根源。他年得伸素志,对照新旧,则利害得失沿革之迹,炳焉可见。本省企图莫过焉,岂唯增辑校合云哉!

《外交志略》序 代

明治中兴,首重外交。海外诸国,远者数千里,近者数百里,皆约为友邦。星轺往来,熙熙雍雍;绅士贾人,舶交海中。不幸迄一旦有事,则未至交锋,而强弱利钝成败之理,较然判于中。缩海宇于户庭,亘内外而美刺不湮,传万口而瑕疵不掩,则今日外交之为至重无论也已。抑建国至今,曾几许变而至于此,不有史志,何由征之?恭惟古者列圣宏猷,包荒宁远,其于三韩、渤海、肃慎、隋唐诸国,使聘往来,靡然亲和。及乾纲解纽,武臣擅权,内相攻伐,外无远图。以丰臣氏之伟略,而不能复诸古。德川氏首与朝鲜和,蒲西伊兰等国,各载珍异而来商。侯伯命藩士西航欧洲者,间又有之。当是之时,国势骎骎,将襄驾万国。未几教匪作乱,西鄙骚然,旋即严船制设海禁,锁国封港,除一二旧好国之外,概不准通交。二百馀年如一日,至嘉安之际而极矣。自是厥后,联盟欧米,疏者始亲,亲者渐疏。而天下志士群哄,归咎时政。政有所归,事物更新,以开明治隆运。而欧米诸国之富强相竞,公法相交,坚舰利炮,无远不至,为日既久矣。假令保平相将争于内者,一意对扬圣旨;庆元诸将战于外者,专力进修;德川氏不惩于教匪,而开国成务,据既厚之资,发持满之馀,造舰铸炮,以经营四方。则其联盟结约,不待米舰之来,而称雄东洋,将如英之于西欧,顾计不出于此。虽云时势之变,而人事之未尽,抑亦有所傺也。前外务卿寺岛君,命记录局,纂修是书。起于纪元六百二十八年,至于先帝嘉永甲寅。其意盖在审外交源委,使人惩前毖后,富而益强,以恢宏前烈也。爰告编成,因书为序。

《外交志略》后序 代

古今史志极多类,而志外交者未有之。当局者无因考其源委沿革,以为遗憾。明治十年秋,予以长记录局,与外务卿寺岛、大辅鲛岛诸君议及于此。推选二三员,从事纂修。拮据黾勉,阅三年脱稿。自交聘贸易,至战争赠酬,凡八门,分国为篇。始自亚细亚,终于欧米,为卷三十馀。举上下二千年,纵横一万里,交涉事迹,业期核实,文主简净,极力旁搜博采。而自德川氏严海禁以后,世人焚毁载籍,或隐秘避祸,乃知遗漏綦夥,所以名《志略》。虽然,凡物略于前详于后,简于始繁于终,详略繁简可以概古今。况我之于外交,初知有韩唐,而未知有西南诸岛国。知有西南诸岛国,而未知有欧米诸洲。迨知有欧米诸洲，外交始完。则此编虽名曰《志略》，当时通好诸国，不出此外。若夫异日补其阙拾其遗以成《全志》者，固予之所望，在得其人与书也。

《归好馀录》二编自序

予尝读《朝鲜赋》《八域志》《东国舆地胜览》等书，每遇胜区，心魂飞越，未曾不思一涉其境焉。及阅《惩毖录》，叹曰：山河破碎，不复旧观。然李氏治世历四百馀年，以我之中兴仅仅十有二年，致昌盛如今日，彼亦当不留其痕迹。且观世所传高丽陶器，色泽精妙，好事者至今宝爱不释手；延辽馆备有铜盘，巨大惊人目，为藤堂氏当年所赍归物；如《大藏经》《东医宝鉴》《东西士林》，得其零册，珍秘特久，想流风馀韵犹在。而及历访其国，连壤枯瘠鄙陋，举一切制度文物，无有足观者。今逊于古，何也？盖国家盛衰，在人心如何。朝鲜人心之涣散久矣。收揽之者，非两班子弟，则外戚权门。虽时有俊秀，无由致身其间。世家豪族，踏隙乘瑕，互相倾夺。自英宗中晚调停说行以后，朝野之论，分为数派。时兴大狱，同流合污，苟容为能。内无进修气象，外有依赖，丛脞①委靡，积衰至于此。不幸有一大国，狭野心伺衅举足，则不唯为砧上肉。在我之道，扶之独立，表见宇内，不许他干涉。庙议频年诱掖，不遗馀力，盖为此耳。无奈其国人猜忌根心，理谕为责，利诱为卖，讽刺威吓，无之能悟。即如此行在照约条开二港，而左抵右牾，仅得开元山，终不至协定仁川，国情可以见矣。此卷辑录耳目所及，哀杂无统，公私并见，固属使馆执务馀事，无遑深致意。且以被猜忌之人，

---

① 脞，原作"挫"，疑形近而误，据上下文意改。

记可疑惧之事,问之不正言也,质之规避不答也,顾误闻讹传亦多,记可以已而不已者。以如是国情,从事如是交际,早晚不能无事。不幸一旦与他国启衅,则《惩毖》一书,为何国而著之？重器宝书,供何国博物场？是岂所忍言？①

《八十日间世界一周》序

梦中不以趾捉,醉中不以鼻饮,东西人同然。而西人僄勇刚悍,往往企图旷古伟事。虽小说院本,投人好尚者,可以概见也。此书纪英京一绅士事,一日游俱乐部,顾左右曰：可期八十日周游世界。皆以为诞,遂赌二十万圆。解缆发航,腾波迅急;绝壁天险,视之夷然。途上救一少女,为警吏所疑,备极艰危。及期而归,终纳之为妇云。夫赌之资实验,稗史之鼓励人心,有大关风教。而本邦小说野乘,往往鄙猥,不堪卒读。虽然,天机所合,虽醉梦间东西人同然,则早晚我俗之厌鄙近趣高远,吾将以西稗译出日多卜之也。

《增补再版养蚕全书》序

国无论洋东西,寒暄得中则物阜。皇国最大利源,在蚕丝。而西南诸县未沾其利,非气不温,非地不沃,术业不精故也。盖尝论

---

① 此段后文为："以予之往血路而出,亭一炬灰烬。回忆且十年,交游零落,君亦不得志,告老归县而殁,惜哉！虽然,君先人曾赴对马,以不得北航韩为憾。君则成父志,不遇奇祸惨害之境。所作之诗,温雅清绝,长短高下,必自己而出。不剿袭为巧,读之可以知其人境遇与抱负所在矣。予曾叹：朋友故旧,平居握手言笑,及一旦参商不相见,诽毁百端,唯君之于予。自缔交汉城,离合聚散,凡几许变,必有书报如一日,其交朋友信谊如此,亦亲戚者可知。人有此真挚情谊,而可以有诗,而斯人今不可得而见乎,噫！"但自"血路而出"后与前文《〈积斋遗稿〉序》相同,后篇《土山某诗序》也与前文相同。疑为误排。此处予以删除。

之,伊佛之养蚕实在近时。其种与桑,初取之于东洋,而桑园之广,育养之精,今驾我而上。加以其俗近重绢帛过于毛布,彼活泼机敏之性,巧投时好,精制输出。我蚕丝之荐受挫屈,无足怪者。虽然,时气不能无错行,物有盈缩,苟使我业精乎? 物阜价廉,举国为桑园,不足厌彼需用。而至今犹杜撰卤莽,归咎时气,不亦遗憾乎? 凡事易于言,而难于行。蚕自发生至成茧,仅仅月馀,而一岁生计,由此而出。国帑盈缩之所系,有志者著书奖掖固宜。然著者非养者,理胜而术疏。此书伯兄四十馀年心血所洒,皆出于亲试躬养之馀,且推究蚕病所由起,救之于未发,最为核实著明。初曰《私录》,曾呈开拓使厅,使厅印颁施行北海道。其后历试数年,发微阐幽,精益加精,附以养蚕表及蚕病培桑诸条,改曰《全书》。夫天时地宜,各国各异,不达其理焉能制其变? 理与术合,酌宜通变,存乎其人,庶几诸县相率发愤,精究其养与制,不使我最大利源,为伊佛所夺也。[①]

《北条町志》序 代

乡市杂竖所谈,不过米盐菜豉。肉食者闻之,掩耳却走,谁敢笔之于书者。然米盐菜豉之积,即国家大经济之所存,有时重于肉食大言。唯以其琐屑故,闻者却走。往年内务省置地理局,编纂地志,而以其费不给乃废,盖有以哉。

吉田谨尔,安房化条人也,为其四郡长,十七年于此,凤有声誉。曾慨然欲继其绪,完修《安房国志》。据内务所颁类例,先自编次此卷,且与各町村长协议,各就其地,照例辑录。收零册于穷

---

① 此序文字多于刊定版,应为底稿。参见石幡吉三郎著『養蚕全書』上 增补 2 版、1890 年。

巷,征疑义于口碑。事之历更改,及前后数目不同者,渐次追录供参照,要在详其国古今沿革。资出于有志协力,不一仰公费。以此卷先成,来请予序。予尝有幽忧之病,数游北条,识其人特久,谊不可辞。因谓官府经济,不同一家,而其意则无异。试以地志事言之,官派吏检踏,事烦费巨;及一旦议变,并前功弃之,其于得失果如何?汉宰相丙吉途见民斗死不问,顾问牛喘,以为知大体。夫阴阳失和,吉宜自知之,何问于牛?肉食大言往往如此。若使各府县郡长用意不遗琐屑如吉田其人,町村长协力,就其地辑录如安房人,则何为而不成?予他日复来,观田野整齐,道路桥梁皆能通济,耕渔两便,无他不为放言高论所惑,著实办理,果能如是,岂唯编纂地志云乎哉!

《观行舍则》序

凡有血气之属,不能无争心。争以君子,必也射乎;发而不中,不怨胜己者,反求诸己,可以观其行矣。且夫天祖讨贼,有鸒集弓弶,弧矢之利,以威天下,二千五百有馀年。及近古泰西传铳炮,废而不用,降为玩具,不问仪礼如何。虽然,乘车马者,以不劳行步,不废其足;食粱①肉者,以乏滋养不撤蔬菜。知蔬菜之助消化,行步之益健康,则知射之反躬不怨,所以养德。况屈伸挽控之际,张筋力动血脉,志气活泼,有临阵鏖敌之概。于是同志胥谋,结舍曰"观行",各用业务馀暇以讲习,转无用为有用,不亦胜弄球斗牌,漫然销闲乎?然人之好尚与材力,各自有异;礼射武射,亦不相同。而合众志之事,不有规约无成。故设舍则十五条,待四方同感之

---

① 粱,原作"梁",疑形近而误,据上下文意改。

人，庶几传古仪于既废，寓揖让于竞争，观昭代武德文行，并资养生矣。是为序。

花房兰堂翁七十寿序

坐庙堂则忧苍生，在山林则忧穷厄。门望高者忧诽讥，身方荣进而忧无嗣。优于衣食者，忧在尪弱。有抱子拥孙之喜，转切夭折之忧，甚者忧其顽凶骄恣。古今无忧之人，其也有几。《语》云："无忧者，其唯文王乎？"然殷之季世，礼废政失。文王以眇眇之身，思救生民于涂炭。当是之时，声色舆马，崇位宠爵，不足以为乐。唯其王季为父，武王为子，室家和睦，琴瑟无厌，玉树交荣之足以乐，则古今彼此无异也。

兰堂花房翁，冈山县人，世仕池田侯，实为宫内次官义质君之父。君之弟曰直三郎，现任总理大臣秘书官，予因二君以交于翁。今兹翁寿跻七秩，二君开贺筵于红叶馆，亲戚故旧咸集，内外孙数人，交出侑觞，酒三行，继以书画歌舞。予亦赋诗为寿，末句云："清福人间归此翁。"顾方藩废后，士庶为旧主，伸臂画策，谓吾能经纪其家，而往往滥耗荡折；欲掩其迹，诉旧主于法衙，决曲直于证左。呜呼！何人心之激变，忠厚廉耻之风，拂地至于此也。翁卓立急流，为旧主干理财政，在大阪数年，益有清声。老不忘世，任冈山市长，既而辞之。知翁者咸谓匪躬鞅掌，得出处之正，宜天之厚之得寿康。然是不足以为翁道。《诗》云："乐只君子，保艾尔后。"顾幕府末造，恬熙成俗，名教灭裂。翁不徇物以为同，如兰之在幽谷，薰诸子以义方，以供广厦栋梁之用。门望高而无诽讥，身健子孙蕃衍，是之谓玉树交荣，其谁言不然？则翁之可忧者皆既消除，可乐者自西自东，无思不至。所谓人世清福，享之于一身有馀，以昌后嗣。虽不敢比周家，而同旧主翼戴皇室，仕也隐之道存，退也仕之用在，则崇位宠爵，何足以论？而崇位重爵，不离其身。《诗》云："岂弟君子，神所劳矣。"更侑一杯，书此为序。

有贺白翁八十寿序

天下人至众也，愚者多而智者少，何以我独贤？富者少而贫者多，何以我独不穷于财？疾病、饥荒、战乱、刑狱，皆足以杀人，何以我独免而久存于世？昔人亦曾疑焉，以为好善不近名之报。然善岂难为。世人为善，未必皆有报。且夫力可以祸福一世，而不能必保其寿；智可以臧否万物，而不能必其子孙之皆贤；贤愚寿夭系于天，固不可以人力为。是故大倭长冈少喜刑名学，为政苛酷，吏民患之，而龄跻八十；在原业平卒年五十六，有二子，不甚显，而至今人传其歌什不衰，是知应报俗说，不足以取信。唯教泽被人者寿，不私贤与智者有后。吾于有贺白翁，益知其然也。

翁家世大阪人，早以善国歌闻。五世祖长伯、祖长收、父长基，皆郁然有撰著，及门者颇众，为世所重。及翁之身，数遭遇变故。天保大盐之乱，家具荡然；庆应之变，轗轲东西；自徙居东京十有五年，意始安之。遗外时荣，以奖宠后进为乐。所作歌什，雅健悠扬，其传自细川幽斋。今兹龄八十，视听不减昔，虽蝇头细字，未曾用眼镜。门人无男女，指教恳至。平素爱酒，不多饮，配山村氏洁盘餐，对酌甚欢。傍授插花法，兼善词藻。生子女八人，年七十益健，内外孙廿有八人。男长雄以法学士，长文以文学士，皆有位于朝。今兹相谋献寿宴客，予亦与焉。翁弘化四年成婚，唱随雍雍五十一年，可谓家门之荣远矣。苏洵言："天之所以与我者，岂偶然哉！"其二子果显达于时，而其先世为若而人，茫无所闻。今翁教泽被于人者六世,久存于世,而不穷于时,长冈、业平之所望而不得;苏家父子,何足以言。是岂翁一家之庆,即明治祥瑞莫过焉。予谓翁与媪他年对酌陶然,谈及故山旧事与今日盛宴,开口大笑曰:"时犹壮佼,今添几筹矣,是可以寿翁也。"

重野博士七十寿序

物穷则变,变则通。责变于未穷,嘉安洋学者是也;求通于既变,今之汉学者为然。汉洋二学之不可偏废,人皆知之。唯时有缓急,气运所向,声势相激,不免盛衰耳。自应神受百济之贡,天智学周孔之道,延熹天历邠隆,卓越千古,至藤原氏擅权而衰。虽有菅、江诸公,自任回复,无奈之何。其后武臣执政,文教坠地者数百年。及德川氏首延儒讲治,以学博行修显者,代不乏其人,斯文复盛。其间诵说讲解,与诗文体格,或取于汉唐,或沿于宋明,为晋隋绮靡,为七子修辞,为八家达意,为理学为考据,沿革不一,利弊相因,犹阴阳寒暑之相代于前,我自取舍为政。而时必有卓识重望之士出而为之唱首,以风靡一世。

至近世洋学大行,汉学几废。昔者猪饲敬所在宋学孤行之日,湛深古学,时人怪异,其说久而益显。赖山阳史笔空前,不遇当时,名重后世,皆非好立异也。其自任重且远,不随世俯仰,卓然能表所自信,而敬所早衰。山阳五十馀略血没,皆终身不仕。重野博士夙以博学善文著称,见汉学衰废今如此,慨叹淬励,数得谤而不挠,仕由史官升议官。今兹春龄七十,聪明不衰,意气轩昂,最善摄养。无二子之累,而负提倡之望。其自任与否,虽非所得而知,亦不必责诸人。乃开寿筵宴诸故,颁以所刻文集。盖尝论之,振古以来,文物旺盛,无若昭代者,都邑讲诵相闻,僻陬无没字汉,而问津六经者谁欤？昔者称曰"学"，不问知为汉学。今则法、文、理、医、工、农诸学，森然骈立，酌宜立制洵善。而汉学仅居文科一小部，其意谓：儒教迂腐，无补时局，观于彼国可知矣。彼我国势盛衰强弱之见，斗于胸中，不能自主。于是剖析①其文字章句，炫志骋辩，以夸核博者有之。甚者采其实而忌其名，用其字而排其学。一强有力者唱之，群数人蚁附和之。日夜所讲求，在器不在道。训道义之书，一时覆瓿几尽。忘本逐末，汪洋自恣。伦常日坏，狱讼年滋。幸有千五百馀年祖宗遗训与明治圣诏在，沦人肺腑，厥始虽取于彼，不袭其陋，俨然为我教最古。而世无定见，道有污隆。贤者识其大，不贤者识其小。变极而亨通，天其或将复兴之。几微之兆，与春阳动，我以博士寿筵卜之也。

昔者菅公用毕世之力，而孤立无援，身谪道消。今虽斯文属索寞，而故老犹在，无忧有司专横，苟有能卓然自任提倡者，则人人奋跃，渐磨董劝，经明行修，明道与器之分，开物成务，汉洋并行不相悖，使后世言明治文化之盛，兼综本末内外，不泥其迹，以建百世大正至公基础如此。《易》曰："物不可以终剥尽，受之以《复》。"气运之复，出于天而成于人，则博士一身所系不轻，加龄至耄耋期颐，以底于成，无足怪者，不知我卜协否？敢诵言既往，为将来之验，以侑博士之觞云。

《大姑陷附近战斗记》序 代

孤军深入，敌众起不意。自山上掩击急甚，理无生还。及号令一发，则奋跃腾骧，进死恐后，遂覆其巢窟。自此大小数战，得与枝队合，荡平大姑陷。当时予承乏大队长，毒热如烁，道路险恶，粮食

---

① 析，原作"折"，据上下文意改。

为敌所夺。斥候不还,侦察见俘,无由知敌情,以故军曹与兵卒,战死者五十人。夫兵为凶器,可百年措而不用,不可一日而不备。备而众寡悬绝,惫疲无援。其得有今日者,实赖圣明威灵与士卒忠勇,有死无他之所致也。此卷即记当时危迫之状及战死人职官姓名,附以战斗露营地图,以颁从军诸士。诸士犹壮,居安不忘危,临危倍奋励如当年,则立功岩疆不为难。不幸今后有事,予虽老矣,倚鞍顾眄,同诸士出征,其果何地欤?满韩之野,多年战云黯淡。蹴破朔雪,与死冠角逐。再唱万岁,将有其时矣。及编之成,书此为序。明治三十二年十一月。贵族院议员爵位某识。

《西游杂咏》序

高君后雨自西游归,未及叙寒暄,出此卷曰:请为论定焉。见其貌肥满黧黑,须发种种,手足瘃瘃,宛如江湖间人。君为云外弟,曾游学欧洲,研讨磨励有所得。与予同仕外务,时犹壮佼,往往借酒晋世。而清癯多病,未久致仕,不相见十有馀年。自言尔来断酒修养,专以诗与钓消遣。今夏登富岳,继作此行。极脚力跋涉五百馀里,未曾藉车马。倦则取竿垂钓,竿英国制,伸缩任意,可藏诸夹袋,到处拂苔矶投香饵。烟蓑雨笠,自忘为客旅。诗亦从成,得百五十首。阅之一气滚出,冲口成韵。就中《钓竿行》翛然绝俗,寓感特深,转失意为得意。今昔趋舍殊途如此,宜其瘦肥异貌,老而益壮也。《庄子》论养生曰:苟不安时而处顺,终身役役,相刃相靡。刘统勋诗云:"意固不在鱼,鱼吞钓丝影。"[1]夫诗可以言钓,钓亦可以论养生。彼世之非其器,树朋结党,龌龊钓时名。朝肥坚而

---

[1] 此诗当为元代宗衍《题小画》,但文字略有出入。原诗云:"秋高山气佳,木落江水静。意固不在鱼,鱼惊钓丝影。"

夕徒步,香饵既尽,而糠秕无继,奔走为憔悴客者,果何心耶!予尝惜云外学行高洁,不竟其用。君则仕有阅历,学涉汉洋,宜取青紫如拾遗。而轗轲羁愁,将以终身焉。彼苍者天,荣瘁有时。啬于彼者,必丰于此。自今倍昌其诗,必传无疑。则其于人生得失,果如何?我宁舍彼取此也。

《养蚕精要》序

覈其气候,寒燠适中。视其水土,燥湿得宜。阅出口货目,丝为大宗,茶叶次焉。则东亚诸国与欧米贸易,输赢得失之所在,略约可知矣。而我之养蚕,依然未加精,动拘习俗,归咎天时,不免输欧米一筹。欧米丝业倍盛,虽一旦遇蚕瘟,仰子种于东亚,自千八百七十九年,巴斯陡查出蚕毒,不复他求。设局置厂,此业与学理并进,揉罗被縠之馀,利市百万,骎骎进不已,势将其所产压我市场。天之赋物,随处相资益,不能兼有。所憾人怠而自弃,必有拾收之为己有者。夫绢帛轻暖适体,东西人同然,我苟能勤勉济事,价廉物美,不难争先夺利,顾业之精粗如何耳。予家世养蚕,至伯兄益究其精。尝著一书,纳之开拓使厅,使厅颁印施行北海道。厥后实事求是,增以新得,揭表附解,简切便下手。即四十馀年亲试经验之馀,自信不疑者,远近取法,确有成效既久。然世之讲理日新,蚕书污充,人或不慊于此。故予不自揣,参酌格致诸家说,聊加鄙见,译以汉文,刊布东亚同文诸国。顾养蚕多方,苟违其方,亏折不资,非茶叶之比。况天候之不测,给桑失宜,则致病特速。先机制变,自待有学问阅历之人,不徒任妇①女。此书无论地之寒燠,

① 妇,原作“归”,据卷四后勘误表改。

与家之华陋,得蚕之性情,藉以收实效为主。谆谆提耳,固不厌繁细。庶几有同感之士,推陈出新,著实办理,何患蚕事之不振。不然,适中气候,得宜水土,与炎暵①冰雪之境无以异。旷天府而不居,壅富源而不挹,为习俗浅说所诳惑而自弃,空手谈富裕,非予之所知也。译成书此,告世之同感人。

《不忘六士传》序

传何为而作? 有感一时患难知己之情也。古人著《游侠》《货殖》《孝贼》清王轷石作《孝贼传》。等传。侠、贾与贼,尚可文之以传于世,况于海外遭难,誓死全节之人乎! 夫阴阳摩荡成四时,国家一治一乱,人世所遭何常。而如明治十五年汉城之乱,属前古未有。同僚多罹惨害,吾辈幸延馀喘。每岁以是日,诣靖国神社祭之,祭毕张宴结欢,名曰"不忘会"。而二十年之久,既丧六人,又有去之四方,杳绝声息。及虽知其亡,微旦贱者,皆不与焉。顾死者年疏,存者期于尽。而韩国丧乱频仍,我吏民之前后蒙难见杀戮者甚多,多则忘。当时吾辈所遇奇诡②,与彼策士好事招祸奔窜幸免者,为世人所同一视,将久而忘之,归于湮晦无闻,不亦悲哉! 若夫审彼国情,警我将来,永绝祸根,当路自有其人。予特思交游死生关荣辱者甚大,为此立传,亦欲令人安不忘危,危不至狼狈也。作《六士传》。明治三十五年七月识。

"以文会"序 附社约

斯文之怀久矣。煽之以俚言属辞,投之以废国字汉文用罗马

---

① 暵,原作"暯",疑形近而误,据上下文意改。
② 诡,原作"陒",疑形近而误,据上下文意改。

字，无论其体制如何，一篇之中，欧语竺教，间见错出，非纵恣疏放，则生硬晦涩，竞新厌故。所著书务投时好，多是小说院本，如伦理常道，归之于故纸堆中。虽自命汉学者，耆宿凋零，无所取准，日趋驳杂怪僻，如此而不已。将上荐之清庙，下强之众庶，如之何其可？往昔用汉字记言纪事，读之用我音韵。虽有各种时文，而称汉字为正，汉文为雅。自诏敕金石铭颂，以至日用简牍，必取法于此。尔来千数百年，纯然为我文，是岂无故而然乎？修辞立诚，以持国体结民心，有至道存其间也。

虽然，天下事理，日出不穷，文法与格调，亦不能无随时变化。词华品藻之与世污隆，在彼且不免，况于我乎？我前古文章，犹属草昧，而其可观者必有所本。舍人亲王《日本书纪》，模仿《史》《汉》；善相公封事①，自贾董来；《源氏物语》，本《南华》寓言；其他序记论赞，虽字有真假之别，仍是汉文体制。取长补短，扶植政教。延及德川幕府，名儒辈出，其文典实华赡，追逐韩欧，别出机轴。况在昭代，明良际会，至治之极；诸种文学，与百科工艺，蔚然以起，冠绝东洋。而至载道立诚，称为不朽盛事者，则坏烂灭裂，下于武断为治之时数等，宜其忠厚俗衰，权诈得志，学海多波澜也。幸天之未丧斯文，进修发挥，运之以气魄，而戒其放纵。参之以格致新说，而不陷空理。厚积而薄发，有序有物，明健简切，鼓励适道，郁然为国文渊源。则纵使不能回颓澜于既倒，而鄙俚之习自熄，正雅之音复兴，是果谁之任也。请月为一会，会必以文，互相讨论批评，不容面从腹非，尽在己之任，以待百世天定。彼区区世论之趋舍是非，

---

① 善相公即平安时代文臣三善清行（847—918），字三耀，号居逸，世称善相公。此处是指三善清行于914年应醍醐天皇之诏，提出政治意见文书《意见封事十二箇条》一事。

与有司任意左右者,不过朝菌晦朔,蟪蛄春秋而已。若夫辅仁立德,经世济物为言之本者,诸君讲之平时甚熟,不要予之覼缕。但会宜有约,约非议协不立。请预拟立条目,以附诸君商定。

一,会之地,姑以牛门俱乐部充之。以每月初日曜午后集,及夜乃散。但岁首各自拘牵俗例,夏期溽暑难耐,宜临时另议,卜日告知之。

一,会之文,不拘旧作新构,每会必出一篇,揭题二项以上,以备后会结撰。若有紧急文字,不妨题外为之,但恐人少文多,有评阅不尽意之虞。评阅期限五日,虽有事故,不得留之过一周日,愆期者注明事由,豫防污漫消日也。

一,会成于安门诸士,然振兴斯文,卫道崇德,裨补时局者,举皆为吾徒,则不妨同志入社,以避党同伐异之嫌。但太众则喧,太寡则阒,宜以五六名至十名为限。来者不拒,去者不追,交无新古唯其雅。

一,会以文为主,而各自公私事繁,文有成有不成,不成者以诗代之亦可。如约三日内送文偿之者,不在此限。

一,凡文有数月始脱稿,及下笔立成者,虽素因才分有异,出题难易,亦习性使然。吾侪拈笔肄业,宜务两能之无复遗憾。故于宿题外,设小品科,即席草一篇,所主在敏速应事,不必较工拙。而真情直气,往往于此种文见之。况今后东洋同文国人之频繁往来,而自称修汉学者,不能执笔话说尽己①意,一待舌官通译,则于彼我之情,无能表恳切,时或贻侮含羞。先儒学究天人,而其文艰涩郁啬,招世人笑不鲜。比之彼戏笑怒骂成文,传后世无疑者,果何如

① 己,原作"已",疑形近而误,据上下文意改。

耶？而不有素习，难应其急。当与诸君务祛其弊。

一，同好相会，淡泊为主，不烦供设。饭取于果腹，酒期于畅情。迨文诗成之后，则评书画弄琴棋，或吟或啸，或谈论时事，各从其所好。唯不容议人长短，尽欢而散为常。

一，此约虽既经甘诺之后，遇有碍于事，及未议及之事，当临时修正加删适宜，庶几游焉息焉，以永其好，不失文雅旨趣，所资益盖亦不细矣。

明治三十五年十月。

《撮影石门帖》序

凡山水之怪奇特绝者，多在僻陬险远，人迹罕至处，以故其胜往往湮晦不显。幸显矣，而游人惮险，无乐探之者。唯中岳之奇，距京不远。自江芙蓉、泽元恺之徒著"图""记"，安积艮斋"游记"①出，倍极其详，使人神魂飞往。况于撮其真影，裒成一帖，则境与人合，天地不能复秘其奇胜矣。

予尝在三计塾，一日与海野陆二、远藤贞一谋探之，请息轩先生。先生喜为书沿路胜境古迹，及可寻访相资益之人授焉。其山三峰鼎峙，曰妙义，曰金鸡，曰中岳。中岳即石门所在，先攀武尊岩，石门凡五皆在其下。一以片石成，侧立千仞。中开空洞明，神镌鬼削。下瞰毛武之野，宛如悬缩远镜，尺寸千里，莫得遁隐。其

---

① 此处"江芙蓉"当指江户中期的书画家、篆刻家高芙蓉（1722—1784），疑因"江"与"高"在日语中音同而误。高芙蓉本姓源，因生于甲斐高梨，故称高氏；且因自幼与富士山（芙蓉峰）相伴，故号芙蓉。"泽元恺"则为江户中期的儒学家平泽旭山（1733—1791），本姓山内，名元恺，字佛侯，别号菟道山樵。安积艮斋（1790—1860）为江户末期的朱子学者，且桃李满园，岩崎弥太郎、高杉晋作、谷干城、中村正直、箕作麟祥、吉田松阴等皆为其弟子。文中"图""记"及"游记"或指高芙蓉《中岳稿》、平泽旭山《漫游文草》及安积艮斋《游豆记胜》等。

二与三矮卑。四门穹隆雄伟，望之如虹霓，临不测之溪。两端着地
劣数尺，鹏抟鲲跃，欲冲空，俯瞰木末。傍址一岩飞起，有穴可绕而
出。天烛弦月诸岩，矗矗连武尊岩，仰望天狗岩，鼻梁突出，眼口略
具，狞猛可畏。游者至此，绝叫观止，元恺、艮斋亦不及探五门。导
者曰："客多自此还，路亦绝。"当时吾侪血气方刚，好冒险危，遂探
五门。门当道耸起，联以峭壁，左右走成城，蹒跚出此，则悬崖数十
仞，无趾可投。陆二最捷先下，忽见巨石横亘榛荆莽丛间，其下通
一线路，是曰胎内窦，出窦始与原路合。

　　嘻！此游洵乐，乐在同志相得。而四十馀年之间，陆二先没；
邂逅贞一于马关，时韩京有乱，予倥偬①移乘军舰再航往，不及交
他语分手；所寻访诸士，今皆上鬼录，而息轩先生墓木将拱矣。夫
胜区倍显，而其人不可复见。独此帖写予曾游，历历在目，觉昔贤
文墨，称为纪实者，犹未抉其秘也。然不为之先，无以光其后。摄
影术即绘画之进化，所憾当时未传此术，无由写吾三人者，立彼洞
门逶迤嶙岩峭绝之下，永与山岳竞奇也。

送奥某之任元山序

　　元山，朝鲜东北之要港也。西曰涌珠里，寝庙蔚然。南有铭石
院，为李氏王业所基处。东控苍海，渔舸商舶，由葛麻浦望港而入。
长德山之麓，赤田川左右，风战芦苇，麦畦菜畦，鼫鼠伏而虺蛇游。
候卒与渔户，傍山结茅居者三两户，约为互市场，此地即是。君与
总领事前田某，区划地基，经始街衢；入无第宅，出有所奉；邮船愆
期，雁鱼信绝；加以咸镜民俗犷悍无积聚，均之为吏，其施为之苦且

---

①　倥偬，原作"総"，疑形近而误，据上下文意改。

艰可知矣。

君明治三年,拜命外务。时有吉冈、森山、广津诸氏,以修好朝鲜自任。五年八月,慨然请而赴釜山。先是佛舰陷控海城壁,为宣教师雪冤,疆^①域骚扰。大院君下令国中建碑,曰:"洋夷侵犯,不战则和,主和者卖国贼。"^②当时其国,君民敌忾,于理当然。而以是拟我,一律从事,不接使不受书,颉颃语难,阴放流言,侮蔑陵辱。我志士闻而愤怒,所以征韩论嚣嚣起,生事激变未可知。使还,留君守馆。君之发京,有后命曰^③:"若有不虞变,勿以遗族为念。"七年庙议,果分和战二途,大臣主战,投劾罢去者数人。是岁予承乏行间,明年见君于釜山。君服狐裘,须髯鬖鬖然垂掩胸,眼光炯射人,握手贺其无恙,怃然又俱叹我诚意未彻,修好无途也。无几君去我留,会云扬舰事起。九年二月,我舰队压江华有所问。两国大臣莅盟,《修好条规》始成。指定此港者,即代理公使花房君,实为十一年六月也。

呜乎! 予之与君,从事此间,今将几年。驰驱困踣,鞅掌不已于行。聊图报效,临别岂无感于怀。士苟服当世之务,鞠躬竭力焉耳,其间艰苦不足道。况君今挈家赴任,不违妻女朝夕之欢。任将盛之港事,以摅多年熟图之胸臆。世之以贸迁为事者,举皆愿进于其港。用李氏当年成王业之遗风馀俗,相率欢虞,变荒凉为热闹,贫瘠归富厚,则总领事与君之任,凡创辟之业,始之以至诚,中之不懈;不懈则能久,久则功成,功成何必铭石。予亦将近赴汉城,乃叙吾二人多年从事修好,离合颠末以赠,往矣勉旃。

---

① 疆,原作"强(彊)",疑形近而误,据上下文意改。
② 此曰"斥和碑",碑文由兴宣大院君李昰应撰写,上书"洋夷侵犯,非战则和,主和卖国",旁小书"戒我万年子孙"。
③ 曰,原作"日",疑形近而误,据上下文意改。

送海军大军医矢野某之任元山序

人运彼智，我收其功。英法之于炮舰，米独之于机器，与彼天文、地理、法律、金石之学，我资之以益家国者，今既备具。而医术之效最先著，称曰洋方。然汉方之济我用既久矣。纪元九百四十四年，百济王仁归化，始传经籍。千百十年征陶工、鞍工、画工、锦工等，后数年聘医师德来，终留而不还，世居难波，称曰药师。至五世孙惠日，与福恩、惠齐、惠光等，奉命西学于唐，然后我医术益精，所谓汉方医昉于此。

予尝以为三韩伧伧耳蒙蒙耳，而术业可传如是，则箕子遗泽未艾，三国竞进，多出伟人耶？抑天道资益，我之从善无方也。迨新罗灭任那，高丽并新罗，旋又为唐所击，战乱相踵，民不聊生。至李氏勃兴，稍复旧物，而激我丰公之怒，兵结不解者七年。德川氏务结纳，忽为清所制。尔来其君臣，以事大交邻为国典，丛脞成风，姑息自甘，不复更张。然人健俗勤，水土之力足以能生物，苟克鼓舞作兴，岂不能驾三韩而上之。朝廷轸念，特排群议，修好申约，以保其独立，诚有以也。

海军大军医矢野君，早得西洋医方。明治四年，随外务大丞花房君，始赴釜山。九年到汉城，明年创立济生医院于釜山港，请治者日数百人，始行种痘。十二年会暴痧①病流行，设避病院于绝影岛，内外商民赖以安业。盖用西洋方技，取信于海外，以君为始。朝廷嘉尚，赐勋四等。今兹五月，转赴元山，将以益宣力扩充。夫资于人为善者，亦有以报之。

---

① 暴痧，原作"痧暴"，据卷四后勘误表改。

我之私淑韩唐,不独止儒医。而其国今为如何状,启发指导,自当有其道。不见泰西医术之于我乎?代草根木皮,以精练药剂与经验奇方,起死肉骨,见效特多。交谊因以密,文物因以开。而韩至今犹守素灵粗桷,不达脉络之真假,药性之冷热;遇有一异症,就木石祷禳。何斯民之不幸,果不能救之乎?当路有见于此,每出使必以医员随行。纳约自牖,列圣宏谟,与明治盛意,虽所执不同,而邻谊资益,患难扶持,千载犹合符节,则此行所系不细。若夫对症投药,导天和安民命,君肘后之方,试之釜山取信者甚熟。称为药师与否,视其所为,而其效可知也。

送冈振衣游清国序

游欧米者,行优其资,归占清要,人情所向,交祭日加亲厚。独至清国则不然。星槎贾舶,相望于海。士之探胜问俗,洛阳、长安古帝王之都,嵩华剑阁巫峡之险,朝夕接耳目。而遇一旦有小利害,则万性嚣嚣,积讹为蠹;时或捏造语言,彼此訾毁轻藐。远者易亲,近者易疏乎?将我两国人虽外亲之,内实不能无嫌乎?何邻近如彼,而其交至今疏且硬如此。虽列强轻侮当路不籍重,因以致之,亦坐无宣盛意于谈笑之际,结信谊于宴好之间者也。我友冈振衣,襟度冲淡,以文章意气自豪,所著《米利坚志》《佛兰西志》《尊攘纪事》等书,为内外士林所重。前年以眼疾致仕,顷者来告曰:"吾将南由香港,北抵北京,更过朝鲜,访瑰奇偶傥之士,歌颂盛德而还。顾彼二国,为子之曾游能悉其状者,盍一言赠行?"予曰:"东西国势,轻重失衡久矣。失衡故压迫,国不任压迫,则早晚造孽启衅者二国也。而我与之邻则在释小嫌期大同,况今清有越南之虞,佛鉴旁午;朝鲜亦党怨时发,伏祸不测。联和御侮,庙堂自有其人。以振衣之学有根柢①，坦然无所挟，宣盛意结信谊，闻者不河汉其言。幸过汉城，为我侪昨年遭乱破围之处，为吾吊死难诸士之墓，观于其人犹有可谈时事者乎？不违宴好，谈笑之适，而唇齿辅车，相安相益，以徽东洋福祉，吾有厚望焉！岂唯云歌颂乎？"振衣曰："是吾志也。"遂书以赠之。

送北泽子进之任小笠原岛序

骛高远者忽细微，极精致者遗大谋。志在非常绝俗，则无诚以行之，皆为人士处世之偏。偏在人易睹②，在己难知。难知故满假，易睹故诽毁。用自满假之人，以治日进化之民；举见诽毁之吏胥，以临情谊未接之郡县，宜其争执怨讟之多，然是犹有可言者焉。至窃弄威福，贪赃不知耻，则可谓亦已甚矣。

北泽子进，信州人，受业于佐久间象山，交道甚泛；喜作为诗文，淡于财利。由史官转任外务，曾与予同僚，意将历观海外国情，而后有为。久之不得志，为本乡牛达区长，发种种将老。顷者卒然来言曰："超溟宿志今得伸，奉命小笠原岛司矣。"祝之者曰："绝岛，伧伧之民，未沾皇化，宣休光以介民祉，志士之事也。"规之者曰："今朝廷不乏其人，汰而复集。岛司小官，不足以有为，盍蚤高踏塞议者之口？"予谓：子进虽骛远好大，而不为异常难继之行。虽时见诽毁，而非贪赃弄威之人。发航一日，亦是超溟。况此行与子进有因缘焉。岛旧名无人，由八十馀州屿而成，其最大者曰父岛，曰母岛，宛如儿孙簇拥。距伊豆下田二百七十馀里，文禄中信州深志（今称松本）领主小笠原贞赖始探得之，所以有此名。延宝

---

① 柢，原作"抵"，疑形近而误，据上下文意改。
② 睹，原作"赌"，疑形近而误，据上下文意改。

中幕府命牛込荫镇按视，测天经地，制图以献，而未有移民就业。享保以后，漕户漂著相踵，官不深留意，往往得便风而归。然犹是神州保障，不幸有事，敌舰得以匿形翘足。于是并河永崇、伊藤长胤、古河时辰、高闵慎、出屋高畅、平贺国伦、林友直、羽仓外记等，前后著书痛论。就中高畅《南岛杂志》、外记《南泛录》，俱成于巡视目击之馀，特称核实。而幕府因循无远图，有时欧人来住，幸未至生野心。后遣水野忠笃，移八丈岛人，量田检地，始命邑里村落之名。迨明治初，命附近县令管理之。自置岛司，十馀年于此，民皆便之，以及子进。子进尝干理兴亚会务，好论亚欧地理形势，著《高岳亲王坟基考》，说印度、罗越国情特详，而足未踏海一步。人疑其自好满假，徒骋高远，行己之诚无以副之。然子进伸于久屈之馀，且其为职与贞赖、荫镇契合，苟不枉初志，施设必有可观者。矫在己之偏，宜休光于绝岛，时寓远韵于文诗，易前修血诚之言，以典雅雍雍之音。吾知其任满载归之物，非满囊薏苡，而联篇锵锵金玉，可以补《南岛》《南泛》二书之不备，则世俗毁誉祝规之言，不足以为劝阻也。

送安井某甫之清国序

明治四年简派节使于清，修好立约，予捐官从副使，发途有期。息轩先生取所著《论语集说》《左传辑释》《管子纂诂》，嘱曰："见彼绩学任劬勤者，赠之为幸。"淹留天津数月，赠李鸿章、应宝时，皆叹服其识力精博。宝时特推重弗措，作书伸谢，且质疑。既约成，抵北京见诸大臣，归而致其书，先生哈曰："海外得友矣。"尔来三十馀年，先生与李、应，皆既违世，予亦颓然就老。而先生之孙小太郎君，今将赴其国，盖有不偶然者焉？先是清廷改修学政，聘服部博士为北京学堂教习,今又聘君。君与博士联姻,想其相得协翼,必有施措可观者,况于祖父遗著为之先声乎?

夫清为古国,春秋时诸侯力政,管仲相其君,察积弊所在,与时酌宜,以礼义廉耻一匡天下。则堂堂帝国,积德累仁之馀,理岂有不可振起?而以予往年所见,征之于今日,江河之流依然,未扬清波;嵩华之高歍然,有所受屈。失之于东隅,未收桑榆之效。寻所由来,固非一朝之故。内之满汉气势相轧,外之督抚门流嫌怨,加以科举流弊,学业泥古无所发明。间有一二人材乘风云之会,锐意图振起者,不旋踵祸败,因仍旧贯,无方策可施。虽然,大国难测也,慎其节制,一其号令,士皆奋前而耻后,踊跃欢讴,乐效一旦之用。武既如此,文固可知,抑予有深感焉。

东洋诸国之受西欧侵侮也久,我国幸恢区宇,虚怀容众长,乑乑焉不懈,以致今日富强。而宇内大局,非一二国可得而左右之。不幸一旦有衅隙可乘,无论何国,用峨舰巨炮从之。智者不及谋,勇者不及怒。兵连祸结,万姓涂炭,非区区周末七雄之可以比,而势有似焉。则并力均势,防西欧野心,以保东洋平和。当年修好之意,不外于此。无奈文同而言异,形亲而意不接。今君以名儒后裔,学有渊源,出为友邦授语学,或者以为不类。而谈笑之间,倡导其子弟,相率祛积弊、开生面,焕乎一新,垂规模于将来者,将于是乎见。此虽属职外,而重友邦情谊,至诚感人,以张四维消祸变,即息轩先师满腹经纶[1],托之于空言者,今见于实际。可谓祖孙治经,教泽被世,殊涂同归也。予虽老矣,他年幸得追随旧踪,相见于北京。文武获所,内外廓清。与李、应子

---

[1] 纶,原作“论”,据上下文意改。

弟握手道故,杯酒欢洽,亦圣世联和诱衷之效。临别缕缕言之,不遑揣弇陋也。

送法学士安藤政信赴任茨城县序

凡人之情伪百出,不啻强者得势倍横,弱者负屈含冤。为之吏者,亦有宽严仁暴之不同。时或舞文罗织,钩距为能,挑发为才。加之法章繁密,朝例未改,暮令复出。虽聪强明敏之人,犹不能省记。及一旦比援为之裁决,则同一事件也,而彼此曲直悬殊,前后轻重矛盾,控告在案,数年不决。胥吏与奸细结托,以图脱法网免刑禁,威吓立左证,勒索贪赂遗,争讼不息,渐与时政背驰,而不自知者,古今类例甚多。无他,以死法待生人也。方今用兵海外,威武远扬,虽健讼之风姑未接于耳。及一旦事平,各散归其地,则彼使气傲物之徒,无所用智力,妄断乡曲,侵渔霸占,凌虐孤寡。当是之时可,恃区区律例科条保以晏然无事乎?假令法吏守法,不容曲庇出入;而状师在间,赃贿易行,偏私易施。晋谢安语人曰:"陶公虽用法,恒得法外意。"彼处扰乱之世,事繁法简,有遗意可得。而我圣明今日,治具毕张,犹谓有馀蕴未尽乎?其尽不尽姑置焉,为之司直者,固当平允得情,无论必也使无讼,是之谓活法;待其人而后行,苟不得其人,牵合抑扬,将不堪其弊矣。学士幼丧父母,赖祖父母鞠育。祖父母亦亡,零丁孤苦。及入大学,学资不给,百方支吾,不第数年。学成为候补判事执务如例,今始任真,往就其职,则于人之情伪、律例之沿革、胥吏状师教唆健讼之弊,讲之平时者甚熟。予唯恐其地近京,俗悍风骄,加以战后情势,人恃功易自纵,动辄挟诈行私,缓急难持衡。民志之或不得,背当年立法本意也。于是乎言。

卷 二

卷 雨 楼 记

　　白石按察府之南里许，隆然成邱者曰新馆。群山萦纡，官道过其间，夹道皆乔松，积翠连空。有人近就其上构楼待客，凭栏下瞰，东南林缺溪分，沿溪一带平旷，禾黍垂颖，黄云数里，丰穰可知。予每讲暇，同府僚岩崎、桥本、杉山、泷川诸君往游，每游必忧雨。是日晴朗，既而黑云复起，顷刻弥漫，继之骤雨沛然，宛如覆盆。少焉暮风一扫，山月磨镜，悬于中天。四山爽气来袭襟袖，乃绝叫称快。诵东坡"暮风卷雨"之诗，且告之曰："淫霖霡霂，四塞溟濛，猿狄叫而行旅少，川渎旁溢，禾稼偃腐，昨年兵荒是也。"当是之时，七州士庶，始免炮烟弹雨之惨，庶几仰见天日，而饥歉相仍。壮者掘草根剥树皮，嬴累填沟壑。诸君之任，在检察非违，宣布皇政。而目前之急，朝廷恻恒，乃督藩县吏极力救济，日不暇给。若斯雨亘旬月不歇则如何？幸能歇矣，积阴不散则如何？雨歇阴散，川渎旁溢则如何？今无有此数者，使吾辈得优游永今夕者，即暮风一扫之力也。昔人克敌名子，得祥号年，而东坡喜雨以名亭。今吾辈喜晴，虽为喜有异，所以感情则同。况府非常置，至七州无虞，士庶安堵乃废。予与诸君，皆东西南北人，乐群之不久，俯仰陈迹，不可以无记。酒酣栖主乞同人题诗，且谒予文。因名楼曰"卷雨"，且为之记。时冰轮渐移,松涛稷稷,宛驱笔而走。他年有人倘思之,乃知吏民相得洵可喜,而伸于久困之馀,最为可乐也。

观 梅 楼 记

环地莫不有海焉,滨海之楼何限。吾观以为我海者,彼亦以为其有,彼我之辩斗于方寸,而海不与焉。我之东洋即米之西海,欧之南洋为亚之北海,方隅之论动于彼我,而海不与焉。必也不泥其所观,而后始为能观海。盖万里一碧,汪洋森茫,包乾括坤,莫物不载,亘今古而不加损者,海之正也。洪涛起伏,雪城颓于前,银山起于后,奋迅怒激而不敢泄者,海之变也。巨舰疾鳐,瞬息千里,往来穷发无人之境,而不以为功者,海之用也。三者合取并揽,置之于几案咫尺之上而观者,楼之主也。主为谁,我友大须贺子泰也。《孟子》曰:"观海者难为水。"子泰学道善文,事物之夥以扰,莫不察其颐,则登高望远,不泥其所观矣乎。今夫水盈科而进,一勺之积致襄陆漫天,盖不如是莫以济物。故知盈科之可以济物,斯知行正之可以通变。子泰之学之与文,正变摩荡效之于用不为难也。虽然,子泰隐于穷山绝海之间,渔樵之与伍,不肯出仕,将益淳滀不泄,以徯其时。呜呼! 观海之楼,观东海乎? 观西海乎? 抑将并四大海而尽之于一瞬也乎? 书以质之。

画① 禅 房 记

焚香跌坐,虚静无一物。意动兴到,则洒然发诸笔墨。烟峦疏筱幽菊,杂出尺幅中,而不觉其烦。盖皴擦、勾斫、分合之法,隐显

---

① 画(畫),原作"书(書)",疑形近而误,据上下文意改。

掩映,融化浑成。一笔一墨之变,必有神理凑合。故理得而境愈寂,心应而迹愈圆,何画理之似禅味也。田边松圃居城南我善坊,坊在丘陇间,丛松密竹,交柯荫翳,庭园数弓,果蔬满圃,才离市嚣,另辟幽境,乃颜一室曰"画禅房"。然松圃非浮图氏,现奉职外务矣,只其境与心会,事与理合。自昨年始学作画,若有物左右之,若释然有所悟。乐而忘倦,自是厥后。范水模山,寄趣清远。不欲独我善之,将以与众同济丹青迷津而达彼岸,乃据音修字,以名其房。予于松圃,有翰墨因缘,树下石上,同参日久,因为记之。然此中幽味,可与静者言,不可对躁者语也。

聚 远 楼 记

　　加藤某家在稠桑间,接檐豫章数株皆十围,仓库庖厂,错落乎前后。四顾无所见,乃就一库上,构楼二层,望之翘然,如巨蜃吐气,出林俯间。予之北归,适及工成,张宴其上,且请之名,乃命曰"聚远",从而告之曰:"云烟卷舒,岚霞起灭,与彼草木春荣秋悴,绮绾绣错之状,皆自远而来,聚于一眸。先人贻某者,岂止田桑之美。虽然,不起此楼,胜无因以显;虽胜因楼以显,而库为之基。"予旧识其先人,初不过中农,最竭力蚕桑;迨家资丰殖,犹且辛勤自卑,锱累寸积,倍固其基。想尝造库之时,安知有后世子孙忧乏观望,就其上构楼至如此?假使知之,非其素愿。虽然,南亩之荒未锄,将有事于西畴;桑柘抽芽,蚕事渐殷,彼有不获稚,此有未敛穧。登此楼也,了若指掌,乃戒饬家人,化居力田所以恢先业昌后嗣。若徒登高耽胜,子女骄于内,仆婢惰于外,而不知周视体察,聚者散远者遗,则何有于楼哉。且夫天之厚是人,将济彼人,而是人徒自封殖,则为天者将安之乎?抑怒而夺其所厚乎?东望灵山,巉绝耸空,为北畠显家营镇守府处。其西北隔川圆峤存古垒二重者,曰笃借山。藤原国冲拒镰仓兵于此而溃走,显家虽战没于阿部野,其嗣中绝,至明治初,以裔孙久我克通,更称北畠氏,就故址奉祀,赐男爵。而国冲之鬼永馁,乃知骄侈自高①者废灭,辛勤济世者有后。登览之际,可慨然以思兴衰存灭之所由与所以享其乐者矣。义子新吾少学于予,予喜今之有成,虑后之或怠,推先人遗意,更酌一杯,书以为之记。

第二高等中学记

国无政教,不可得而治,则天下不可一日而无学。昔者武门擅政之日,犹有藩校乡庠。况今文化日新,而无有郡县学可比藩黉者。四方学生贸贸焉,相率入京求师,固无以足怪也。故文部大臣森公曾忧之,建议立学区之制,置五个高等中学校于国中。明治廿年四月,以东北六县为第二学区,设校于宫城县仙台。吉村君由参事官转任校长,富塚君任干事,难波君以教谕兼教头,前后来此经纪,而未有校舍之设也。或假小学,或以寻常中学充之。明年增置医学部,山形君任部长。二月卜地片平街,诛茅运土,起工其年八月,至此告竣。授业之室二层,翼之以讲堂及寄宿诸舍。其堂室廊然以敞,欲讲习声易彻也。其厨房庭园洒然净以阔,恐秽气迫人有害健康也,杂植花卉以率倦怠,游戏有场以养体气。其费十万圆,出自本县有志者。既成,四方来学者五百有馀人。盖学校政化之本,自起居饮食动作,至法、文、理、医、农、工、商,皆自学出,无须臾去于教。况圣诏谆谆,导之一德。而议者或曰:"五校所费不资,宜

---

① 原作"高有者","高"下"有"衍,据卷四后勘误表改。

委之于私校。"然私校之盛,首推东京。东京纷华豪奢之地,居移气习成性,不为昌平黉旗下生员者几少。昔者幕府旗下士,金装刀策肥马,伶俐绝人,藩国士人朴茂质直。然其入赞大政,出折衡樽俎,利国起家者,不出于彼而出于此。距都愈远,达材愈多。各高等中学校,即藩黉之较大者耳,虽授业不同,课程从异,苟教之以不倦之意,须迟久之功,使其目不睹异物,耳不接奇邪,明礼达用,盈科以进,心与之化而不自知,则费少而功倍。呜乎!是即森大臣当初区画经管之意也乎。若其进入大学,退就事业,礼让兴而风俗美,缓急有用,内外效力,以扶翼皇运于无穷,是谓学之成,而故大臣终不及目之也。虽然,遗意具在,鼓舞振作,教化之行,风俗之成,其在校长、主事及教员诸氏勉之而已矣。今兹十月行开校式,予因叙创设原委、学生得失,使其知所从违,庶几不负有志素望,以至行立德成也,揭之楣间以俟。

明治廿四年十月廿六日记。

鸿 雪 堂 记

物之盛衰换移,相寻于无穷。自其既然之后,顾念未然之前。则可喜可乐可感慨伤悲者,变为一笑资。义政之于金阁,丰公之于聚乐,诸侯伯之于藩城,轮奂魏峨,何曾不为足恃以长久。而及世移势变也,麦秀黍离,其幸存至今者,徒使人低徊顾望,感旧不已,况于方今官吏之迁转罢革无常乎?甲第冲天,驺从如云,而政海风波起,危机忽触,纷华尽去,伤悲之不足,从而笑之。宫川子严熊本人,好学负气,不拘细节,时诵庄生洸洋之言以自遣。宦游来仙台,五年间七移居,世人往往诮其无常守,及僦今之居稍安之。一日觞予于其堂,笑曰:"此亦可以居矣,命名如何?"其居沿广濑川,在青叶城东南,岱年爱宕诸山,倒影入轩其下,藩士故址犹存。颓垣断砌,垦艺菜桑,不可辨识。独缺其东,平旷无际,至海而尽。时渐寒,既而飞雪霏霏,溪山皆白。予因诵东坡"人生所到知何似,恰似飞鸿踏雪泥"①句,曰名"鸿雪"可乎?君曰:"善。"乃求文记之。夫士别三日,可刮目以待。今日之子严,非昨日之子严。世固有足以恃者,苟乐之不改,虽一岁十移居不为病。贞山公诗云:"久待扶摇万里风。"②子严其亦或有待,一朝得志抟扶摇,其宦游之地,在西乎?在东乎?海内乎?海外乎?抑又玩世自适,逍遥于无何有之乡乎?所恃在内,无愧于志,外之毁誉得丧,何有乎我?且夫生非其时,居无其德,虽公侯藩城,相将第宅,不能久保之;投分安命,无意营居,则四海无非其家,到处雪泥可印鸿爪,不必守故处。矧因是以致声绩著明,百世认识,久而不湮,为士之任尽矣,故曰不为病。君击节大笑而酌,遂书以为之记。

吾 耻 堂 记

冈田君文平为淡路著姓,其先人鸭里先生学殖超迈,最用力国史,蔚然有撰著。君夙承家学,由大学古典科出身,为第二高等中学校教授。名其读书之堂曰"吾耻",其言曰:"世运之换移也。袜线雕虫之才,纷纷著称于世,胁肩屈膝,倾欹求容,绌人以达己,世谓之能,吾则耻焉。巧言如簧,翻覆无穷,文过以缄默,遂非以辩给,务发人秘隐,引类合势,藉③公树私以养舆望,世谓之才,吾则耻焉。杰阁层楼,锦帷绣幄,烹肥脍腴,得势则叱咤风云,失职则谤

---

① 此句出自苏轼《和子由渑池怀旧》,原句为:"人生到处知何似,应似飞鸿踏雪泥。"
② 此句出自曾率军侵韩的日本战国名将伊达政宗的《偶成》。原诗为:"邪法迷邦唱不终,欲征蛮国未成功。图南鹏翼何时奋,久待扶摇万里风。"
③ 藉,原作"籍",疑形近而误,据上下文意改。

讟四起,舞文弄法,讼狱烦滋,是皆有命于时,虽弗局外者所敢议,吾固耻为之。唯学徒之起居勤惰语默,不循法规,是吾耻也。教各有专科,由近易以达远邃,而剿说天人,流入空疏,不适世用,是吾耻也。流水不腐,户枢不蠹,体气所以发才识,而尪弱不任事,业诚何为,是吾耻也。我年未四十,以为吾耻者六,从此以往,将不可胜数。其耻之在彼者,随世态污隆我无如之何,我乃欲在吾之耻是务刷也。"予每闻其言,击节和之。《语》云:"知耻近乎勇。"无耻之耻,其为耻莫大焉,则吾耻之堂所以答休明。君改容曰:"前言聊欲观世以刷耻,非所以名堂之意。若夫吾耻,国训淡路,因训见意,示不忘其本耳。"曰:有之哉,旨之远也。古人言:君子有五耻,今且加一焉。践实而不居其名,观世而不为世所观。虽有家庭之训以致之,其造诣未易测。因叙所闻为记,不加私议于其间,耻吾言之或过而行不逮也。

碧梧书屋记

环屋多梅,间以樱桃松竹,蔚然深以奥。而梧桐一树尤乔,出檐①数丈,磐根如石,枝荫数亩,矫矫欲挐空。然梧桐无花实可观,无枝干可奇,秋风一动,脱然叶坠,其材亦不抵梗楠豫章,则何所取而名堂也。凡珍木之产,岁久长尺寸,好事者又从而窨之,挠枝屈干,玩之于几②案间,而其性之天亡既久矣。唯梧桐由两叶至寻丈,不过十数年,直上干霄,岑郁成林,似俊髦得时,崭然出等辈;粗枝大叶,先众木知秋,如仁人察机而起,不待终日;百卉凋落,树身之碧依然,同士之特立独行,不随世俯仰。此予之所以择于群卉取

---

① 檐,原作"担(擔)",疑形近而误,据上下文意改。
② 几,原作"凡",疑形近而误,据上下文意改。

彼梧,且示感喜所由也。自予离桑梓入京,徙居凡七八。一日过此,见废园中有乔梧挺出,喜曰:此可以居。乃购之,诛茅除秽以家焉。堂阶略具,请故相国三条公书匾额,揭之楣间。但当时公务剧甚,奔命海外,不得一日安居。最后以教授出,举家远徙,及归则梅樱松竹,离披横出,碧梧之碧倍加浓,而我发种种以老矣。君子博学于文,行已有耻,不愧无勋爵荣身,而愧没世不闻。然予也既退罢,致君泽民,有志不果。杜门静思,自欺其心者多,亦可以已矣乎。抑桃李之秾华,盆松窖樱之奇,举世艳赏,争致之庭园,至碧玉苍柯阅霜雪不变色如彼梧者,世人少顾之者,吾得以益培其根达其条。则虽材让梗楠豫章,而栖凤宿鸾,自将有期至。若夫古梅皓洁,与之妆点成趣,有畏友之道存焉。为后子孙者,晨起盥①漱,入对相公额字,肃然起敬,出眄庭柯可知乃祖乃父所以取名矣。

天 保 洞 记

名堂曰洞,似仙者盘旋处。而其人食谷饮酒,醉则大声善谈,为医为吏,谙练世故,笃于自信,不以毁誉得丧为累,超然玩古书画骨董,其人为谁? 我友奥九皋君也。君之言曰:世道交削,胁肩屈膝,屏气卑声者,为人所悦;率性任质,直躬正色,无求于时者,多见疏斥。吾宁为此,不能为彼。其于书画,空海、菅公、巨势、土佐②以降,其规模流风,与时俗嗜好,凡几许变乎。试以"后素"③一事言之。方南画盛行之日,斥北派为古峭无味,传家墨宝,不抵覆酱

---

① 盥,原作"盟",疑形近而误,据上下文意改。
② 此处空海即日本平安时代曾入唐留学求法的"弘法大师",菅公即被日本后世奉为"文神"的平安中期公卿菅原道真,"巨势""土佐"则为始于平安时代的两大画派"巨势派""土佐派"。
③ 此处"后素"出自《论语·八佾》:"子曰:'绘事后素。'"

故纸。转为圆山派,为谷岸诸派,非萧散闲逸,则风骨峻嶒。及至近时,欧人爱我笔墨,渐趋诡靡妖妍,无复士夫高致。称为脱时蹊者,不流入潦草,则以狂怪新奇博时名,收藏家相竞骄诩,不问其功力与神韵,不合时好者,一切唾弃。故吾徐起而收之,人取我与,人舍我取,为值至廉,不伤于财。晨夕起卧其间,人笑吾迂僻,吾不敢改乐。譬之天保钱,当初无人不宝之,至世革价减,潜形屏迹,偶有贮藏者,瓦砾视之,安知数百年后有人珍之? 如汉之刀泉、晋之封钱乎? 人情趋避何常,珍之与否,在人不在我。以我生天保年,无任俯仰取容,自行其所信。因以名堂,堂而曰洞,窃寓嘉遁无闷之意耳。予闻之曰:言高旨远甚善,然犹未及发其义,在《诗·天保》章云:"俾尔多益,以莫不庶,不骞不崩,如南山寿。"君既安贞其居,所贮玉轴宝卷如冈陵,足以自益。而事或违宜,不免骞与崩,唯谦可以持久。乃自比彼隋圆方孔,珉然不灵者,以全其乐,为计远矣。君笑曰:否否。昔人藏书遗子孙,子孙不必读,况于书画玩好乎? 且我既采其华实,嚼其膏味,何暇问皮核。姑藏之,将观人嗜好与世变迁,趋舍取与之间,毁誉从焉,果能得真诠乎否? 吁! 是达士之事,观世而不为世所观,则洞之深浅广窄,虽武陵渔者不许窥知,予安得而记之? 姑序所闻如此。

浩　堂　记

爱宕之麓,昔宽闲深靓,夹街皆侯伯邸第。今则肆廛填咽,不馀寸隙。独渡边君居如故,倍购邻地而广之,围以壁墙,壁高于屋,开园庭于中,列植嘉卉美箭,入门咫尺,宛然别境。构堂于其最幽处,清楚不华,闳以深。君晨而兴,群嚣未起,香葩含辉,积翠欲滴,翛然自适,是何所养而致之乎!

君名洪基,号浩堂,才学雄视一世;释褐外务,数奉使欧洲;首唱创立亚细亚协会,欲讲究东洋所产物利害得失,卒先进取,警醒清韩,东西均势,以持宇①内平和。不幸厥后二国难起,延及四外,重者倍重,轻者将不止轻。虽现班贵族院议员,以励商工裕国力自任,视多事如无事。会夫人有身,喜曰:"五十四翁始享弄璋之乐。"试较诸世人,犹是二三十岁,盛锐当事之时,经世利民,从此始矣。堂亦适成,嘱予以记。

夫大块佚我以老,老而不自暇佚,是岂徒尔乎哉? 孟轲论浩然之气曰:至大至刚正直之气,养之以义。苟能养此气,贵贱祸福②一视也,老壮劳逸一致也,其馀区区不足言。我闻罗马盛时,人人自重,其方凯旋解兵,大将士卒甘心归农。手末耜事南亩者,皆积功带勋人也。无几懒惰奢侈,衰亡从之。自我武维扬,称雄东洋,上下侈心渐长,势之所靡可为寒心。君于是倍自奋励,督学校商社,三十六会长之名噪于时。所谓从此始者,固不难知。虽然,身应事机之无穷,虑不可不周。虑周则劳,劳甚则气馁。唯有义以养之,察机制宜,随时弛张,胸中绰绰乎有馀地,是曰能养矣。予想君他日出而晒庭柯曰:拂云之树,干霄之竹,吾曾移植,培之不怠也;苔石细流,时花开落,吾曾造意施设,灌溉以时也。径入花木森蔚之间,瀹茶有室,招客由门,各自得所,日涉成趣,顾而乐之,上堂抚其儿曰:何其长也。吾无复事事,可优游以终年,是曰:行藏有时,静躁合宜,养气作用莫过焉。堂成未有名,谋之于予。予曰:不必更名。君子务实,名或可改,实不可得而没也。

明治廿四年一月记。

---

① 宇,原作"字",疑形近而误,据上下文意改。
② 福,原作"礼",据卷四后勘误表改。

鸡笼山房记

古称：武藏野月，出草入草，极目苍凉。可以想见。而今则魏
阙甲第，耸峙云间；市街鳞鳞，不见际涯；海错山珍，文绣华饰之悦
耳目口体者，不召而来，不招而得。独至烟峦云岳之适，虽豪有力
者不可求而得。于是相竞夷秽墟除荆棘，辇树石造溪山，号为奇胜
在此。而求天作地生，自然景致，无一有焉。乃知求之于形者，虽
大如山岳，不能仿佛其万一；得之于心者，虽精如道义，常参于目
前，而世人往往急彼忽此。唯如涩谷君子发鸡笼山房，其不劳施设
而适意常在者乎。子发滋贺县彦根人，积学耕文，俭素自守，现任
高等师范学校教授。顷者名其读书之斋，曰"鸡笼山房"，谓鸡笼
乡山之小者，早见于古歌，今取以名斋，意在不忘桑梓，乃属予为之
记。予未游彦根，无由知其山之高卑①面背果如何。然因名以求
实，云烟起灭，浮岚苍翠之状，顾应不离心目。况琴瑟书史，家世和
乐，及一旦去而往京华闹熟之地，不能忘怀，取名寓意固宜。今夫
夸庭园之美，宴享之盛者，无不称为极一时豪华，谁复念及被褐而
带韦，瓮牖而绳枢时者，其为如此。故迨时去势失，则鹊巢鸠居，转
传无主，不知其始谁②营之。甚者鞠为茂草，使人踌躇而凄怆，复
兴苍凉野月之感。唯君之居则不然，数亩之地，介在甲第岑郁之
间。视其庭，树竹仅有。上其堂，素朴不饰。问其所俱往来，多韦
布山泽之士。授业之暇，披简执策，矻矻不倦。仁山智水，得之于
心。不立异以矜高，不居简以流傲。彼利其势，我执其常。彼恃其
华，我守其约。立不争之地，寓不忘之思。举彼世之得失荣悴，与

① 卑，原作"畀"，疑形近之误，据上下文意改。
② 谁，原作"唯"，据卷四后勘误表改。

耳目口体之乐,无足累其心者,则视江海犹牛渟,山岳同蚁垤,而世人徒求之于行迹,适见其拘而已。凡物之接耳目,不可得而常有。日月有时缺蚀,山川久而崩竭。况人事之变迁,相寻于无穷。喧寂冷熟,何常之有?唯虚怀有容,不为物所渚,则随处乐之,不失其适。樵苏日常在山而不见山,达士采菊悠然,南山常在,苟知其趣,可弄崇山峻岭于凡案咫尺间。况乡山之小,而形于梦寐者乎?取以名斋,自谦之至,则子发之进于道,未易测知也。

心 耕 庄 记

人皆出而力耕,我独入而心耕。虽其迹不同,所以为耕则一,而力耕者心田茅塞,不知所以除之,耕也饥在其中。熊坂千瓢保原人,为予通家,世业农商,治产积居,至君倍裕。处米盐鳞杂之间,客至无由款接,乃拓西北田圃构别墅。材出其所贮,不肯他求。匠以业暇就工,不必刻期董督。既成,朴无华饰,一望敞阔,风气清楚,丹露、盘陀、笃借诸山,凝翠含赭,来入轩楹,以地素爽垲,无物遮蔽之也。一日觞予请之名,乃命以"心耕"。

君本加藤氏,其先某与熊坂台州善,更称至今,盖出于希贤之意。台州世居高子村丹露山下,自父瀰陵至子盘谷,祖孙三世儒雅,声播海内,特极豪富,济贫恤孤,为世所崇。其藏书之堂曰"曳尾",会友赋诗之馆曰"白云"。铁门深濠,俨如城郭。抗礼诸侯,傅至裔孙。膏粱纨绔,举累世巨万遗产,付一夕饮博。今则黄茅一宇,仅认影迹,过者低回咨嗟,而君家隆然以兴矣。夫百亩之田,旬月不芸,秋成犹可望。方寸心田,一日息耕,草茅塞焉,况于助长其稂莠乎?君与客上斯堂也,仰望笃借,巨濠划翠而下者二条,非藤原国冲拒镰仓军处乎?南顾丹露,巉岩竦立;近接目睫,非先人兴感所由乎？夫以历世雄霸，侈心仅勤，则其亡忽诸。积德素封如彼迹涉于骄，则荡子覆宗。俯瞰宇下，鱼鳞之田，禾稻穰悴，勤惰可判。君于是戒惧修省，乃耒乃耜，以耨以耘，去其螟虫，及斯蟊贼，如农夫于南亩，彼骄与侈，为莠为茅者，无由而生。良心之存于我者，日夜藩殖坚实，果能如此？"白云"之观，"曳尾"之堂，不足复兴之。熊坂氏累世积德，不显于彼，而见于此。所谓心耕之方，虽起先人于地下问之，无以加焉。君曰："诺。"请揭诸楣间，为子孙持盈保泰楷法矣。

需 堂 记

友人某请予名其偃息之堂。堂未及成，会征露师兴。皇威所加，数月之间，沉舰陷城。及南山剧战，夺其坚垒，则旅顺援绝势孤，宛同囊鼠釜鱼，延命旦夕。都人士女，踊跃狂喜，以从征为荣。某武弁也，而部署素定，不得承命于行间；每接捷报，无任腓肉叹，郁悒形于色，而堂适成。予名之曰"需"，且为之记。

夫以东洋小国，与欧洲大国交战，为振古未有大事。况馈饷无铁路之便，进攻有抄截之虞。浮寄孤悬，形势阻绝，环寇之国，窃指目嗤笑。虽亲好输情者，利害所关，无不抱危惧，而谋不愆其素，征辄有功，岂无所需而能如此哉？《易》云："需有孚。"险难在前，刚健而不陷，以正中也。顾彼之桀骜失信，侵暴背约，几乎十年。我用其恒，行险而顺。彼需于血，出自穴，宜其破碎沦溺。而就君一身言之，则得其九二，曰"需于沙"；其象近不逼难，远不后时，宽衍在中，则为之司命。进剿立威，其在辽阳、奉天一带地乎？故虽小有言，终吉，"需"之时义大矣哉。予尝谓：我俗所不足者，非勇武也，勇武而能敬慎者鲜矣。前年扶韩伐清，为他三国阻挠，战胜而威伤,开奸伪霸占之端。虽意在诚渎武,抑又处事欠敬慎之所致,吞恨尝胆者数年。此役深入不毛,扼守要吭,待悔过谢罪,而后收港湾与侵地,割壤表诚,军需有偿,亲好如旧,至"需于酒食"。则"需"道既毕,勋绩在身,君子以饮食宴乐,幸遇是之时。予虽无似,为不速之客以落其成,未为晚,不知得款待如故乎否?姑书以俟白旗翻敌垒云。时明治三十七年六月五日也。

含雪庐记

骤雨疾风之无时,海岳震动,怒涛拍天,声激雷霆,自村间鸡犬船舶,皆不得安。及寂然而歇,则天空海阔,唯见富岳带笑,绘岛呈媚耳。予每访矢野君逗子别墅,君言及于此,且曰:"吾虽甚惧之,乐亦在其中;惧乐交集,无能自释;而未有名居,请为撰之。"无几征露军兴,予亦倥偬归京。既而陆海军连胜,大势略定。及今兹过之,乃名曰"含雪"。夫雪至易消融也,而富岳留千年之白,自他山视之则为变;河川流动不息,而海浸涵蓄积,以水言之则为常。常之与变,无心相遇,有象相形,孰知其穷极。履常以观变,居治不忘乱,君子所以处身。其他祸福得丧,付诸造物不足以喜忧。杜甫有诗云:"窗含西岭千秋雪,门泊东吴万里船。"夫甫遭国变乱,用世之志,不得一伸;旅食东西,及赁瀼西草堂,云:"身世双蓬鬓,乾坤一草亭。"愁苦之状可想。君生长于东北,虽阅幕末祸乱,幸遭遇昭代,奉职海军,累进医监,位勋在身,老而罢休。置墅于此,任意来去,优游终年。如风雨始歇,万象寂然,于此恍有所得。咏诗围棋,譬之雪,随物赋形,应时无痕。其于常变之理,胜败之数,讲之平时甚明,不为世所累。安命无闷,则可乐者常在,而可惧者永消。况于敌军败残穷蹙之馀,准和不远,内外将复无虞乎。其居占海澨高处,拥门乔松两三株,西墙外列植稚松未成林,贾帆渔舟,自松梢隐见。风稷稷送凉,君与客敲枰,往往至夜深始散。晏起扫一室而坐,瀹茶聘望,则岳雪巍然带晴暾,滉样闪烁,来含窗既久矣。

吸 霞 楼 记

古言:"仙人好楼居。"所谓仙者,吾不得而见之。以秦皇汉武之为帝,求其术不得。使其果得仙药,长生不死,则禹域生灵之灭既久矣。自予患痰咳,数游逗子,每游必假一楼寓焉。风土气候之宜,霍然忘病在身。而其地山峦围绕,缺一方面海。早起倚栏,翠屏掠眉,屏外又有数峰,如过客露髻,引裾入海,截然而止,曰鸣鹤岬,与今村崎抱合,内为逗子湾,骏豆诸山隔海,如天马振鬣赴水,遥与三崎相望。巨鳌露背为绘岛,富岳屹立其西,端庄伟丽。道家所谓蓬莱、方丈、瀛洲,不必他求,而非登高则无以望远。此楼之设,虽为众客计,予乐而居焉。睥睨海山,呼吸烟霞,无事为闲,不死为生,惚恍仙趣。而修短有命,终期于尽,寓耳目之乐,以抗思于尘壒之外,吾岂异于人哉?

楼主金子某旧郡山藩士,逆旅割烹为业,清癯好酒,恬淡洒脱,客喜就之。业暇出而围棋,丁丁终日,归与妇饮。未有名之,唯揭子爵大田原某书匾额,题曰"芙①蓉涌出"。顾此地距镰仓一里,南连叶山,旧为耕渔僻乡。自浴海养生之说行,置皇储别殿于叶山。都人士女来此避寒暑者,年多一年。衡茅接瓦屋,烟峦碍遮瞩,其瑰奇绝特之观,皆从外而来,内有以容之,虽从外来者多不妨乎。予顾而乐之,翩然独往。鸥鹭所翔集,鱼龙窟宅,飞

---

① 芙,原作"英",据卷四后勘误表改。

潜得所,掀髯耽胜,不知日之夕,骨冷魂清,见者以为仙。痴仙乎,散仙乎？昔者欧阳修自号"无仙子",以警世人之学仙者。今我虽未曾学之,而以散仙寓棋仙之楼,苟有其实,不必辞名,胜于彼妄意贪生,无其实而强求,并社稷生民亡之者远甚。则予与主人,当甘受之,乃名曰"吸霞",且告之曰："古目美酒以九酝流霞,主人善遇客,客来如有物吸之,皆容而安之,然后齐眉对案①举杯,所谓仙药莫过焉。不然仙凡在心,而不在形,安可求而得也。"

赤井岳观龙灯记

平城西北万山骈立,刺天入云,其最高而秀者曰赤井岳。岳腹有寺曰常胜,大同二年创建,所奉药师佛特见灵验。殿宇庄严,香火极盛。相传有龙夜出东海来,奉灯于佛。事甚奇,心窃欲观之,而未得闲也。十一月三日,三田智周来言：文武士过藩者,讲业一场;知事出闻之为例,请明日拂席待之。乃上佑贤堂见知事安藤某,及参事味冈、松浦,教授神林、福岛等,讲《孟子》"五亩宅"一章。此夜参事、教授以生徒若干人来赠酒肴,盖公宴也,且曰："戊辰之役,藩邸校舍皆罹兵燹,未遑营筑,敢就客舍飨之。"酒间谈及龙灯,其明报曰："请以明日从游。"

五日晴,出郭小半里,桥畔酒店有客剧饮笑谑歌呼。神林与二僧先来迟予也,僧即安养寺、逸山寺住持,皆近相识于龙门寺者。安养精通《左传》,逸山善诗,称为法林翘②楚。山麓村曰赤井,地肥饶,山多杂树。神林酷嗜酒,口不离杯杓,闻村有酿家,枉途买

---

① 案,原作"安",二字虽通,依今通用字改。
② 翘,原作"尧",疑形近而误,据上下文意改。

之。既而味冈、松浦挈樽追蹑，曰："我公闻君有此行，急命草具随行。"时夕阳含山，归鸟飞散，路转溪分，度略彴，有老媪结庐待客，就命一酌，神林与安养，醉味方浓，超然先众而发，蹁跹失影。山势从此险绝，仰见径路连天，其下井邑蜂窠莲房，簇簇落脚底。忽入松杉蓊郁间，气冷路昏，峭壁起于前，鼻孔撩天而登，险极有石磴达寺门。寺僧为开馆设汤饮，皆困醉不胜，枕剑假寐，忽有雏僧来呼曰："客起起，出观龙灯矣。"时方夜三更，循寺左行二町许，有台设席，悬在崖上。山风棱峭袭人，星斗烂然，其下冥蒙不见际，有白气横前，众注目寂无语，僧叫曰："灯现于彼矣。"神林曰："不类，无乃行旅所提乎？我闻凡火青者为鬼火，赤者为人火。龙灯青白相参，此所以其为异。且此山一名水晶，水火相亲，山泽通气，如磁之吸铁，所在远火朝之，固无足以怪者。唯其明灭无时，寻水脉来登者为真龙灯。"味冈曰："洋说所谓惠礼机即是。"安养醉未醒，大言曰："皆妄语也，吾未见一灯。"言犹在口，倒而鼾齁。予亦未认之，但有一二星火不移动，所谓溯川逾谷，来悬树杪者何在哉？意是井邑残燓，不过假以神之。昔者宋绍圣间，有道人坐相国寺，卖赌钱不输方，有博者以千金得之，归发视其方，曰："但止乞头。我辈于龙灯，亦当如是观，不必切切辩诘可也。"时方向晓，瘴气砭肤，不可久居。又饮以酒，归就寝少时，即出观朝暾出海，殊为壮观。归途访高月台饭野氏，夜深归寓，剔烛记之。

铜　马　记

堀江弘贞家世仕沼津侯，以善御闻。家藏铜马一，曰宽永中斋藤定易所作。马与御法并传至于予，百五十馀年外物。盖铜马昉于前汉东门京，其后马援铸铜鼓作马式，此马效之。定易能登人，正保间从斋藤辰光受业，年十七授赤鞭，七年得紫鞭，又三年通驭家三传；进修倍勤，终印可金鞭，称驭家长者。明年著《武马见笑集》，三十注色纸卷。越六年撰《修马相会》《武马名鉴》《驭家必用》等书。夫射御于家国，不唯用诸战斗。在平时，娴礼肃仪，而世人往往夸耀金辔玉鞍，动辄流华法，不敷实用。定易慨然不追时流，自马气息悟入，其执鞭驰驱，纵横折旋，坐立飞跃，唯意之所欲，马入范围不自知，宜矣此马之雄骏腾骧，百世奉为马式。定易以此传之于久保田弘隆，弘隆传之于堀江弘前，年八十一没。弘前传之于其子弘昌，弘昌传弘亭，是为弘贞父。铜马所在，御法传焉。予百事皆拙，最曚于御。然曾闻诸人，自世喜华法，剪鬣刺筋，烙之刻之。前有含轫橛饰之患，后有鞭策驱逐之威。规趋矩步，会有骏驹跅弛，蹶踶难御者，则弃而不顾。伏枥老死，相率为驽骀。呜呼！是岂独马匹乎哉？德川氏末世于麾下士即是。唯此马距元和偃武不远，霜蹄踏铁，骏气空群。所憾其人既亡，秋深草枯，将悲知己于千载，抑又思为圣世一伸骥足，而善御之者谁欤？弘贞诩诩顾眄，请予记之。

木村重成佩刀记

主幼臣疑，母氏擅权，天下之势归德川氏。丰公先几之明，盖尝有见之。故遣命木村重成，保护秀赖。当是之时，重成领一军，前将军家康潜使人招之，仗义不应，赠女兄夫猪饲某以此刀，曰："天下永为家康之有，仆不敢怀二心，特愿速死耳。"五月若江堤之战，斩敌将三十馀人，遂死之。先是东西和成，重成莅盟。前将军针于指曰：年老血枯。重成为不闻者，遂取血誓而还。呜呼！重成之决死在此时。言此刀经数十战未尝蹉跌，不独用诸战斗而已也。我友佐川柽所获之，赠松延某。某茨城县水户人，爱护不措，曰：太阁之阔达大度，假令不善贻厥，而诸将何苦反侧？亦观群小在间恣威福，势不可救耳。若其鞠躬尽瘁，舍生取义，不为利禄所惑，如重成其人，今古不可多得。时对此刀，足以自振起，请为记之。予曰：人之嗜好多类，好味、好游、好丝竹管弦、好名人书画古珪璋。而君谢群好，独爱此刀，何也？水户义公以来，右文尚武，先天下倡义，而内讧叠起，同藩推刃。及大政复古，存者无几。世态年改，士气日偷，入参机务者，多是为他藩人闻风而起者。则君之于此刀，有感特深矣。刀长二尺有六寸，腊广一寸，茎长七其腊广，堀川国广锻淬，名曰"草末露"。呜呼！重成精忠义胆，凛然亘千载不磨，是真可宝。而君非徒宝之者，感友谊之馀，欲一语告来者，以鼓励其乡既衰之义气。而授受无左券，则难免物议。以予与二人，交亲有旧，兹应其请记之，以证挂剑之谊云。

宝刀番神丸记

刀茎长三寸，倍茎长加一寸有七分为身长，腊广七分有五厘。表镌"妙法莲华经"五字，里刻三十番神，应永中宇多国宗锻淬。距今四百九十馀年物，友人冈君兵一祖孙奕世所传也。按，冈氏系出自武田义清，二十世祖曰伊豆守信繁，灭一色氏有若狭国。信繁五世孙政俊为江州多贺祠官犹子，始称冈氏。八世孙盛俊称刑部左卫门，后改和泉守，为若狭太良庄城主，天正八年卒。盛俊有二子，长武俊继，次定俊称左内介，豪爽有武干，父殁去国，游事蒲生氏乡，在会津食一万石，既为上杉景胜客将。景胜与大阪通谋，使定俊援福岛以厄伊达氏。方秀行伐会津，阴使人招定俊，不可。伊达政宗击福岛，声言向梁川。福岛城将本庄重长，遣定俊及布施、志贺、富田等赴援。途遇政宗于松川，众寡悬绝，诸将惧，欲及半济击之，定俊曰：不如我先济背水战。乃以手兵四百骑，乱流而进。诸将踵济，战败死。政宗以一万五千人，跃马薄定俊。定俊顾击政宗中胄，不伤；再击断其裳，政宗马骇而逸，此刀即当时所佩云。及景胜徙米泽，定俊辞去。政宗招之不就，复事蒲生氏食一万石，称越后守，既而归国承后。及大坂事起，政宗见定俊视其裳曰：是名将所断，不敢失也。以寿终于邑，有六男一女。长政信继，无子。次许官仕筑前中纳言，食四百石。中纳言逝，归承兄后。子许旨继，娶杉山源吾女生许景。初源吾有二女，其一为丰公夫人浅野氏所养，嫁之津轻，生桂光院，津轻侯因召许旨禄之，实承应二年十二月也。累功进城代，食六百石，而庶族之在小滨者，曰组屋，曰隅屋，为士为商，信息阻绝者二百馀年于此。兵一君之父许义称格马，祖许良其兄曰许定。许定分己禄三十石，为弟许良立家。许良生三子，格马即其季子，资性亮直，笃于亲故，少壮誓以击剑自立，蚤夜刻励。业成。天保七年擢列藩士，时年二十八。越二年展墓小滨，本境寺者为冈氏累世香火院，就审番神丸犹在。殷勤告故，得此而归。初定俊观天下事大定也，纳刀于寺，示不复用。寺僧世奉之宝龛，盥嗽奉事，惴惴焉恐浼之。而及归冈氏，时出拂拭，紫电白虹，寒人肝胆，视彼盥嗽奉事之时，孰显孰晦，百练铁英，不可混笋蔬缁流。一旦跃然得其裔孙而归之，即祖宗在天之灵，阴相默赞，有不可诬者焉。兵一君凤承家风，善击剑。戊辰之役，转战于南部松前，铳丸贯腰，不屈。十五年朝鲜之变，同我辈击破重围，斩贼无算，即是乃祖乃父之遗风。抑又此刀鼓励，如有鬼神左右之。呜呼！何其伟也。及乞予记,并录以谂为之子孙者。明治十九年二月。

元山港筑堤记

朝鲜东北要港,首推元山。山脉自南而来,引裾入海,曰"葛麻浦",与北岬相抵,翼然抱合成湾,内容大舰巨舶。沿岸之山,曰"长德",挨次蔽后,有赤田川贯流。自明治十三年立约开之,我民之徙居者,夹川起市街,今之画甍鳞鳞,其初满目荒草野田也。百货云集,士女乐业,其初卑隰沮洳墟落也。以故每夏秋霖雨,海潮怒号,水无由排泄,逆行襄陆,没堤岸浸屋庐,间三四年必有之。如二十年八月,川海为一,居民昏垫流离无所庇,特极悲惨。沿海旧有堤,甚低且坏。我领事数促修筑,而韩吏漫不加意也。廿四年,署理领事久水三郎见德原府使兼监理事务金文济,议修筑事宜。监理禀其政府,领事告公使,公使与督办议,事始妥协。令监理董役,聘长崎人高木荣藏,当一切事务;奥村义重督工手,矢野万吉率役夫。自廿五年五月,至八月而竣。堤用石筑造,高九尺,基六尺,杀上如法,长千三百三十八尺,计费七千三百七十五圆。而监理职有规程,不及目其成,今府使兼监理李承载及主事申珩朴继成之。其间通译奔驰尤效力者,为我书记生中村庄次郎。凡事成于自同,而败于自异,虽乡闾亲故间且然。况如此堤成于两国官民协力,而任事者有期,不能久其职。他年或生异议,或怠不加修,并前功弃之,民无所庇,是岂所忍见。因勒诸石,知成事之难,庶几免悲惨,以永赖其惠云。

谷 地 塘 记

保原、上保原、大柳、所泽、富泽、高成田诸町村之为地,面山背川，高燥乏水，旬月不雨，田龟坼①，禾稻枯，无数岁无之。静冈杉坂静斋保原人，初居江户，后徙今地，安政四年以事归里。一日告众曰："我不忍目乡人之常苦灌溉，作堤贮水，无若谷地者，乃为规画建议。"而当时诸侯封土，犬牙相接，利害相仍，议不协，事遂熄。明治十九年，尾形长兵卫、大河内权三郎，以为遗憾，谋诸六村户长佐野政休。政休赞之，既而转职不果。大河内虎之助承后，拮据当事。佐藤几之助，掌出纳办庶务。是岁三月起工，越廿三年三月成。堤长三百六十尺，高百八十五尺，厚加高壹尺，而杀其上得五分之一，用人之力三万五千工，所废田七町二反九亩。塘口狭而奥开，为两歧，各九百尺。设闸二所，以时蓄泄。溉田九拾九町三亩壹步，费金壹千五百圆。静斋闻之，赠金若干，圆以助役。长兵卫亦捐资若干，馀皆出于有志协力。富者以金，贫者以力，一切不仰官，请予记其事。予谓凡事之成否，相因于无穷。废七町以溉百町，得失了然。而封建馀弊，束手无策可施。今之成，虽赖诸子之力，抑又昭代馀泽，孰不欲其久存。而朽壤蚁穴，易致决坏。慎微杜渐，永免旱赤之忧。为继者之任，刻文于石，岁时修治，惠后人岂有穷极哉，乃喜而记之。土俗称"沮洳"曰"谷地"云。

双 柳 堤 记

逢隈川发源白河西峻峰复岭穹谷之间，诸水会焉。三十馀里至猿峡而一束，为福岛县巨浸。峡西南地平衍肥沃，夹川弥望皆桑田，自古以养蚕名。而封建数百年，壤地交错，利害各异，御之于

---

① 坼，原作"圻"，疑形近而误，据上下文意改。

此,则妨于彼,物议纷纭,竟任缺啮四出,以致流域壅滞,河身蛇蟠蟆屈,屈久必决。伊达崎当其冲,尝割一村为三。每夏秋水潦,泛滥涨溢,无由排泄,肥沃变为沙砾不毛。廿三年八月,予偶归乡,时暴风雨连日夜不歇,隈水涨一丈六尺。忽闻怒浪雷吼,声振屋宇。决西柳眼堤一千二百步,瞬间浸二百馀户,破坏田产五十四町,贯伏黑上郡,直冲中濑。明年本村课出工费七百圆,急塞决口,名曰部费,不肯累支村。廿九年洪水坏河原堤六百步,漂没略同前年,川由此分为二,故道水势渐绵弱。三十二年九月,终决中濑而南移,直流归一,不复见屈蟠状。先是村长龟冈彦助、助役小沼明信,具频年水害状,建议县厅修堤。堤仍旧基,塞决口者增高至一丈二尺,厚加三丈六尺,杀其上得厚五分之一,接之曰"笠松",曰"出河原",比柳眼渐卑,东西延长二千二百五十步。三十一年十月起工,至明年五月而竣。费一万叁百拾九圆,出自县厅。更名曰"双柳",所重在塞东西柳眼决口,举重略轻也。工成之三月,川遂南移。盖水性之所趋,求其道而出。上游既生变,舍曲就直,复其本性,在数当然,非区区人力之所得而左右也。虽然,蚁孔溃河,溜穴倾山,顺导防捍,在平时用意何如耳? 自今以堤成之日,为当冲之时,戒惧修治,不敢怠废。则故道淤塞者,垦辟为桑亩,繁条茂翠,将不知其际。若夫植花木满堤,春夏农隙,少者扶其老,壮者具壶樽,出而群聚欢呼,堤亦从巩固。予虽离乡既久,岁时一归,昔吊其灾。今见此祥,偕父老对花献酬,颂圣世以歌成功,不亦乐乎。谋建碑者,前村长石幡吉之助等廿六人,皆曰: 百年之忧消,而春夏之乐饶,所虞继者之或怠,不知始作之苦心,请予文刻之。予固悉川之利害变迁者,乃善其用意周到,动合机宜,以能捍患兴利也,遂记以告后人焉。

军　鼓　记

征清师兴,敌陆海军,在韩者望风溃走,仅有左宝贵、丁汝昌等,守命致节而已。我友陆军中佐水野君胜毅,任大同江北守备,兼督运粮仗。时会平壤城陷之后,枕骸填巷,草木惨腥,君意及今不痛除之,至冰雪融解,则流毒伤兵民不测。日率部兵掩埋,偶于宝贵营乙密台,检出此鼓,皮破而胴全。事平载归,塞其一面,蹲之充火盒,请予记以传家焉。按,《忠武志》:"诸葛鼓形圆,上宽而中束,下则敞。"又云:"都蛮每出劫击诸葛鼓,每出必胜,益以鼓为灵。"此鼓虽为形少异,亦类焉。鼓之灵与不灵,今不必论。独怪彼自称中华,而用蛮族疏粗故器,以当我日新节制军,非愚则侮。其每战必败,自取困蹙固宜。虽然,宝贵临危不苟免,一死全报国之始终。观其器之陋,倍知其节之苦。且予曾识汝昌于汉城,及闻其势穷力竭,从容自尽,有诗吊悯。今观此鼓,触类推情,有感不浅。况君之子若孙,他日围之取暖之际,无乃思父祖当年收之横尸冻血间乎?思之在兹,可慨然起绝塞展力之志矣。

材　岩　记

奥羽交界处,峻岭巍岳盘薄,劈云翻雨,南起于信越,北至青森而尽,诸水东西奔注入海者,皆源于此。材岩在距白石西数里户泽北。户泽与渡濑,为山中七驿之一,高寒僻陋,人无恒产,逆旅邮传为生,俗尚日偷,极目荆榛,无由慰心意。岩亦在间道山谷穷处,古诸侯往来皆过其上,虽土人好奇者,惮险厌劳,自奋探胜者其少。地旧片仓氏采邑,今隶宫城县。迨铁道自福岛分歧,历米泽入山形,则旧道几废,无行旅所为而至,七驿户口岁减。宜材岩之奇,至今未甚显也。予少时屡过此，每过必留赏，不能忘于怀。其地山脉横绝南北，有一水截开之而流，岩当其冲，侧立万仞，亏蔽日月，鬼斧神镬所削成。其大如栋梁，细如椽如桷，积累者成板，支撑者成柱。直合绳墨，平经砮矸，榑①栌椳闑②，莫不备具，皆天材也。奇松自罅隙迸生，翠蔓蒙络，披拂参差。水啮其涯，崩裂委积，波与之战，洄洑沸白不得出，震荡雷鸣，为瀑为濑以东奔。对岸山有穴，其深不可穷，风习习出，凄神寒骨，盛夏见冰，称曰"风穴"。其下多大石，如床如堂，突怒者狮翘首，偃蹇者牛眠坡。每雨潦滚转异所，洁净如拭，上可坐数人。仰对峭壁，俯数游鱼，最与观月宜。溪即白石川上流，多产年鱼及鰕鳟。片仓氏尝设令，每岁待潦降，始设梁笱于此捕年鱼。鱼缩头大腹，长尺馀，胜于大谷川、鬼怒川所产，一夕所获数千尾。及藩废，数罟无制，不待长养而掩捕，游者亦绝踪云。以予游迹所及视此，金洞瑰奇而缺水，岚山佳丽而无岩，松岛琵琶湖之浩荡杳渺，非一目可揽其胜。专之于此，则有遗于彼，虽造物者不能免。独此岩具众美，而自人不知变计开发，极目涸弊，自汽车取便，奇胜湮晦。昔者山阳游耶马，拙堂赏月濑，皆有文记之。③ 而后游者接踵，则山水之有遇不遇，人事荣瘁系焉。安得二氏灵妙之笔相发，以启后之好游者，不弃群材于遐陬，而予非其人也。

---

① 榑，原作"搏"，疑形近而误，据上下文意改。
② 闑，原作"阅"，疑形近而误，据上下文意改。
③ 此处两文指江户时代著名汉学家赖山阳游历现大分县中津市耶马溪后所作《耶马溪图卷记记》，及斋藤拙堂游历现奈良县奈良市月濑后所作《月濑记胜》。两地都因两文而闻名。

卷　三

请建郡县学疏 <small>明治二年春作，时东北兵荒多事，未及上之而止</small>

　　臣贞诚恐顿首。伏以时际维新，金鼓一动，万方毕臣。皇威赫隆，庶政振张。中兴之德，太平之功，千古罕比，天下无足复虞矣。臣贞诚恐顿首。伏惟天皇陛下神武英断，仁民爱物之意，既孚于家国，以左右大臣其人，府藩县之制得其法也。臣不肖，何敢冒言于其间，然而所以区区欲止不能者，以学制未立，人才无所教养也。臣贞不自忖，敢陈固陋之见，伏惟陛下万机之暇，详思而择其中，幸甚。

　　欧米人始航以来，天下多事，加之名分错倒。天诱其衷，一洗旧弊，政归皇室，公选万姓，委之治民之权，不拘资格，诚加之意，则天下何为而不成，何欲而不得？然而顾有请于学政何也？盖近时宇内大势一变，英之制不晓国史、天文、地理、算法者，不齿于人。国立大学、乡小学，延师以教读。米国例云，教人习学六艺，每乡设学馆一所，乡中富者课银延①师，教授子弟；若乡中无富者，会城中官员借助。学者每年考试一场，取中者入馆内，如汉土之秀才。习

---

①　延，原作"廷"，疑形近而误，据上下文意改。

学以四年为期，不遵律戒，不待四年逐之。既四年，则如汉土之举人。散馆后，或为官为士、为农、为商，而各司其事别有大学馆，惟许已中举者进焉。所学有三，一圣文、二医治、三律例规条，二者不可兼得。又以三年为期，期满业成则登用之，犹汉土之进士。

呜呼！今之欧米，非古之欧米。欧米且然，而况以我赫赫神州，讵庸谓不如之乎？盖自文武帝始释典先圣先师于大学寮，后世知重儒术，有劝学、奖学之院，专以教诸王。自武臣互相轧，斯文丧亡。臣杀君，子刃父，不甚相怪。保元至元和，岁无宁岁，武且黩之，何暇及文教。元和至今日，可谓极治矣。而武人秉政，以资格官人，土世其禄。虽有昌平黉、藩校之设，不容民间子弟入学，抑躁进奖重厚似矣。但选擢路狭，不足以尽天下之材，材亦未必出于学也。且士民分定，不以时沙汰冗员，以是往往当局生惑。其所从事，非其所曾学，以宋学为极致，汉唐古学与欧米新说，不容于其间，此何异于不学也。今天下销锋灌燧，无鸡鸣狗吠之警，万姓想望太平。当是之时，学制一立，陶冶人材，养成俊杰，其列于庶位也，如械朴之盛，以给国家之用，宣扬皇威于海内外，不亦盛乎。呜呼！宇内大辟，各国竞雄，视大海为坦途，测天量地，假浩气以济其欲，鸣好生之说以售妖教，引趋末①之俗以啖机利。宜及国家闲暇，建百世不拔之洪基，以为之根据。定心思一趣向，舒观其动静，而今乃其时也。政教之益于国家者，虽出于彼，必取之；法制之迁于时势者，虽有成例，或舍之，唯顾其成绩何如耳。戒而视其成，以既成之材，治既教之民，所以国力致隆盛。《周易》云："不家食吉，养贤也。"释之者曰："君既有大畜之实，以之养贤。令贤者不家

———————
① 末，原作"未"，疑形近而误，据上下文意改。

食,则大正应天之道,涉大川不忧险难。"不然,天宇之广,地球之大,株守偏见,不能通其变。臣恐狐狸哐哐,笑于后矣。此臣之所以欲止不能,事陛下效惓惓之义也。其至大伦、大法、礼义之际,则非臣愚所及。但将视于彼而强我,资于我而制彼,实内以威外,窃有感于才之难也。伏望承涣散之后以节制,而于开物成务之日,乃已虞之,无遗事过无及之悔矣。臣愚不自揆,忘其狂妄,敢陈固陋之见,唯陛下所择。臣贞不任杞忧,诚恐诚惶顿首。

七州事务议 明治三年八月呈按察次官某公

贞以草野书生,荷明公延见,赐之曲坐。讲读之馀,数垂问时务,感遇惭恩。虽自审碌碌,不可以无言。窃惟七州僻在东北,一旦叫呶于大刑,虽悔过谢罪,而未悉朝意所在,动辄硬化动摇。于是置按察府,审按藩县向背,士民疾苦情状,一洗反覆庸愤,以经纪岩磐、三陆、二羽,机宜方略,渐次具举。贞自顾徒言无益于事,况生长田间,蒙于事体。只葵藿之念,不能一日忘于怀。谨具十六条,利弊得失,见于辞,施行先后,只明公所采择,惶恐塞命,伏惟留意施行为幸。

一议奉旨。固皇基以张皇威,非举国一体同心则不可。而七州至今硬化弗靖,其故有六:曰吏民腹诽,未体万机决于公论之旨也。曰信疑相半,维新宏谟,虽二三西诸侯协力倡义底于成,而气运至于此,固有非人力所得而争。凡民可与乐终,不足与谋始也。曰知为藩臣民,而不审为朝廷臣民。以源平以降馀习浸肺腑者未袪也。曰知有皇国,而不知宇内形势为何物。以藩学固陋,教养无素也。曰开港互市,疑与民争利,而不审通商富国,即为近交远攻之术也。归农为辱,带剑为荣,意谓形变于外,心则内移。不知虎豹之威百兽,非皮毛所能为也。且夫四民唯士为兵,不幸一败涂地,三民傍观不救可乎?朝廷一意开进,争衡宇内。而士之难赖如是,何以张皇威?若夫练之有素,率之有法,则草木皆兵,何独士而已?故今日奉旨,将自有在,而祛士族旧习,同三民执业力食,尤为之先。

一议祛旧习。普天之下,率土之滨,谁不为王臣。而士居三民之上,以带剑然乎?倒持以向其上,有深谋伟略足以用乎?古来出非常有为之士,不必限士族。而彼常鲜衣美食,昂然临民,农工商贾有小不敬,动辄叱咤怒骂,执鞭笞暴掠,不得与之抗;甚者一刀两断,视为当然。呼以尔汝,役以奴隶,士与三民怨恶,由来尚矣。呜乎!朝廷一视同仁,孰不为至尊赤子?民间有恒言曰:彼与我才艺相若也,智虑相似也,而以名为士之故,敢凌辱我可如何?则如是之类,脱刀编伍齐民,或归之军团,固其所也。

一议敦农。士劳心,农劳力,劳力者为劳心者所治,自古既然。士而不劳心服务则削其籍,农而不劳力耕耨则无自活。农能执业矣,壮者以暇日讲孝弟、忠信、修己、治人之道,是为秀才。举于县,试于簧,荐于朝,以尽其用,则农不可不敦也。敦农之要在均田,均田之法,古来多弊难遽行,亦在师其意不泥其迹耳。请先言民之所以贫,与其所以富,则难易自见。着手先后,亦将自有序。盖农之富也,非徒富也。非祖若父竭尽心力,暴露体肤,忍情惩欲,寸寸以积之,则全家无疾病事故之所致也。非有良子弟蚤起晏眠,耕耘不怠,则蚕桑幸有利也。非如安坐射利商贾之得幸也。而田园多归豪农大贾,兼并俗成。贫氓无立锥之地,固为可闵。然分口均田,不徒增纷扰,得者怠而失者恨,故豫下令检覈。凡豪农兼中人十家产者几人,富贾占良田者几人,贫民为人佣作者几人,穷民无告者几人。地之久废,可开垦以植三草四木者何地,水草足以牧六畜者何原野,水利可导引资灌溉者何河川,详悉以闻。官又差吏着实审检,然后谕兼并者曰:皇政复古,事物革新,以汝等能勤于业,朝廷①嘉奖。虽然,普天之下,无寸地不王土,非可私有。而汝等忍情惩欲,历世占据为己有。官不欲无故还纳之,其各分口留亩。余当照时价买之,其法按亩作券,按价附息,限以十年若二十年,按期完清。一面计穷民户口,应分给付。期亦如之,或缓期低息,至与米价相抵而止。若富民不愿田券者,赐爵位褒旌有差。当其给付田,则工商足自衣食者不与焉,恐流于怠惰也;饮博无赖者不与焉,恐伤于滥也;游手浮食者不与焉,恐秕于政也,必也诚实而遭愍凶。或虽父无行,其子勤勉,为人佣作者皆给之。而鳏寡孤独在恤典者,出于此中。取有馀补不足,抑骄佚奖孝弟。如此而敦农之政十举其六七,所虞饮博无赖者,未得其所也。盖尝见此辈所为,不能禁而绝之,不能罪而改之。禁绝之于此,则又盛于彼,冥冥之中自有乐地。故饬令曰:四民各执业,有此业斯有其具。兵之于铳刀、农之于畚锹、工之于锯凿、商之于权锤,皆备其用也。不执此具,而华衣美食,是为博徒为游民,不容于皇政,不齿于民伍。伸戒数次无改焉,然后惩戒责罚,惩一儆百,习俗渐移易。虽然,此辈多是赤手横行,无地土可耕,无家资可贾。使之就水草荒废之地,牧牛羊豚豕之属,以敷民用充食肉,尤可也。所虞彼百年陋习,渐渍骨髓,执心阴险,负气无赖,自非撰豪强干事者为之长,往往相率恣睢,易生事端,最当留意撰任其人。此事果可行,则三陆二羽不忧无其地。纵令土壤不宜谷粟,而水草宜牧畜者,无处无之。食其肉衣其

---

① 廷,原作"延",疑形近而误,据上下文意改。

毛,制练皮革骨角,以运贩四方,使无产之民就业。若夫就业之后,
渐次垦辟,艺三草四木,纺绩织纴,男女相翼,益广其业,不必赘焉。
古人云:"民无恒产则无恒心。"故前开可乐之利,后悬可畏之罚,
然而不悛,是谓硬化之民。天网恢恢,疏而不泄。

一议利器。明治新政后,器之利者日出不穷。而马车虽便,不
遽行穷陬。汽车费不资,非今所当议。唯民间必用,不过耕耘织纴
驭驾漕运之具。而诸藩兵阵战斗之械,理化学术之器,系欧人近世
发明,省人力便资用者极多。则当益讲求研覈,以广其用。虽然,
为之不易,故官奖掖之。藩出其人,应分保护。在欧洲制造局二三
年,归国起厂作之,是为上策。盖省人力者,省之于此,将有大用于
彼也。

一议便商。转圆石于千仞之谷,覆瓶水于百尺之屋。论兵势
也,便商亦不异于此。夫商以逐利为务,利之所在,水火不避。故
我因而开其便,彼亦利其利也。百万谷粟,辨之方寸,日夜执牙筹
通济,如转石覆水。故商以利役之,农以惠怀之,士以廉耻致之。
而商无所统一,则各利其利,而不为我用,金币有所碍,谷粟有所
滞。窃按七州要港,东有石卷,西有酒田,北则青森。撰此三港,准
置二三商社,使富豪干事者,约束严明,任之以吐纳谷粟麻丝类。
所在藩县效之,结社集力,互相通济。岩磐、三陆以石卷、青森制
之,二羽以酒田充之。如逢隈①、北上、最上三大川,务加浚渫通舟
楫,运其有馀而贱者,就不足而贵之国,以平物价为务,以通有无为
业。则兵与农工坐享其利,而奸商无所施其术矣。或曰:凡物滞
于一方则贱,散于四方则贵,开港浚川吐纳百货之说,恐非策之得

① 逢隈,原作"隈逢",据上下文意改。

者。曰：子亦以家为家，国为国乎？盖皇国为家，地球为国乎？舆地广矣，奚之无国。而欲治国者先齐其家，欲齐家者先修其身。举皇国之人，一身同体，则两京为首，九州四国为右手，七州与北道为左手，我与吾子，亦累然一块肉，而将分裂区划，痛痒不相恤，不仁亦已甚矣。若欲恤之，无若创社便商，统之一厅，通济川梁，改修道路，以漕运得方为急。若夫竞输赢于欧米市场，称雄海外，亦不过扩张斯业而已。

　　一议足食。三年耕有一年之食，生之者疾，食之者舒，即古来足食之道也。但其贮蓄之法，有义仓、社仓、常平仓等。而任之非其人，则名存实亡，无能赈济。请先以闻见所及言之。方幕府盛时，桑折代官管十馀万石地，每村设有豫备仓一二栋。仓有守户，开闭以时，村长司管钥，禀于官而后聚散，散之自春耕至秋收而止。秋收之后，再照原数纳之，必有息以备于耗米。新陈相易，有无相济，非为法不善也。而假之者贫民，无及时能偿；积之者富民，趁期必纳。假者喜，积者倦，年复一年，有减无增，后唯拥空名耳。初此仓之设，官留正租米若干斛为资本，谕民应分积之。既积之后，贷与贫民。青黄相接，行之数年，魏然为一大仓。及仓盈，则偿还正租，专归一村共有。每还纳，只收耗米数升耳，不复纳息，法洵善矣，吏民便之。然及其久也，村长不勤，贫民狃惠，而县吏检查，在间贪赂遗，不欲仓之充积，阳谴阴诱，黄白满怀，醉饱而去。宜矣往往屋坏栋挠，乘之以旱荒，仍之以水溢，一年之食且不给，况于九年乎？七州之广，类之者必多，宜早洞察其利弊得失所在，可复则复之，可废则废之。或别设一法，备之于其处亦可，徒仰商贾流通抑末矣。夫商贾既执通济之权，亦得以恣壅塞之威。威权下移，渐不可长也。

一议杀礼多昏。夫礼品节人情,人情品节,而无旁溢之虞。男子自十六以至三十,可以为人父;女子自十四以至二十,可以为人母,古之例也。佛国例,男至十八,女至十五,得为婚姻之约。《诗》美"昏姻以时,国无鳏民";而及其乱也,男女失时,"桑间濮上之音"兴。七州自戊辰叛乱,男女无夫家者甚众,仍之以昨秋不登。人情郁则溢,溢则乱,于是礼义消亡,淫风大行。或窝娼待荡子,或寡妇孤女,隐然鬻淫,以图活。所谓"匪来贸丝,即我谋之"之类,往往而有之。遂相奔诱为流氓,其情实可悯。周制,国有凶荒,会男女无夫家者,杀礼多昏,所以育人民也。人民多育而地辟举。故为今之计,宜下令曰:配耦要及时,其失时者,里正检之,媒介配之,勿愆期伤情。其昏礼服饰,务从节约,不容过分逾度。富豪乘势张盛宴,惊动闾里者有谴,豫防趋奢侈。曾闻民间有一种弊习,其家与乡党壮丁不相善,则方昏嫁之期,往往妨妃耦,甚则投土石毁窗户妨碍之,不使其成礼。民间隐微之事,虽官不好摘发,而坏礼伤风,所及甚远。宜谕党长乡老,洗刷弊习,而严禁堕胎者次之。

一议禁堕胎。或曰父子天伦至情,而至敢图堕胎者,自非贫窭无由鞠育,则残忍惨刻无情人也。惨刻者我得而戮之,但流弊之久,往往有恬不为意者,且此事多嘱产婆与医师为之。孰不为朝廷赤子,多一民斯有一民之用。况天道生生为心,逆天害生,固刑法之所不容。而事成于冥冥,无得而知之,如何禁绝?亦正其源耳。盖一家之源在夫,夫既已贫,我将恤之;残忍惨刻,我将戮之。医师、产婆承其请嘱,为此不仁无情之举者,正以曲刑,而要在感动人心也。春秋使里正检之,上簿以闻,其贫民养三子以上者,年给金谷有差。至其子二三岁,父子恩爱情动而止,以感其心系其情。若夫都会辐凑之地,设育儿院以收养。行之数年,则弊风自息,亲子至情,可油然起矣。

一议额兵。何言额兵,汰冗兵而定兵额也。维新以后兵额略定,而犹申言之者,恐其有假冒虚员也。凡兵贵精不贵多,百人资给,移之五十人;五十人资给,移之二十五人,裕其给所以责其精练也。分常备、豫备,效步、骑、炮、工等西式结队而操练之,严纪律以作其品性。无论,随处置军团,豫备有事征发,无事为农、为商、为工,各执其本业。而今之称藩士者,区处得宜,则不至虚糜廪禄。一面遣教士,春秋农隙教督之者数旬。常备与豫备,皆有年限,限满交代。前有给养之丰,后有虚冒之威,将校率之,鼓舞义勇之气。穷乡下邑,见而惯焉,习而乐焉。儿女犹谈兵,况于壮丁乎?措铳则农,抛锹则兵,所谓草木皆兵,卫内御外,宣扬皇威,无不职由于此。然是言郡县也,如封建则自将酌商有其人矣。

一议厘户籍。户籍之紊乱久矣。死生出入、有籍无籍,与执业正邪、寄寓久暂,无由知之。里正沿袭乘除,寺僧照例押刬印,不关其人改宗、失踪、转徙。吏受而阁之,不复检覈。昭代仍之,未暇厘正。盖有司坐厅堂,悉民之贫富、众寡、出入、增减者,无如户籍。而难准据如此,以何经理国家。则厘正之法,宜详不宜疏。始自什伍,至于郡于县,小村合六七,大村二三不均。选一人为之长,每长各置一册,渐次改正,据实查问明确,不许虚伪假冒。乡党疾病相恤,艰难相救,相安无事者,以有名籍可按也。一人一户之积,遂成天下之大。古来为奸乱者,乘名籍紊乱,藏身有地而起,则不可一日忽之。如寺僧检印,素为切支丹宗徒煽乱起见。今无有此虞,而为黠僧弄权之资,废之固其所也。

一议开荒废。狃于所见,惮于敢为,凡人之常情为然。开荒垦废,即夺其情者。故强令就之则怨,威劫则散。不威不强,民乐从之者。开巨利于前,示巨害于后也。何谓巨利?七州在皇国东北,地宜桑蚕,而蓄牧鱼盐之利次之。茶烟麻苎漆蜡之用,桐梓杉松之材,审检地味以树艺之,不忧无其地。土俗一意守旧,专赖稻麦为生。虽有遗利,钝于进取,膏腴土壤,废为不毛者甚多。宜移士族无产者附近原野及虾夷地方以就业。况于官曾割与诸藩士以虾夷地,奖励移住,既有其道乎。不然北露侵略疆界,渐次接近,祸在不测,非松前氏微力可能阻遏之,后悔无及。若夫合资分资,深入不毛,贷地卖物,适宜区处,商贾闻而利之,不数岁成部落。要在官姑助其资缓其赋,使之乐而就之。

一议精制造。荒废已既垦畬,蚕桑蓄牧、鱼盐茶烟、麻苎漆蜡、梓桐杉松,各得其土宜矣。而未可,制造不精,则得不偿失,买椟返璧,不待明者而后知。精之之术,先唱以名,而实自得矣。今夫天下精此项者不鲜,而七州所产物料,比上国,概皆粗野,不厌人心,以故为他所厌。原料虽多,所利极少。当是之时,我悬重资,募其人传习,闻者将接踵而至,精制以出。纵令无一时之利,而进修气象,因此发动,他年工艺自有可观者矣。

一议罚奸商。农工生作百货,商贾流通之。农工之奸姑置焉,独论商贾者,以民物荣瘁关商贾正奸者甚广也。夫物滞于一方,累积充溢,则卖之甚贱,生作者倦矣。于是乎商贾独专其权,深藏如虚,乘腾贵之机,牟沟壑之利,闭籴拥货,欺罔炫卖,无所不至,上下疲困,其执心阴险可恶。然成俗既久,非一朝可能移易。绎其所由来,在结合有司以济其私。及皇政维新,遗俗犹在。我既开通济之便,则罚闭塞之奸,或审所犯轻重,追征罚缓,或限日罢业。罚一惩百,固其所也。

一议正民俗。矫正百年颓俗,谈何容易。但时属维新,万姓想望新政。则布令下教，戒饬群下，是时最为可。而著手之序，莫善于信赏必罚。罚也者，非桎梏之谓；赏也者，非赐赉之谓。雷霆之威，不及掩耳；时雨之降，至于苏气，乘其久旱也。天沛然下雨，继之以淫霖，轰然雷霆，以夜继日，则威伤而惠狎。在上一言一动，至民为之阻劝者，赏罚信于前也。赏罚信而民俗正，民俗①正而国家治，而兴学造士为之基。

一议兴学造士。英之初建国，七部落耳，今则雄视宇②内。加以格致日新之学，士之出身，皆无不由学。况以我堂堂神州，岂言不如之？而三百诸侯，各国其国，国各有黉，所课学业，亦彼此不同。人才由何而育，国力由何而隆？宜速颁布学制，使海内知所向以奋富强之途。况七州士庶，一旦负罪于天下，洗刷报效，自当有其道。督励之以从事于学，不唯变硬化之人为顺良，开将来出身之途，各自踊跃，必知所务。则于兴皇基张皇威，岂终在③他人下哉？言特狂直，唯明公取裁幸甚。

明治三年，庚午秋八月五日。

《外交史略》中改修篇目事例议

琉球与萨摩毗连，如伊豆有七岛，为我边海群岛。虾夷则逐水草之族，固不成国。而日本史俱列诸外国传，见神圣柔远之意云。《冲绳志》称，琉球为两属之邦，颇具自主之体。夫鸿荒之世与武治之时，今不必论。明治以后，置开拓使于虾夷，后改北海道；琉球称冲绳县，按抚经理，扩充主权所在，素非行占踞。此书成于设厅

---

① 俗，原作"国"，据卷四后勘误表改。
② 宇，原作"字"，疑形近而误，据上下文意改。
③ 在，原作"左"，疑形近而误，据上下文意改。

置县后，则宜本其意，以示大公至正。而原稿载琉球人来朝漂到，及虾夷战争等，与安南吕宋诸国，全同其例。纵使业止采录，而袭古史之陋，自贬主权，背时政以立一家言，非官撰所宜。且夫琉球一案，数年纷纭，未免有异辞。当是之时，我之纂述修撰宜三致意，苟卤莽从事，启他国容喙之端，在私著犹不可，况于官撰乎。故向者省议削除此二编，以避他日纷议云。然贞窃以谓：是篇决不可削。不唯不可削，宜大书特书以明示之，唯变前例外之者为内耳。其法自太宰府管南岛，至明治置县，岛主聘贡于我者，一切削除。而私受明清册封及与欧米立约据者，皆改入之于欧米本篇内。效足利、大内诸氏，私与明韩通好往来之例，详细具录，不没事迹。则内外分明，名实相副，事端无由而起。若夫虾夷自古反侧不成国，其征服之，不过举膺惩之典。及举族北遁，则散处于荆榛莽草之中，无复相统率，不可与琉球一例视。削之固当，唯近古露兵之来略其地者，备录无遗，以人虽夷族乎，声教所及，为我版图也。如是改修，庶几史志体例始得完备，外人无可复藉①口矣。伏俟明裁。

朝鲜事务策 明治廿七年十一月呈朝鲜
报聘大使义和宫转致其国

用旧邦作新民，为朝鲜计者，至难至重。而时机之可乘，智虑之易施，莫善于此时，何也？我军既拔平壤，虽清之横暴，用威力压②制之久，不许其自主，而连战连败，今不复得驻一兵。脱四百馀年羁绊，始得仰青天白日，八道再造，世自有公论。而我之扶植其独立，固出于义，不在于利。则国人宜洗刷古来猜忌疑惧一切情

---

① 藉，原作"籍"，疑形近而误，据上下文意改。
② 压(壓)，原作"厌(厭)"，疑形近而误，据上下文意改。

弊,上下和协,副我企望,以造新朝鲜。是机之可乘,虑之易施者,唯其党祸已甚。合后汉、赵宋而一之,流风遗俗,数百年沁肺腑①。每两班②致身清要,互相排陷,时兴大狱,非其党类,不通昏嫁,不相往来。自英宗中晚调停之说行以后,吏胥不能守素志,脂弦杀角,同流合污,以苟容为能。朝野之论分为数派,桁杨在前,刀锯在后,严刑酷罚,以驯致老论少论南人北人等朋党,非因公议舆论,以私怨私恨相轧。甚者父子反目,兄弟推刃,化国家气运为委靡,变官民风俗为惨刻。不能自振起,以陷贪弱。我国百方诱掖,谋俱进富强,几乎二十年如一日。而徒增猜嫌,终致溃裂四出弗靖至于此,可谓由来远矣。故曰至难至重。

虽然,达者大观,酌古今民情世态以制其宜,何国不可治,顾措处如何耳?予固知其国情,故不敢望多。唯一人心,张纪纲,整军备,其如是而已矣。马之泛驾蹶踶者,负重致远,范之驰驱,可终生供我用。若背反其御,以求致远,岂可得乎?朝鲜人心之不一,因国是不定。国是不定,因内乏自强心,外有所依赖。虽明治九年订约,称曰独立,而内省有疚,失清欢心之惧。于是国论又分为二,名曰主和,曰毁和。主和者亲我,毁和者向清。同朝相诟病,领相徒充位耳。以故对外政策,概主含糊模棱,一事之微,数年不决。一人之心,前后违迕。加之以太公、闵后掣肘,虽予固知骨肉间有难处者,而国宪自在,不许政出多门。为之君为之臣,宜社稷为重,自任自强。独怪十数年前王忧露国南侵,一日召领相,问防备之策。领相曰:“我国举朝人,只贪好官,皆为自便之计,臣独有何策?”夫人主所恃,人心而已。身任领相,外寇内患,一国存亡休戚之所系,

---

① 腑,原作“肘”,疑形近而误,据上下文意改。
② 班,原作“斑”,疑形近而误,据上下文意改。

与汉文问钱谷不同。而彼畏怖党论之馀,推诿不自任如此,况于其他乎?积习所靡,不闻有一人咎之者,却使外人如予者惊怪不能已。然是唯言当时廷臣不自任之弊耳,在廷人心之不一,犹有可恕者。至举国人各有心,则有不忍言者,激而为岭儒奏疏,起而为咸镜道反抗,一转为宫门蹀血,再转为金朴祸败,及至三南席竿强梁,亘久弗靖。则闵党卖国,擅与清通谋,命将发师,意在窃权自植。而事关独立藩属名义,果惹起东洋大事,劳我六师,海陆进剿。朝鲜不损一兵,不费一饷,坐享再造之恩。虽势之所赴,非一二权臣所得而左右,抑又有何面目立于世。则宜君臣励精,上下一心,用非常威恩,一扫偷安猜忌旧俗与私怨轧轹,更始维新,固万世不拔之基,以副我之素望。

今欲祛积弊,建国基,必要更张纪纲。更张纪纲,先示其大礼及主眼所在,决不可涉苛细名目,使民心生疑惑相动摇,并其实而失之。苟能收其实效,则虽姑由六典旧章,酌宜通变,亦无有不可。不必远效欧洲,好事纷更。但至其所务之活机、职员之勤旷,及法律宽严、听讼治罪、陆海军制、递信海运之类,逐次施行,以适今日文明时势,尤应慎思熟虑无论。得其人特为难,以积年阋墙,继以丧乱相仍,人乏自奋进修之志也。夫法政求治之器也,文武有司执器之人也,放舟车,行陆海,不达其所。语人曰:是无用也,不若棹而脂之为胜,悬时针而报昼夜,不示晷刻。语人曰:非其器也,不若卷螺线而待回转,故忠诚公明,为官择人,量才授职,任贤使能,不必拘两班资格。科试取士,不以沉沦为恨,以不若人为耻,杜冒进抑侥幸。至府郡使守,殊严其撰,厚给以责廉,见效以进级。从前任地方者,赃贪诛求,不遗馀力,民皆疾苦,是不无其故。试以一道言之,有观察使、府尹、大都护府使、牧使、都护使、郡守、县令、县监等,各有胥吏属焉。通八道而计之,仰廪禄者几十万人,大抵在京穷不自活,求外补以纾旦夕之忧;不许挈妻孥①,于是多方掊克诛求,以充他日团乐资。人情所趋,固无足怪者。京官则自正一品衙门,至从六品衙门,议政府在上,领议政总百官经理国务,翼之以左右议政各一员。十四年前创置统理机务衙门,专管外交事务,同六曹列正一品衙门。其后虽有多少沿革,而于内治外交,可谓备具矣。

唯其国是未定,秕政百出,吏多人倦。夫吏多则往往沉滞思乱,况国力贫弱,不唯②他邦人知之,国人亦知之。则励精节约图治,自君主一人始矣。昔者露彼得王微服入火器制造局执役,佛那勃王被坚远征,西欧有为之主,往往如此。而东洋君主多为周末虚礼所囿,妄自尊重。为之臣者,亦知听察聪明之无利其私,务拥蔽耳目。东西国势轻重之所由而判,有不偶然者。况积威之极,官民悬隔,下情不上达。法令刑律,徒为文具,弛张宽酷,多任有司喜怒爱憎。故曰:去积弊而张纪纲,不敢望之于他人,要在为上者躬亲率之,以振起他倦怠而已。若夫汰冗员省赘费,老朽庸碌不堪任者,不问勋阀清要,渐次罢黜,以开真才登庸之路。移百人之俸,给之五十人;减五十人之禄,与之十数人。将从前繁文缛礼及有名无实衙署,一切废撤,以从事富强,庶几其可矣。虽然,非常断行,易招上下怨嗟。自古明君贤相,知其然也,宵衣旰食,吐哺握发,宜先自省掖庭玩好不急需用,则官妓官婢之教淫娃,宦官侍御之内谒卖私恩,大官自护之仆隶,徒食饮博,外为威福。凡如是之类,悉皆散遣。日临外廷听政,敬大臣,亲群臣,平庶民,视民如子;改权贵在

---

① 孥,原作"拏",疑形近而误,据上下文意改。
② 原本"不"下脱"唯",据卷四后勘误表改。

私第题署,不亲视事之旧习;晨出晚归,督励僚佐,裁决如流,不徒缄默养威望,使人心日就月将不知倦,则纪纲始立矣。古人言:为国者平居有忘躯犯颜之士,则临难庶几有徇义守死之臣。苟平居不能一言何以责其死节,人臣皆如此,天下亦曰殆哉。

朝鲜兵制之弛废久矣,我政府无耐代念,每公使赴任,必以武官一二人随行,奖掖其陆海军备,无所不至。而当时国论嗷嗷,有司因循依违,无有一人敢出力当之者。独有武弁尹某者,尝观我军政军队,有意更革旧式,乃以王内命来就谋之。于是议协,犹惮外言。王发内帑募兵得十数人,试设场训练。数月间增至百馀人,名曰“亲军”,将逐次扩张变旧制。不幸遇十五年变乱,其后祸变叠起,国帑悬罄。加以清威吓胁迫,并前功弃之,最为遗憾。予尝谓:朝鲜不忧兵寡,却忧其多,何也?问其名则曰“禁军”,曰“卫兵”,曰“戍边”;问其将,则曰“训练大将”,曰“折冲将军”;民之壮丁皆称“军”。所谓寓兵于农,草木皆兵,可谓多矣。而斗兵何在?平时不训练之,有事征发,壮丁朝抛耒耜入营,则为龙骧,为虎贲,为忠武;唯以屯卫服色之异,强名之曰兵。至如各道兵马节度使,及水军统制使,位尊任重,概以阀阅老羸①之人充之。虽职守要喉,素不谙兵事,概在京兼摄,时出巡视点检,不过举故事。将校兵卒无有素养,器械弹药不敷其用。海军则驱脆薄商船从事,称曰“大艋艟”“小艋艟”,不见前日牙山黄海之战乎?用堂堂清铁舰巨炮,指挥非其人,则败衄如彼,岂可复学儿戏哉?陆既无一斗兵,海亦不见一战舰,今之时果何时也?弱肉强食,变樽俎为兵革,在主权者一呼吸间。宜严陆海军备无论,所虞资给无途耳。以予观之,亦

----

① 羸,原作“嬴”,疑形近而误,据上下文意改。

无有他奇策良方。然废赘官冗职，祛虚仪褥礼，省后宫妇寺玩狎之费；一面起公债发纸币，资天地之所钟毓，发山川之所韫藏。因地之利，施人之功；奖励商工，踏检废坏；令游手浮食之徒，力田兴发，蚕桑畜牧，随便从事；通汽车汽船，以利运输贸迁；凡利于国计民生，而曾不听人民开采之金铁玉石诸矿及鳞介菜藻，皆纳钞听许，打破走漏地气、风水为祟等古来俗说。虽负贩小民，知一日长袖吹烟，全户泣饥。则八道之广，百万人民，知国是所在，靡然赴之。继以勤勉，守以俭素，转贫弱为富强，不无其术。况兵贵精而不贵多，平壤之战可以见矣。故先养成陆海军士官，各率其队训练，渐次积累至旅师团，立常备、豫备、后备之制。一面用从前水营兵，乘所有小汽船，操纵运输，知险易要塞所在。如此行之十数年，用非常威恩，一新国人耳目，始不足观，终不可及，则铁舰巨炮可具也，节制新军可备也。

西邻构难，咆哮恣睢，鸡犬不安，将藉其产任己挥霍。为之主者，知力不敌，束手听命。东邻义不忍傍观，攘之出境，惩其暴以安其堵，意固在悯贫弱，岂有他乎？况北门无锁钥，窥隙骎骎南侵，自有其国，蓄谋既久。为朝鲜者，宜速改图发愤，自强独立，以定百年长计。吾故曰：时机可乘，智虑易施，唯是时为然。虽然，谈何容易，自非上下一心，得盖世俊杰为之参画，公正无偏，感孚朝野，则易履前年覆辙，可为寒心。若夫一面治生励业，随便运用，疏通八道气脉，无壅滞之忧，纪纲张而军备整，外无有所畏，则不唯全独立体面，辉威武于四方，不必为难，何苦受他国强制之为矣。呜呼！以四百馀年国家，百万人众，立人下风，岂无一个丈夫？盖不自恃而恃人之心，锢其肝腋，以致萎靡不振。故改其形态，不若悛其精神。精神未悛，则西白利亚铁道方成，噬脐无及，是以痛切言之，不惮忌讳。或曰:“朝鲜土瘠俗偷,不足以有为。”吾不信之也。

效在久任责成论

昔者舜命禹曰:“臣作朕股肱耳目。”夫股肱耳目之于人,岂徒设为哉?诚以为一人君临四海,端委庙堂。天下之大,时或黎民阻饥,蛮夷猾夏。怨言有攸结,奸宄有攸伏,贤才未必无遗,庸碌未必无充位。一人耳目所运有限,而四方风动不测也。及世衰事多,大臣固权,佞宠用事,凡所选任,非己党与,则谄[①]谀奸猾者也。非由请谒贿赂,则圆熟伶俐者也。当是之时,九载之典不举,幽明之绩不考,从之者暴贵,忤之者坐谪。股肱自使用,耳目自视听,一身已非吾分,欲用以左右天下万姓。呜乎!殆矣!亦可以久任乎?大抵君子功迟而大,小人速而小。其唯速也,故佞宠得褒其后;唯迟也,故奸回得射其隙。岂知公私之间,贤奸之所分,而君子固不变其心于迟速之间,以愤切侥幸,以天下自有莫大焉之事,存于其间也。然人君喜其速也,而不察其小;怒其迟也,而不待其大。以是后世之君,事益多而功益坏,数易置宰执,而不待其成。苟且之说胜,而营私之俗成。《管子》云:“其计也速。而忧在近者,往而无召。”所谓久任,非徒污漫久任之谓。《书》云:“三载考绩,三考黜陟幽明。”我窃异尧之用鲧也,九载绩庸不成,然后殛之。帝曰:“吁!咈哉。”岳曰:“异哉!试可乃已。”是帝心既知其咈也,而终从四岳之言。何尧之临下以简,而申之以忠厚之风也。

呜呼!古今人主,谁不欲得圣如孔子,孝如曾参,廉如伯夷者。委之以岁月,隆驾五帝,盛轶三王。而其人不世出,纵使有之,知人

---

① 谄,原作“謟”,疑形近而误,据上下文意改。

实难。庸碌似老成,软熟似谙练,阘茸似和平。君已以是误之宰执,宰执以是误之于有司,有司以是误之于群下。上下相误,而不知奸宄欣抃于内,寇①贼陵侮于外也。先王知其然也,精遴②群材以举贤,举而久任之。又必车服以庸,明庶以功。是故疑似之名灭,而冒进之忧熄。今夫可欺罔者言也,不可诬者事也。言顾行,行顾言,任之以可久之典,责之以可成之绩。则谄谀者,自知其所陷;奸猾者,自知其所败。请谒也,贿赂也,圆熟也,伶俐也,不能悍然冒进,岂言薰莸同器哉?窃惟方今不幸内患外忧交集,而数易置股肱,变换耳目。丛脞③之歌,隳哉之音,不独止皋陶。而君子阳阳之诗,不啻闵周室。有善病者,数易医师,变其方剂以求肉骨,元气为之消亡。任意黜陟,不待三考,以求利用厚生,将以为资忠厚乎。适足以开奸谲躁进之路,消亡天下元气也。

平重盛祈死论

咎藤原氏擅权而效之,更加暴横,如清盛者固不足论。我惜重盛之贤,而事君父未至也。平治之乱,首恶授首。平氏威振天下,上皇召源赖政自卫,有讹言上皇图平氏。呜乎!平氏覆宗之兆,见于此矣。为重盛者,宜自裁抑苦谏,以藤原氏为鉴。奈何父位极人臣而不谏,己进内大臣而不辞,举天下尊爵名誉,归己父子,居之不疑。其意以谓主幼国疑,奸猾易投隙,非藉重势位,不足以镇定反覆之徒。夫平族之贤者,莫如重盛。知事体名分,亦莫如重盛。朝野属望,群姓注目,重盛一举一动,关人心向背者不细。而安富尊

---

① 寇,原作"冠",疑形近而误,据上下文意改。
② 遴,原作"磷",疑形近而误,据上下文意改。
③ 脞,原作"挫",疑形近而误,据上下文意改。

荣，如分当然。他日子资盛之骄敖，不礼摄政基房，职由重盛启之心。及清盛移上皇于鸟羽，谏之不听，曰："此举非为一身计，亦虑子孙耳。"则如重盛者，可谓阴顺适其意，阳以义理动之。羽翼既成，欲不使之飞，得乎？况及事急势迫，临之以兵，劫之以威，孝子事父，果当如此，则与彼夷獠以利相合，利尽相屠者何择。虽重盛心固知其非，而势至不得不出于此，其祈死乃所以深自悔自咎，不唯不忍目西海之覆亡而已也。《书》云："丞丞乂，不至奸。"《易》云："履霜，坚冰至。"纵令重盛之贤不及舜，而清盛横暴胜于瞽叟远甚。重盛不能乂之履霜之前，顾谏于坚冰之后，难矣。予故曰未至。虽然，源平之际，伦彝纲常坠地既久，微此人处君父之间苦衷如此。则乱臣贼子，接踵而起，无复忌惮，可为寒心焉。唯其祈死而死，固无此理，不可以为训。生生之气，受之天地，必有所资以养之气。虽由外而入，大致本受之气召之。而五行有生克，过克者则伤，伤甚则死，无足怪者。重盛心深自咎悔，绝其所以养之者，而召所以克之者，又必诚必敬，欲质之神明。心君于百体者也，心之渐矣，体将何之。不然神之聪明而听其祈，取贤者精魂，一朝褫之，不亦虐乎？

纸鸢说 《米华堂集》席上课题

一线之微，存亡系焉。及其冲空也，飞扬跋扈，震惊远迩，何其快也。然一旦狂风骤雨起，厄于树，没于水，幸而不为厄且没，线中断，则邈乎无知其所终。何其始之甚快，而终之难保也！纸鸢，求其能飞扬者也，故骨力宜弱，皮肤宜薄，线之过太，不若细之胜，异哉其所凭，即殃之所伏。然使其易戾天之性，则纸皮耳，竹骨耳，鸢乎吾恐汝之不飞扬也。鹏抟扶摇而上九万里，鷃鹩安一枝，以一枝笑九万里，不可。以真鸢笑纸鸢，亦未可。鸢乎我与汝之守分也，不与其避殃也。

知 耻 说 上

矮人与颀者并立则愧，衰陋者见壮佼则耻。彼其四支非有不具也，视听知觉非有所缺也。而立谈之际，愧耻之心先动。曰："彼人如此，我独何然?"忘其陋与矮，切望与之齐。况爵禄之崇，千金之富，皆为人所羡以欲得之，非颀者佼者之比。内苟无所守，则进而不知耻。名利说胜，而道义扫地，固不足怪也。然矮人陋者，吾一目而知其为矮为陋。彼奔竞无耻者，概辩给迎合，如有才干可赖，道义内蕴之人，退然如愚，吾何从而辨之。亦在定一世表准，使背之者内省有疚，如矮陋于颀佼，自耻于心而已矣。昔者藩制时，士有常禄，特重廉耻，破之者不齿士林，甚至同僚相迫，屠腹以谢。虽战国馀习类犷悍，而至今兵马之所以精强，国脉之所以深固而不可摇，职是之由。及欧风东渐，一切任法，治具太备，而人情渐阴险无耻，苟且企枉法。或刻留义金，不赈恤部民；或每互选议员，及有土功起，在间营私。至如近日疑狱，吏民用赂结托，左右教科图书，以垄断市利，殊极丑体。彼常昂然自称绅士豪商，而不知人间愧耻为何物，矮陋者且不屑与之并立，称为文明人者，固应如是乎？或曰《诗·无衣》，美曲沃武公。武公并晋国，乱始平。以宝器赂周僖王，列为诸侯，则权宜举措，自古有之。苟能补时局，非拘常可论，子何独咎之酷也？曰：《诗》美之者，出于其大夫，非天下之公言，故其心忸怩不自安，以得天子命服为安。若使其自安，何言"不如子之衣，安且吉"。乃知举世殉利，藉口济私，不知耻如今日。虽设法至千万条，胥吏援以矫尾厉角，矜钳束禁，徒苦细民。而吞舟之鱼，安然脱纲，安得敦其风俗，刑期无刑乎。呜乎！功利说胜，而法令渐密。法令渐密,而奸伪滋甚。《语》云:"齐之以刑,民免而无耻;道之以德,有耻且格。"苟使人人知耻,有守不强,如对镜见己面貌妍媸,则假令无至于道,而天下可运之于掌矣。

知 耻 说 下

知耻而不敢为者,君子也。不知耻而为之者,常人也。心知可耻,而行违之者,小人也。君子犹不能无过,观理未审,仁义之过中,其过也。知之即改,不至贻耻。常人之过,无心而蹈之,至不可得而掩,始耻而悔。唯小人则不然,耻威权不如人,而排毁倾陷;耻资材不厌欲,而掊①克诛求;耻行不为世所容,而悍然自弃于法度之外。此数者虽于知耻无异,而所以为耻则各殊。《语》云:"知耻近于勇。"勇由义而行,则可以寡过。外有所迫,内不能自守。姑忍其耻者,亦可以迁善。若夫不耻可耻,而耻不可耻,终致猖狂自恣无忌惮,是最可畏。唐柳璨叛,临刑自骂曰:"负国贼,死其宜矣。"宋元凶劭之诛也,谓父臧质曰:"覆载所不容,丈人何为见哭?"彼二人者未必不知不忠不孝之为可耻,耻而动于恶,则知耻自弃之害,比无心之过剧甚,不至大恶不止。

呜呼! 凉德凭势,奸人败类,何世无之。固非法制禁令可得以遏绝,所赖凡含生之属,皆有羞耻悔恨之端,存于天性。虽至愚者,闻有斁彝伦者,则怍于色,怒于言。而近时学制偏于政、法、理、工等,无道义之训为之涵濡长养,以谓禁其外,则足以制内。是谓放饭流啜,而问不齿决。② 系囚之多,人视以为常,恬不知耻,无足

---

① 掊,原作"培",疑形近而误,据上下文意改。
② 此句出自《孟子·尽心章句上》,原文为:"不能三年之丧,而缌小功之察;放饭流歠,而问无齿决,是之谓不知务。"

怪也。

近藤真锄传

皇政复古,告韩寻盟,不答。使价驻釜山港数年,未得要领,往往言涉侮慢不逊。我朝野之论沸腾,和战分二途。大臣主张问罪者,蹶然挂冠而去。海内汹汹,祸变不测。及明治九年,江华约成。君适自欧洲还,署管理釜山港事。先是予备员文书,往来此间有年所,因俱赴任焉。既而西南役兴,内外信息阻绝,往往讹传军舰出没韩海,韩廷戒严。而釜山自古为对马吏民所占据,公私贸易自有成例,不容他国人沾其利。又无携妇女,人情粗率顽硬,争夺成风。会庆、全、忠三道旱荒相仍,饥莩载道,野无生草。昏夜诱拐妇女来,鬻淫计活。奸盗出没,几无人理。君迫东莱府伯,照约办理之外,租赁地基,定游步区域,受授彼此漂民,谕民清办积年逋负,务招徕都会商人,与旧住民参伍营居,居三年陋俗顿改。叙从七位,任外务权少书记官。十二年佐花房代理公使赴汉城,议开仁川、元山二港。明年为釜山港领事,进位一级。十五年转仁川领事,兼判事如故,而韩拒开仁川港倍坚。五月花房升任办理公使,驻扎汉城,君与予亦随焉。当时海无邮船,陆无电信,用军舰送迎,不复系留。由济物浦今仁川港即是。经仁川府进京,京无使馆,假清水馆充之,馆在城外西北隅。当是之时,大院君用事,内与闵后怨恶,吏胥各有心。七月廿三日变果起,围攻使馆,詈曰:"杀倭奴!"飞石硁硁雨下,石如拳大,弓铳继之。差备官惶惑失色,请遄出避,公使叱曰:"变乱如此,贵政府束手不镇压,何辱友邦之甚?"君在傍言曰:"事急,不如告京几监司护卫。"言未毕,君寓先见毁。火起三四所,凶徒恃势,将排门入。乃开之示决意,不敢复迫。予与君左①右公使。公使曰:"此情此景,不可无诗以纪之。"君应声吟曰:"猛火炎炎迫四围,诸公休说我心违。短兵突出机犹早,坐见矢丸如雨飞。"先是公使撤国旗授君,君择一人护持。半夜火延厅堂,取一切公书,浇油烧之。将赴王宫与王同安危,部署二十有八人,拔刀自烟中出击。贼骇澜倒,死伤无算,围乃解。而南大门牢锁不得入,转路叩杨花镇。手脚冻龟,相顾无语。公使使君作书付镇将,告韩政府以遭乱去京情由。徒步行投仁川府厅,府使逃窜。时已下午,须臾有贼来追击,遭害者十馀人,君偕与焉。击破而出,向济物浦。君足痛,气喘不能步,从者以追兵为意。君曰:见事急先刺吾,勿为贼刃蔑。冈、小林等殿而退,仅得免,夺舟出海。

事平,君犹留任,叙勋五等,十一月进位一级。君之留任,在清使拘去大院君之后。彼恃势弄权,韩廷主臣屏息听处理,国几不自主。加之恩怨倾夺,朝野争攘。君一面说清使吴大澂②、马建忠等,照欧米公法待韩;一面开诱更始,而无能用之。明年归进权大书记官。十七年,随特命全权大使井上馨赴韩,善后约成而归。转记录局长,进奏任官一等,叙从五位。任代理公使,往驻扎汉城。时韩形势又变,清使袁世凯凭藉积威压韩廷,大臣支梧者皆排陷窜斥,阳亲我而阴疏之。党论郁勃,祸变不测,君折冲特苦。居二年清使渐知非,韩廷亦稍有亲我之意。而君素弱质伤脾胃,加之剧务多年不得静养,终发胃癌。廿四年一月还,病荏苒不愈。明年十一月卒于家,年五十有三。后韩倍乱,驯致廿七八年东洋大战。我武维扬,而君不及目之,惜哉!

---

① 左,原作"在",据卷四后勘误表改。
② 澂,原作"徵",据史实人名改。

　　君名真锄,初称胜之助,又曰愿吉,后改今名,讷轩其号。父曰诚介,字文彬,伊豫小松藩士,母中根氏。诚介君有故去国,仕山科毗沙门堂,居江州大津业医。君以天保十一年四月一日生,受汉学于船越丰浦,兰学于黑田某。年十九入大垣江马春龄门学医。廿四丧父,徙居京师。时岛津三郎入京,首唱尊攘,志士翕然响应。国家渐多事,君得三位泽公知遇,发愤时事,多所献替。及三条、姊小路二公奉敕东下,以侍医扈从,傍参机务。既而随姊小路巡视纪淡炮台,是年公遭害。八月十八日之变,从泽公入长洲邸,又据鹰司邸。及七乡西奔,辞归家居。庆应元年七月,长兵屯八幡有所要请,石山三位纳君议,会诸卿于其家,草建议书,一时连署者七十馀人。及有廿三日之变,诸卿多幽闭,君家亦罹兵燹,乃奉母避难岩仓村。二年六月为壬生浪士所捕,诘问尊攘意见与诸浪士姓名里居,以及膳所藩士高桥雄太郎事,雄太为君姊夫。先是,藩权幸某请幕府凿鹿跳涧,引琶湖水至宇治,行舟以规利。雄太以谓:今国事多端,变在不测,兴不急土木以耗财,非计也。乃谋之于君,君造泽、乌丸二公,告而阻止。权幸含之,中以他事逮君,论争自午至夜始得解。然意太悔履危忧母,是冬奉母还大津。三年秋中山正亲町五条三公胥谋,私遣君及二三志士赴长州计议,不成而还,无几幕府解军职。明治元年三月泽公归京,拜九州镇抚总督,延君为家司,随往长崎。时筑前人杀英人,君承密旨赴福冈,见黑田侯有所说。二年扈从泽公东上,明年任外务权大录[①]。时廷议以谓:与欧米异文之国立约通商,而不修清韩邻好,可乎?柳原、花房诸人主张其议。四年署君朝鲜挂,五年进一级,随寺岛大辨务使赴英国,

---

① 录,原作"禄",疑形近而误,据上下文意改。另,权大录(権大録)为明治二年七月制定的太政官制下第十二等官,位阶从七位。

居一年归，从是专任韩事。君平居呐呐，如不能出口，见其与韩吏接话，情思宛转，绝无疾言遽色。彼强以非理，则默而不答。徐出数言折之，奇警刺人心肠，不涉纷议而意解，盖得故外相寺岛伯遗风为多云。性多艺，诗文书画无所不能，于财利泊如也。晚营菟裘于府南矢口村，将乐其乐，工未及成违世。子女皆幼，家无馀财，遗族颠连。花房君与予，每谈往事，未曾不悼惜焉。今兹距汉城遭难二十年，其人多亡，吾辈亦日就老耄。及今不传其事，恐后世失实。乃书以赠其子愿吉藏之，备史家采择云。

石幡贞曰：东洋频年丧乱，韩每发端，至北露制压，特有不忍言焉。君早有见于此，说清使持韩体面，惜哉得病谢事以没。厥后清失重地与军港，虽韩得小康，而东洋形势殆哉岌岌乎，则其死不唯君不幸。古人言：善人君子难得易失。悲哉！

佐 川 晃 传

佐川君晃，号柽所，奇士也。业医而耻言医，善诗而不存录。书画自娱，不敢为人作。读书通大意辄废，晚耽禅学，泛滥多艺。方其一时适意，则蓬头垢面，疾风雷雨，奇寒酷暑，考之不止，往往至废寝食。或共谈时事，慷慨叩案，及语急意迫，则大喝一声，目眦尽裂，唯闻叱叱声而已。予初闻其名，未及识面。一日访海军军医户塚积斋，座有一客，顾身短袴，眼光炯炯。相见长揖，未及通姓名，谈笑即去。积斋曰："同僚佐川某即是。"后同赴韩京，与为石交。十五年七月之变，东京讹传君挥正宗刀，斩贼如麻。乃绘其状，鬻之遍都鄙。雄姿飒爽，须发逆竖，凛有盖世之概。君归观之，忸怩曰："何物狂妄，误予至此。"其平时倜傥好剑，闻人藏名刀，不论价购之。喜谈古英雄得失事迹，以时微伤股，终致啧啧以勇武称许。而当时君与予辈，左右公使，击破贼围而出，不敢滥杀一人。虚誉过实，非其志也。有人问当时状者，徐把予所著《遭难诗纪》示之，不敢复辨。既见当路所为，概阘茸庸碌，无快意事，乃绝意功名。无几辞职，痛自韬晦，超然物外。当时军医休职者，往往构巍馆于通衢，相竞炫技，病客盈门，岁计优于在官时。有人以是劝君，君掉头曰："诗书我之所好，卖剑买书，而今懒复读之；况今医多曲媚诒①笑，利人病以糊我口，岂所屑为？"于是谢绝一切，环堵萧然，枯淡为生，非其义一介不取。壁揭自画白描观音像，挥麈跏②坐其傍，不窥门庭，动弥数月。时取晋唐法书临之，清劲洒脱，与其诗称。诗随手挥去，然方其刻意构思，不轻下一字，苦吟数日始脱稿，不似平生豪气压人之风。其负材固奇，不欲常套自见，于处世亦然。故宁甘穷苦，不肯与世俯仰。食肉诵经，对妻说法，尘甑绝粮，晏如也。后析其名晃，自称"日光坊"。数年前去京归国，今则亡云。岁四十馀，无子。闻其家世为羽后鹤冈藩医，父祖名及君在官位勋，今皆无由详之。去京不告，在乡绝信息。人或以是短君，然君视一切如梦幻泡影。其狷介不屑之操，至不与世相闻，始见其真，则短之者亦未为识君。予唯悲其奇于行者，亦奇于命也，私为之传。

浅山显藏传

对马与韩毗联，天霁遥翠可望。自宗氏以平族播越之馀保此岛，衣冠累世。历足利、织田二氏，常职将命寻交。以至义智公，不幸文禄役兴。而善后有方，立约恪遵，终德川幕府世。其间约据礼

---

① 诒，原作"諂"，疑形近而误，据上下文意改。
② 跏，原作"跌"，疑形近而误，据上下文意改。

数,虽互有沿革,不同今日交际,而置官廨于釜山浦。吏民往来,从事公私贸易者数百年,以故州人概通韩语,犹长崎人于清语,而君最善官话焉。

君对州严原人,父曰平山寿乔,住持真宗光清寺。君幼出继藩士浅山氏,以弟承后。明治之初,外务卿赠书,告韩以皇政复古,废幕府,罢宗氏世职。不答。求改旧约从公好。不报。交谊绝而往来息者数年。但其廨舍与商民,派外务员管理之外,一面交涉东莱府伯。府伯以仪礼违旧,峻拒面议,往往言涉不逊,相持倍硬。其间官使通译浦濑、中野等,聚徒学习韩语。君与吉副、武田、中村等十馀人,航往受业。七年予之奉职釜山,傍授汉学。无奈韩廷疑惧,时放流言,继以慢骂,不唯不酬我好意,阴寇仇视之。于是我国论沸腾,志士奋跃,迫政府征讨。及云扬舰事起,特使问罪,江华条约始成,认为自主之邦。君出身在此时,自是厥后,每派使必从焉。十五年七月之变,以君悉其国情,不甚介意。即见数万兵民环攻使馆,大声呼韩吏诘之。吏与雇役,早既遁逃无只影。死守至夜半,皆知不免,宁出快战。君与冈警部为先锋,众继之击破重围。其明过仁川府厅,又见袭击,有飞丸伤胫,护公使先出,至济物浦即今仁川港。上船。事平,叙勋七等,进级三等,赐年金六十圆。

十七年韩又激内变,宫门蹀血,旋结党祸,伏怨叠起,延为东学党乱,转为清干涉,遂驯致廿七八年皇军征清。韩君民虽内实震慑,外犹忌避。北露乘机弄权,国几不自主。此间虽使价数代其人,君亦有时罢职,为韩廷所聘,多在汉城,以故彼新进负时望者,不问党甲乙,与君往来亲善。方其争权特势,互相鱼肉,公私怨隙之际,有告君援一党企事者,及归果致仕途连蹇。先是官进勋等,赐单光旭日章及金八百圆,以赏廿八年从军平壤各处之功。而视其侪辈,往往一跃荣进,则歉然未满意。邀友豪游,浮白酣歌抵①掌,遂得疾。加以多负债,倍怏怏不乐。故旧悯之,以其材保荐。三十二年举代理领事,五月赴郡山港,将静养以期桑榆。而港属创开,弥望荆榛,吏民聚者无室庐可居。测地授宅,经营剧甚,宿疴因积劳并发,无由得医药。缴知仁川延一医,未及来诊,以三十四年十二月廿二日卒于官舍,年五十有二。居民悼惜,废业一日举哀,归葬于严原先茔之次。

君为人躯干伟大,少时好击剑,长能围棋,善饮善谈,对韩吏论议,捷如影响。方彼理屈嗫嚅,顾左右未知所答,答或失言,则瞠目叩案,大声喝破。不待主司言,其投机诱衷,决纷争防滋端在于此。而势之所靡,不能自守痔默,往往慷慨越俎,唾手企功名。在变乱相因之国,固不足深咎。则其材难多得,顾裁之如何耳?男爵花房君深爱惜,予亦多年俱共艰苦,悉其为人,因举概略,使世人知明治祸乱多由韩而起。惩前毖后,保东洋平和,谈何容易?况北露日逼,列强侮慢,而日本府古制不可复问。则详其交际原委,告后之当局者,使其有所考,以消祸于未萌,亦宗氏贻谋所存。君之灵而有知,必乐闻之。乃私作之传,寄予慨焉。

---

① 抵,原作"抵",疑形近而误,据上下文意改。

卷　四

蚕　碑

古传，有神人浮海而来，捡其船，无人而有蚕，蚕始于此云。《蚕书》曰："蚕为龙精，与马同气。"佛者谓马鸣菩萨分身为蚕，济众生。为说诡异，概难究诘。吾邦养蚕最古最精者，首推福岛县伊达郡。郡人贩种于四方，多出绢丝。其利巨万，以梁川为最盛焉。俗例以阴历十月十日及五月半夏生，供养蚕灵。顷者有志相谋，建碑公园，请予文刻之。夫畜马牛鸡犬者，莫不欲安全长养。况蚕之吐丝，衣被天下，国计民产，因以丰阜。而茧成见烹，收种废弃，设令蚕为济生而出，独奈我情何？君子于物，一视同仁。今恩及马牛鸡犬，而待蚕乃如此，情理共乖矣。此碑之建，所以内自慊，有仁恕道而存。能恤物者，天必报之。蚕而有灵，受其供养，我亦可以永享其利也。

五代友厚铜像赞 并序

满腔经纶，随事发见，右右一世耳目，是岂浮艳货利者之所能企及？世之卑视商工久矣。及君起而率之，皆知与欧米贸迁，占利权之为急务。惜哉业未及半，溘焉违世。或者目以冒险，一时谤焰丛于身，而不知其事皆出于至诚，非毁誉所能移也。君家世仕萨摩侯,安政中受藩命,游学长崎,学航海术于兰人,任船将兼船奉行。文久癸亥樱岛之变,见擒至英国。未几归,建议派留学生若干人,率之往巡视欧洲。会皇政复古,任参与兼外国事务。时高知藩士杀佛人于堺浦,朝廷①恐滋端,犹疑不决。君建议处死,得以无事。迁外国官判事兼大阪府判事,转会计官判事。既而辞职,移住大阪,叙从五位勋四等。

先是新旧货币并行,民多奸滥。君慨然谓:"财源淆如此,无以取信,何术致富强?"乃请自任分析金银货,作表告示内外。大阪百货辐凑之地,商贾各自矜持,不相统一,动为外商所乘。乃首唱合资结社,张我财力,以挫彼气锋;事体重者,会议取决施行,不容垄断私利。购机器于欧洲,采矿制蓝。以人未惯于用,往往失错,得无偿失。君不以为意,曰:"创业者固当如此,将逐次扩充,收效桑梓。"十八年九月,病卒于东京,年四十有九。及病革,犹喃喃口之不已。

夫谋道而不谋食,愧言财利。古来士习为然,唯君方举世未敢为之时,独排难当之。其初不免冒险之诮,唯有至诚以动之,果断以行之,及久而见其效。诸种商社工厂,郁然起于都鄙,莫不取法于此。宜哉会员诸士之希慕,希慕之至,欲识其面,识之欲传诸久远。乃胥谋造铜像,建诸会堂前,请予作赞。其辞曰:

盈亏得失之难逆睹,私心自用之为相婴。独智不周,众心为城。君察宇内,孰源孰委。室家之不恤,恤商工之无纪。张胆明目,一官敝屣。首唱结社,奖掖切至。阪城巍巍,澱水弥弥。神寓于此,想之在此。

---

① 廷,原作"延",据卷四后勘误表改。

双 叶 招 魂 碑

　　明治中兴,东北诸藩未知大政有归,疑惧抗命。然顺逆是非之理,与天地无终穷。迨一旦翻然有觉,慷慨仗节授命如相马藩士,虽前后向背不同,而殉国难则同。戊辰六七月之间,拒官军于岩城平,及广野、手冈原、高濑、葵茎、浪江诸所,战死五十馀人。至八月归顺,同上国诸藩士北下,拔圣口驹峰贼叠,大战于青叶旗卷克之。官军前后死者百五十馀人,相马藩亡八十馀人,随即瘗藏。而诸藩士遗①骸在山间,不及发见者,历年之久,蓁莽没人,无由吊祭。阴燐熠熠,多为孤狸蹂践,过者惨目伤心。唯吉川子爵为旧藩士,勒石表彰,无及其他。于是双叶有志胥谋,树碑于天王山公园,招魂而祭。其言曰:呼官呼贼,均之同胞,非有私恨,圣明今日宜合祀,不存形迹。乃附以其后郡人在军籍及征募从军殒命于西南、征清二役者三十人,题曰双叶招魂碑,来嘱予文。盖相马氏受封于镰仓幕府,几乎七百年。初居下总金原,及徙治中村,食宇田、楢叶、标叶三郡六万石。复岭叠嶂蔽其西南,限以东海,北连伊达氏邑,逢隈川注焉。状如括囊,冈陇起伏,土瘠财匮,藩用不给。文政中擢用佐藤弘、释雪堂等,厘革弊政,举能省冗,导民务本,教以俭素节约,上下始裕,例驱野马祭神演武。士民敦朴,如家人父子,唯以僻在一方,自古宾客商贩之徒罕至。迨铁道通,则都人士女,朝发夕至。论者或恐至淳漓易地,勇怯异宜,无复存古俗。然七百年抚循遗泽未艾,加以明治涵煦政化,无事殖产兴业,有事奋致匡躬,如三十人于二役。前事之见效,可为后法,况其用心之公而无私如此

---

① 遗,原作"遣",疑形近而误,据上下文意改。

举。敦风教者于是乎在，乃刊之于石，且作诗以遗，使歌以祀焉。
其辞曰：

维昔僻陬，今接帝丘。始迷不知，后岂效尤。王师威恩，与神
为谋。治内及外，壮士如彪。招魂于此，岁时荐羞。天王之山，万
众息游。天空海阔，魂乎去留。

第七师团营舍建筑碑 代

明治三十二年，新设第七师团营舍于北海道上川。陆军大臣
桂大将举原田少将为临时建筑部长，制图略成。四月少将命予，据
图建筑，刻期责成。予夙夜苦虑，奋任其事。盖上川为地，边远高
寒，外襟带山河，内榛莽弥望，自古人迹所不及。欲起一大工事，要
先开运输之便，乃布设铁道，联结空地旭川线。伐材于美瑛御料地
及爱别官林。铁材玻璃等，多取诸关东，计十有七万吨。用人力百
五十万工，其最多者至日役六千馀人。至今年九月始成。自将校
官衙、吏卒屯宿处，以至武库、粮厂，绵亘五万坪，翼然备具。幸不
愆素期，旭川市街因以改观焉。呜呼！此昔荒烟白露，荆棘之地
也，而仅仅三年间，喧寂冷热之变至于此。虽圣世隆运使之然，而
建筑部长得其人，严正指挥，成此伟功，郁为重镇，兵民讴歌，相忘
与边远，则岂独予之庆而已哉？且夫发大众赴无人地，辛酸不得节
适，休沐无有馀欢，抑情忍欲，易致纷扰。而善运众工，众工执役惟
寅不敢哗。器材与工厂药物，在冰①雪沍寒中，免爆发灾变者，即
从事诸士绩学经验，注意周到之所致，是宜特书。其人为谁？曰工
学士技师长大仓条马，曰技师工学士田中丰辅，曰工学士技师牧山

---

① 冰（水），原作"水"，据卷四后勘误表改。

熊二郎，曰技手今村吉之助，曰技手后藤准作，曰技手小林源次郎，曰技手大原忠隆，曰主计长佐佐松贤识，曰主计今井善大八郎，曰肝煎阿部久四郎。既成大臣自书题曰：几多能满毛利，北卫之谓也。将卜吉落之，因勒其事于石，庶几将卒不复患轵瘃。一旦有事，据险制变，永绝国家北顾之虞，不负重镇之名也。

明治三十五年十月。从五位勋四等某识。

室 樱 关 碑 铭

邵德耆望，俨为师表。问业之士，各从其才高下，莫不餍饫。是其蕴于中者崇，故发于外也远。其人为谁，樱关先生是也。先生自藩制时，起身文学，延及昭代。其裨教化补治绩，老而不衰①。士之承指画，知名当世者甚众，然先生曾不欲以此自见。世人又闻其文诗夷怿之音，而至勤劳藩国，阅历时艰，则知者甚少也。先生讳直养，字无害，磐城国磐城平人。其先出自熊谷直实，直实子孙世居备中室，因氏焉。十六世祖权右卫门，弟曰玄朴，析居业医。子直清号鸠巢，特以儒著。权左卫门直员，始仕安藤侯。其四世孙直宜生三子，长即先生也。幼而岐嶷，异于群儿，壮岁师事水户会泽氏。天保十年补代官，后进儒官，祗役江户，寻历游古贺、尾藤、斋藤、广濑、藤森诸耆宿之门。弘化二年徙居江户藩邸，开培根塾。当是之时，国家多故，先生乃学兵于小野寺慵斋，厘革藩兵制。藩主为阁老，屡咨询国事。文久元年为内藤志摩守筑城其邑，明年参与藩政。明治二年，以儒官兼公议人，进权大参事。既而藩废，入东京匡翼旧主之馀，聚徒讲说。及老归里，超然绝俗，文诗自乐，如

---

① 衰，原作"哀"，疑形近而误，据上下文意改。

未曾知势物之会者。十八年七月三十日终不起，寿六十有八。先生为人美须髯，内行谨严，和易近人。其奖掖后进，循循不倦，如家人父子，提要举目，盈科而进。及门生前后数百人，随材成器。盖涵养有素，验之于身者熟，故其入人也深。自古教育之盛，莫过于今日。而言高行违，动致师徒纷扰。育英达材之事，有待于耆德，则他日或将有取以为模法者矣。今兹门人胥谋建碑报德，来乞予铭。以予相识之旧也，不敢辞。铭云：

维岳英巃，勿来之北。淑气所钟，实生材德。时无否通，尽瘁效职。身退道尊，名岂苟得。文教忠谟，诚率其徒。老成安命，祖孙师儒。不须绳规，甄陶感孚。多士济济，默赞皇图。

右中辨日野俊基朝臣墓碑铭 代

建武中兴，宸幄功臣，世推二人焉，吾宗族前中纳言资朝及君是也。君讳俊基，才学超优，历任近卫将监、少纳言、大内记。元享三年六月，补藏人头。元德六年十月任右少辨，十一月转左少辨。元弘元年正月叙正五位上，升右中办。三月叙从四位下，七月罢右中辨。二年六月三日为北条高时所杀。呜呼！元弘之事，予不忍言之矣。高时失政，将士离心，后醍醐帝谋讨灭之。君与资朝协力翼赞，以其在剧职，不便营画，思屏居以熟图，而未得好机也。会叡山僧徒上状诉事，君故误读状中"楞"字为"慢"，众指目笑之。君阳为惭色，称病不朝。正中元年罢藏人头，称如纪伊浴温泉，微服闲行，历游五畿、关东、海西诸国。山河要害与户口习俗，无不览悉。归而诱致武人，深相交欢，露髻散发，名曰：无礼讲。既而事泄。二年五月，高时遣兵执君及资朝，致之镰仓，诘问其故。君曰：我任儒官，有暇为文礼讲，无乃讹传无礼乎？高时以为有理，明年释还。元弘元年谋再泄，又遣人收捕。君走匿禁中，兵士阑入，槛送之。君知不免，至菊川题驿舍柱曰："以珥志倍毛，加可流多迷志遠，岐玖我波能，於奈志奈我禮珥，美遠夜志豆迷牟。"①承久时中纳言宗行为北条氏所害，即此地，故云然。及车驾狩隐岐，君果见杀于葛原冈，临死作偈曰："古来一句，无死无生。万里云尽，长江水清。"葬于六本松。君以衰薾华胄，一意兴复，抵强暴群鬼，百折不挠，毙而后止。千载之下，凛凛有生气。明治十年月日，诏赠某位。顷者志士胥议，修坟建碑，请予文刻之。以君与吾宗族，同谋兴复，而前后殒命贼手，谊不可辞也。铭曰：

帷幄赞襄，誓殪豺狼。洞见生死，凛凛风霜。百世兴起，岳雪争光。

正三位勋一等贵族院议员渡边君墓表　代

明治三十四年五月二十四日，贵族院议员渡边洪基君，以病薨于家。君固强健，一意经世利民，未曾见疲劳态。故人识与不识，不意其遽至此，岂唯人？乃虽君亦自期久在于世，尽其力之所能为者，以裨补皇化，而终不可得。呜呼！命乎可哀也。

君好学夙成，明治二年，任大学小助教，转外务大录，旋徙少记。从大使赴欧洲，六年以书记官补临时代理公使，驻扎墺国。先是使臣出外者，不挈妻孥。君独携室赴任，后终为例。居三年还，任外务大书记官，编述《外交志》②稿，徙太政官法制局，兼摄外务。以谓学习院之设，在教华族子弟，而入学仅仅二百馀名，难以副圣

---

① 此句为万叶假名书写的和歌。现代日语为"古（いにしへ）も、かかるためしを、菊川（きくかわ）の、同（おな）じ流（なが）れに、身（み）をや沈（しず）めん"。作者在歌中慨叹自己与承久之乱（1221 年）后被处死的公卿藤原宗行境遇相同。

② 即前文收录石幡氏所作序文的《外交志略》。

职。十一年具案呈岩仓公，公纳之，聘君为次长，明年建议增岁费改学制。男生首课体操习兵事，次以政事经济，定服制督卫生；女生以材适内助为主。是时未教女生，而君言及此者，豫为华族女学校之地也。当时诸学生徒，衣履厖杂无检束，动流奇邪。及君意见行，诸校争效之。十四年车驾临幸，召院长与君，手诏褒赏。既历任元老院议官、工部少辅、东京府知事，升帝国大学总长，叙勋二等。廿三年转特命全权公使，驻扎墺国，及还中选众议院议员。越七年，敕选为贵族院议员、锦鸡间祗候。初在外务，创立万年会、地学协会，研究内外地理物产，设支部于各地，讲其所产得失以劝奖之。十年红茶本色茶利害议起，判其可否以公示之。明年砂糖输入超额，我业受挫屈。乃购清种芦粟，米种琥珀甘蔗，相地试植。迨为会长，招致内外学博与实业家，讨论质疑，就物分析，知适否而趋舍。颁老农以佛国蔬菜种及栽培法，设蚕事通信法，预防微粒子蚕病及蛔蛆害。其为事逐年浩繁，费靡不资，各自醵金，无能支办之。偶有恩赐，寻得有志寄赠，乃设修身规金法，子母增殖，以备不虞。督物二十馀年，至声誉播海外。其长统计协会，建议人口调查施行案。及再赴墺国，辞会长。其归也国家学会、帝国铁道协会、工学会、殖民协会、富士观象会、帝国大学运动会等向踵起。非出君创意，则为赞助；不为会长，则为社长。所以三十六会长名噪于时。若其两毛铁道，不烦官而成；工手学校，虽奉使在外，为管理长如故；最后为政友会总务委员，董成大仓商业学校。尝在法制局，时议纷纭，祸变不测，与僚友谋草集会条例，果遭嗷嗷咎之，乃蹶然去周游四方。审郡国荣瘁，他年振兴民业，盖胚胎于此云。三十二年伊国皇帝赐王冠章，赏其曾尽力伊学协会也。

君讳龚，字伯建，号浩堂，晚改旦堂，幼名孝一郎，越前南条郡武生町人。家素巨农,世居氏家村。祖新兵卫君有二子,长继家,父等君以次子业医,徙居武生,母荮野。君以弘化四年十二月廿三日生,弟三人,曰悌二郎,曰忠三郎,曰信四郎,姊妹与末弟皆夭。君少而颖悟,有大志,擢班士籍。岁十八负笈东游,就佐藤舜海学医,受英学于箕作麟祥。庆应二年,入福泽谕吉塾,明年就幕府辟,为西洋医学所句读师。会皇政维新,起身大学。初娶庄司氏,无子,先卒。继室以堤氏,始有身。一日语予曰:"头颅如许,弄璋有期,较诸世人,犹是盛锐当事之时。吾之经世,自此始矣。"未几罹肾脏炎。四月特旨进位一级,叙正三位勋一等,赐瑞宝章,授大学名誉教授。五月终不起,赐祭资及币帛,年五十有五岁。君状貌肥壮,满腹经纶,触事进出,毫无窘迫迟疑因循之态。与人交,披沥精神。而短于辩论,其方急言竭论,讷讷不能尽意;及笔录之,则凿凿乎中肯綮,有所施设,多取法于欧洲。锐意率先,规划愈多,怠精渐甚。所谓自此始者,终止于斯。今述既施于世者,表诸墓道,庶几以慰世之学士及执业者之心焉。

明治三十四年十二月。友人石幡贞撰。

从一位勋一等麝香间祗候侯爵池田章政公墓表 代

公讳章政,字必中,小字满次郎,号琢堂。肥后人吉藩主相良壹岐守赖之次子。赖之祖父曰长宽,实为我七世祖池田宗政公之子。公以天保七年五月三日生于人吉,及长承支封备中鸭方藩主池田信浓守政善后,叙从五位下,任信浓守。后以宗藩茂政公无子,养公为嗣。明治元年三月十五日袭封,叙从四位下,任侍从,迁备前守。闰四月任议定官。五月转刑法官副知事,补议定官心得。九月扈从车驾驻东京,出藩兵讨东北抗命诸藩。迨其归顺,朝廷赏功,加赐世禄二万石,且给一万石一年。明年四月八日徙刑法官知事,议定官如故。十日任左近卫权少将,六月二日官制更革,因罢刑法官知事及议定官心得,天皇特召见吹上禁苑赐宴,赍菊章短刀以慰藉。十七日奉还版籍,任冈山藩知事。四年七月废藩置县,移往东京,为麝香间祗候,时引见赐座,咨询国事。十一年六月叙正四位,是年推为第十五国立银行头取。十四年七月叙从三位勋三等,赐旭日中授章。十七年七月授侯爵,二十年十二月叙正三位。廿四年十一月十六日车架幸大崎邸,其翌皇太后、皇后亲临,赐谒家族陪宴,赍金及物。明年七月叙从二位,三十年七月叙正二位。三十六年三月廿八日举合卺五十年式,天皇、皇后赐金杯及银制鹤一双,特旨叙从一位勋二等,赐瑞宝章,寻叙勋一等。是年春罹胃疾,荏苒至六月,自知不起,唤诠政等侍卧床,从容处后事。五日终薨,享年六十有八。十四日举葬仪,越二日安措冈山城东圆山,谥曰:真心重晖章政命。天皇命侍臣赐赙及诔曰:"曾膺藩屏重任,克赞中兴伟业,勋绩夙彰,忠诚可嘉。今也闻溘焉,曷胜痛悼。"

初先帝诏天下攘夷,幕府不奉命,海内汹汹,变且不测。文久二年冬,左府一条忠香奉旨谕庆政公,致力皇室。公代入京护阙,及伏见变起,奉锦旗将兵降姬路,旋护车驾在大阪,既而入继宗室。扈从东幸,每夜直行营,恪勤尽瘁。及萨长土肥奉还版籍,公奏曰:"先臣光政尝戒子孙曰:土地人民,维朝廷所有,勿敢私焉;章政服膺遗训,谨还纳之。"盖藩祖信辉、辉政、利隆三公尊崇皇室,光政公特加笃。公绍述有素,际会隆连,行己临事,必尽其方,始终忠诚,如恩诔所褒。家门荣幸,诠政等奉之,只恐失坠。而起居言笑之可思慕者,今不可得而见矣。

公平素温雅良易,沉毅能断,嗜诗歌,善书法。及病革,写诗数十纸付近侍,又书"万古清风"四大字,授冈山温古会员,且赋国雅曰:"花之云红叶乃锦,见努茂与志;青叶乃山尔,安久眠里天。"其安命见意,多此类。夫人户田氏,生二子。长曰政保,袭鸭方藩后,现为子爵正四位;次即诠政,承祀。公晚好佛学,浮屠氏私谥曰:珠国院殿琢磨勋辉大居士。

明治三十八年六月六日。男从三位侯爵池田诠政谨表。

恭读二月十日诏敕

师直为壮,曲为老。曲直所在,不待交战,胜败可判。况于意在侵略,天人所不与者乎。公法家之言曰:此国处彼国,甚有不公,以致四邻皆危,则各国应代被屈之国,抗论以免祸乱,而持公法。初我之助韩独立,清援具文无实之惯例,容喙韩国政治,以致扰扰弗靖,于是有廿七八年之役。庇护孤弱,免其牵累,义声大振,举辽东威海,无不服我威德。而露独佛突然联盟,藉口大势失钧,危害邻国平和,居间停调,赔其费,还其地,立约保持。何料口血未干,佛伺云贵,独据胶州,而露则取旅顺为根据,煽马贼抢劫,藉以出兵,擅布铁路接哈尔滨,霸占辽东,不拘尝立约据及向列国声明无他意,依然踞之以扶植势力,迫清劫韩,志在并吞满洲。满洲而归露有,则韩俎上肉耳。圣诏所谓极东平和,不可复望者,是也。而欧洲诸强国,袖手旁观,无有据理抗论,谋还其侵地者,称"为免危害""保钧衡"者,如是乎不足恃。调停济其私,公法为文具。且夫露之包藏祸心,非一朝之故。然兵者凶器,战为危事,含忍包容,樽俎折冲①,亘一年之久,以求其改图。彼狡多变诈,阳唱平和,阴

---

① 冲(衝),原作"衡",疑形近而误,据上下文意改。

严军备,狂奔叫呶,伺可乘之机。假令一旦听其所言,他日又必设辞滋端,早晚一战,在数不免。盖彼之所恃以凌我,在地大人众,铁路出师,接壤连营,长于骑突;且其首都僻在穷北,易守难攻。则交战之苦,非征清之比。虽然,我忠勇节制之师,积年义愤,郁勃于中,无处泄之,海战数次,即既褫其魄,军气吞哈尔宾、乌拉尔。加之以彼革命、虚无、社会诸党,芬兰、波兰、犹太诸族,煽乱于内,挠之以清韩在局外,清野绝粮,进无外援,退有内变,而圣诏以复平和为光荣。则遵皇极之正路,不以一时利钝为喜忧,永绝东洋祸根,义声播于宇内,在此一举。为之臣民者,一心奉公,岂有他哉?若夫作为雅颂,盛乐锵铿,告成功于太庙。朝多文臣,非臣贞所能及也。奉读之馀,谨书一言,翘首以俟。

圣武远扬克复平和颂 谨序

伏惟天皇陛下握天枢①秉神断,出师一年有半,威宣陆海,德被内外,亘古以来未有之也。臣贞尝窃叹韩苦羁縻,筑室道谋;清国乘之,劫制从己。于是有廿七八年之役,扶弱挫强,大树义声。何图欧洲三国同盟,藉口均势,声言各保疆域以相安,迫我还辽班师。口血未干,俱占地责报。露特据要冲,讨贼为名,联铁轨接国都,设兵团压邻邦,强梁作气势,夺我前功,恢其后图。清拱手无策,几乎十年。韩为俎上肉,东洋形势日非。举国痛愤,起咎有司无能。于是派舰巡边,始于露开衅。二月十日大诏涣发,直举膺惩之典。第一军拔九连城,电撤飙发而西。第二军大战于南关岭,克之,断敌援路。今兹一月陆海军合围下旅顺,进取辽阳、沙河、铁

① 枢,原作"抠",疑形近而误,据上下文意改。

岭。大师长驱，每战必胜，无不从志。寇窘而北遁，海军寻歼敌第二舰队于对马海峡，不复留只影。中外环视，大势略定。其进剿哈尔宾根据，收乌拉埄窝斯德要吭，将不在远。而好战逆德，渎①武不祥②，乃纳米国大统领调停，立约媾和。以旅顺军港及铁道矿山等，移属我主权；举满洲还附清国；认我监理韩国，无敢阻碍；割萨哈嗹岛北纬五十度以南，永归我统治。臣贞伏见：越海剿讨勃寇，为旷古大事。矧露国跨有欧亚，地大人众，兵皆躯干长大，劲悍善骑，蓄谋南侵特久。积威所加，为世震慑，而计不愆其素。圣武远扬，克复平和，如揲策而数计，岂非圣德天佑之所致哉？若夫伐而不地，胜不取偿。陛下怀柔神献，含垢包荒。发之九重之上，而收之八荒之外。两释怨尤，永绝祸根，以全国利民福。伊古所称，无有伦比。德音孔昭，万国赖庆。臣贞幸遭遇斯隆运，葵藿微忱，无由自展，不揆鄙陋，拜手稽首献颂曰：

薄海内外，孰不怀安。越疆煽乱，自取败残。初命讨之，有司疑难。小大非敌，彼狡欺谩。励兵饮马，伺隙寻端。锋蝟斧蠆，龙骧螭蟠。我皇文武，将卒披肝。陆海大战，无坚不钻。殊域绝莽，冒暑冲寒。视死如归，各服尔官。曰我皇威，通否决塞。吁惟天佑，祖宗作则。功成甚伟，以克安国。今劳其归，多士宴息。天道戒盈，止戈养力。无侈盛美，氛消沴熄。曰我皇德，隆古垂式。天壤无穷，永宁有北。

明治三十八年十一月。前第二高等中学校教授勋六等臣石幡贞谨上。

---

① 渎，原作"赎"，据卷四后勘误表改。
② 祥，原作"详"，疑形近而误，据上下文意改。

书明杨镐去思碑搨本后

碑在汉城西北隅慕华馆前，如丛祠然，为国人所崇重。明治九年予在使馆，一日散策目之，怪而问焉，不答；欲迫而视，吏拦阻，不果。后数年始知为明杨镐碑，雇工手搨得数本，欲以备国史参考。盖古者邦国自画，相交不以道。况朝鲜与我，动用干戈，及兵连祸结，各忌败举胜。如此碑所记，固不足以怪。但至责我曰：不奉大明声教及丰臣篡立，则无谓特甚。彼文士执笔，不言事大则字小。字小拟我，事大视明清。我书亦往往尊内卑外，有不可公示宇内者，所以交际久而窒碍多。早晚荟萃彼此，参伍取舍，作为真史。除猜忌之念，亦在不得已。感慨之馀，姑书一言藏之云。

书《淳化阁帖》后

历代名家刻本，以《淳化阁帖》为压卷，《太清》《绛潭》《二王》诸帖次之。其他《戏鱼》《星凤》《群玉》《宝晋》《雪溪》以下，难同成于宋，不免疏谬。苏轼曰：今官本十卷中，真伪相杂至多，辨书之难，正如听响切脉，知其美恶则可，自谓必能正名之者过也。① 夫淳化距熙宁不远，官本异于私撰，而当时犹曰难正名，其馀去真渐远者可知耳。阁帖之传于我特久，秘库或有原本在，其馀概皆清刻。字多圭角，神韵萧索，绝不见玉润气象。偶有称古搨者，皮肉糜烂，往往难读。独有真本藏在明肃王府。万历四十三年，温如玉、张②应召，奉肃王令旨，重摹上石，称为"字学六经"。彼邦收藏

---

① 此句出自苏轼《辨法帖》，原句为"辨法帖辨书之难，正如听响切脉，知其美恶则可，自谓必能正名之者，皆过也。今官本十卷法帖中，真伪相杂至多。"
② 张（張），原作"振"，疑形近而误，据上下文意改。

家获之比拱璧①，况于我乎？亡友近藤讷轩尝得古搨②二部于朝鲜，即为"糜烂本"。约以其一赠予，为有力者所夺，不果。最后得此，所谓"肃府本"即是。宝爱深秘，未曾轻示人。不幸昨冬病役，家人知其有约不果，举以赠予。予旧藏《星凤楼帖》，从幕医多纪氏购得，虽精善非俗本，与此比较，骨格有馀，而玉润不足。乃知学书之难，十倍于辨书。误入邪径，虽有力者，修身无能出。盖法帖形神俱全者，在明初既不易获。学者要使意胜于法，泊然内运，不泥其迹，此为得之，庶几不入邪径，观于此贴则思过半。亦故人之赐也，因记为传家宝云。

书佛山遗稿后

诗之出于情，情随物而迁，其声调与时污隆。德川氏末造，秕政百出。诸侯携二，志士纷议。继之鼓力击筑，怨诽以怒者，接踵天下。关东积弱之馀，轻佻浮艳为风，其形于歌诗者可以见。当是之时，萨、长、土、肥四藩，各有名主率之，先诸侯倡大义，克复旧物。则其发于言者，宜矫激少和平之音。而佛山诗则不然也。佛山土佐人，称箕浦猪之吉，世仕山内氏，凤与子爵谷君友善。谷君奋迹戎马，功名显著，曾与予同学。一日访之，乃出此卷嘱予评阅，曰是为亡友遗稿。亡友早得藩主容堂公知遇，常侍左右。诗虽出于一时寄兴，触事对景，皆披沥性情。况公座赐题，师友唱和，当年情谊之可见于今日者，独赖此卷之存。惜其死于非命，不忍付湮灭，请为撰其尤者，刷印颁同好以广其传矣。夫世之为诗者多，概受时驱

---

① 璧，原作"壁"，疑形近而误，据上下文意改。
② 搨，原作"榻"，疑形近而误，据上下文意改。

染,不能自守。故嘉安以后之诗,东西异调,醇醨互见。其浮艳者流纤弱,矫激者变噍杀,甚矣关政教也。容堂公夙以雅量宏怀,镇南海造多士。则佛山诗之纵横驰骋,奇气横生,而情和意平,不同时流,无足怪者,独憾所造诣止于此耳。尔来倏忽三十馀年,文学之盛,媲美前古。而功利移志,辞浮气馁。安得容堂公其人,赞化提理,情静于中,物和于外,以兴明治雅颂乎。君之叹旧怀贤,不唯杜陵《八哀》,则公此稿固宜。而佛山于诗,特其绪馀而已。明治元年二月,以藩司令①长守备堺浦,会佛舰水兵上岸亡状,谕之不可,夺队旗而走。佛山麾部兵,击杀其十三人。时皇政维新,海内未靖,有司恐旷日弥久,意外生事,纳彼要求,命我二十人,屠腹以谢。佛山为之首,命下作书报乡。从容赋诗上场,怒目睨佛人临检者曰:"咄尔奴辈,不化②生人间,啖汝肉止乎?"取刀剚腹下上,捆脏腑出,目之打掷。马渊某介错,不殊,绝叫曰:"未死。斩!斩!"声从项出,达百步外,闻者皆咋舌。逐次自刃者十有一人,血流成川。会日暮,佛人悸不自禁,伺隙遁去,遂免九人死。佛山死时年二十有五。呜呼!何其烈也!有此胆气,何为而不成?所憾时非其时,不责彼亡状,而丧我杰士。其诗之远韵悠扬,与实纪并传,以鼓励将馁之气。谷君友爱之不可已,亦有赞化之道存焉。评阅之馀,书此以告世之持风教者。

书麻生遗墨后 代

予少就能见隆庵学医,一日出斯诗见示,曰是为友人周布政之助手书近作赠予者。其后海内多故,先辈多殉难遭祸。及皇政复

---

① 令,原作"命",据卷四后勘误表改。
② 化,原作"七",疑形近而误,据上下文意改。

古,各自拘牵仕途,遗诗遗墨之散落民间,不及收拾者居多。唯斯诗予尝感吟,记忆[1]不忘,为其子公平君诵之。及君为兵库县令,偶获之坊间喜甚,什袭为家宝,且以补遗集之缺。夫物之显晦存灭,不可豫知,平时且然。况家国艰危之际,虽为之子孙者,不能保父祖手泽,或坠水火,或辱市侩手,或湮没不知所在。而此幅旧为他家物,历劫完存,今得所归,译其所由。虽予之一诵开之端,抑亦慨世至诚,与天伦至情,如有鬼神呵护之者,不亦奇乎?先师隆庵号雪水,以西洋医学重于时。诗题称壬戌者,即文久二年。署麻生识者,周布氏一时改称麻生[2],故云。诗虽成于途上即目,而寓意自有在焉。前半以不二峰自比,结以独受曙光。立脚既高,排暗取明,处世抱负,可以概见,则充一部家训亦可。因嘱予作记以贻后昆云。诗云:残星炯炯衬长松,雪带微光不二峰。脚下诸山犹是暗,晓光早已至芙蓉。款云:壬戌四月十日,拂晓过函关即目,录示雪水老兄笑正,麻生识[3]。

书欧阳询书《温彦博碑》帖后

自秦以来为书者,虽有古文、篆、隶、草各殊,其论用笔之道,不过曰偃伏开阖,筋脉相连,意在笔先。李斯曰:先急回,后疾下;如鹰望鹏逝,信之自然,不得重改。萧何曰:笔者心也,墨者手也,书者意也,依此行之,自然妙矣。然秦与西汉,官俗所用,止是篆与隶,取便徒隶,省力赴急。若其真草,创始于后汉末,大盛于晋二王,以至今日。卫恒论《四体书势》,不一言及真书。当时未有此

---

① 忆(憶),原作"臆",颖形近而误,据上下文意改。
② 生,原作"田",据上下文意改。
③ 识(識),原作"织(織)",疑形近而误,据上下文意改。

体,可以见。钟繇、卫夫人书法传王羲之,及羲之渡江北游名山,遍览李斯、曹喜铭字,蔡邕《石经》、张昶《华岳碑》等学习,而后真、行、草三体无不工,遂复绝千古。然《淳化》《星凤》诸帖所收正楷,如《黄庭经》《东方先生画像赞》,字小刻刓,不能窥神运之妙。下至唐初,虞世南之潇散洒落,褚遂良之风华艳丽,各自取胜,而予未言楷法尽于此也。一日阅坊间,观此帖急购而归。出曾在天津所获《醴泉铭》,对照比较,彼前半稍可,后半存瘦削气习,笔致靡弱。且其坏字空格处,留锓版痕迹,知是翻本,决非原刻。此帖虽间有剥蚀,其字完好,锋铓未杀,神采奕奕逼人,且毡蜡精良,为原石本无疑。按史欧阳询卒于贞观中,年八十五。此碑书贞观十一年,当是率更最晚作。而圆秀腴劲,拔地倚天,风骨未少衰,王箬林所谓"百代楷模"者即是。后四年犹有小楷《千文》,而世传本皆重摹三摹,瘦硬欠玉润,非复其本色。虚舟题跋云:彦博碑今在醴泉县墓所,剥蚀殆尽。则此拓在元明以前可知。唐刻楷模具存,玩其笔致,远渊源于篆隶。不唯备尽圆劲笔法,书风淳漓与世升降之迹,可得而考。予之宝爱,殆有羲之渡江览古名迹之感。昔人临池学书,池水尽墨。予虽老矣,比询书此碑时,犹少十四五年。纵令上不能溯二王,下启后生径路,为之犹贤乎已。况握管消闲,乐在其中,因论其真书起原。见古人材艺,与年俱进,毫不挫屈,精力可钦,以自勖焉。

黄遵宪墨帖跋

明治十三年春,清钦差公署参赞官黄公度,卒然过予庐问韩情状,予告以所见。时韩遣修信使金宏集来议事,临归公度赠以私拟策论一篇,淹淹数千言,要在结日亲米,以防露侵略。当时韩不听我开仁川港，相持数年。是岁十二月，予又随公使赴韩，提前议逼之，不协。明年诸道儒士伏阙抗疏，就中奇言耸人听者，至斥公度曰：日本说客，耶稣善神。则其策论之耸动韩朝野可知矣。顷者田中谦斋携此帖来，请予题一言。当时予奇公度文才，如其书字，不甚留意。及观此帖，运腕奇逸，姿态横生，非刻意模古者所能及。然是其绪馀，不足为公度轻重。所异清韩国势，犹拘束形迹，奄奄无生气，为西欧所侮，遂启东洋祸端。为公度者，将如何观乎？

书缩摹谢时臣画山水后

右明谢时臣画山水四帧，福岛九成为澳门总领事时所购归云，观之于友人村濑氏。横四尺，纵九尺馀，惜收藏不谨，往往摩擦剥落，烟山模糊，树色不明。今略寻其笔路，缩摹大略如此。按时臣字思忠，号樗仙，吴人，善山水，得沈石田意，而稍变焉。笔力纵横，设色浅淡，极其潇洒。尤善画水，江潮湖海皆妙。尝睹①其浅绛山水小帧，用笔潇落缥缈，逼肖思翁②，唯觉乏润瘦腴③气耳。今此帧全异其趣，若出别手，此真则彼伪，抑又大家无所不有乎？笔致苍劲，气魄阔大处，全从石田来，则是或其本色。图亦危竦，变换不凡，要之以骨气取胜。至潇洒缥缈处，自当别论。点景人物凡廿有八，马匹八，皆简劲生动。古贤极洪博而由精致，非如今人穷措大劣通一艺，则诩诩夸张，自以为有馀，卤莽从事者也。

---

① 睹（覩），原作"靓（靚）"，疑形近而误，据上下文意改。
② 思翁即明朝后期大臣、书画家董其昌，字玄宰，号思翁、思白、香光居士。
③ 腴，原作"腴"，疑形近而误，据上下文意改。

醉梅印谱弁言

人醉以酒,而我醉于梅。世耽吟咏,而我潜然酣于图章篆刻。何其醉梅主人之与世背驰也。即如是而后始可与语篆籀也乎。主人执铁笔叱石,则虫书鸟迹,云篆鼎文,粲然现于前。盖得之于槎枒虬龙,古梅韵致,其流芳致远,如有神呵护,犹何用彼狡狯辟邪之为也。

南游杂咏题言

景从外来,情自心出,而诗成焉。杜甫、永叔长于言情,太白、子瞻不能也。王介甫、曾子固天性少情,偶作小歌词,读者笑倒。故曰:诗有天分自存。而世人好谈格律,格律不须在情景外论也。此卷风趣与性灵会,出新意去陈言,盖亦有山水遇其人不偶然者,非邪?

画 马 题 言

予六七岁时,从祖父起卧,祖父戏画马一二匹授焉。不给纸墨,日用废笔,模之盆沙者数回。及习字读书而废,以有急焉者存也。回忆四十馀年,恍同梦境。三田周旧闻此事,切索画之,盖为其幼子谋,亦属儿戏。但儿戏忘难,小技且然,况家庭忠孝之训,其可忽也乎?

善忘善记 杂著十篇之一

可忘者不忘,则可记者不确。唯其不确,故并可记者而忘之。况人之记性有限,一见终身不忘,一读能背诵者,千百人中不可一二见。以不可一二见者待己，惫精劳神而无效。食谷肉入胃，胃能化之，淘汰其糟粕，分泌其膏液，体躯赖以健全。若食之不化，化而不汰，新陈相因，撑肠塞胃，则坐待毙耳。是故忘其可忘者，即所以记其可记者也。虽然，人安得就其可忘可记者，一一选择取舍，以收其精乎？于是忘恩而记怨者有之，久要忘平生之言，不可称成人者有之。卜者记占而忘身，学者记言而忘行，幽厉记为君而忘国，则忘与记皆有弊。所贵于记者，在浑化融透，无留痕迹。故善书者忘笔，而后龙蛇跃出；大匠忘斧斤，而后楼阁焕然；圣忘为圣，贤忘为贤，而后记性可言矣。《语》曰："诵诗三百，授之以政，而不达；虽多，亦奚以为。"方今诸学校督课讽诵背诵，养学生记性洵善。然督之过严，则疲精劳神，不唯不见效，生硬妨进化，并可记者忘之，终不能成材。则忘与记之间，贤愚判焉。孔子曰：吾忘其二。忘固不可以忌，况于记其要者，因忘益确，进化运用之妙，油然生于其间乎？

毁誉皆师 同前

人早得之，我未得焉，世毁其失机。世既失之，我独得焉，人誉其制先。甚矣哉得失，即毁誉之所由而判。离得失而言毁誉，虽切无要。任毁誉而论得失，事成亦坏。凡事有大小，人有君子恒人，其是非果出于好恶之正乎？我将拜昌言。然恒人之毁人，有忌其才而然者，有恶其执正不可以私动而然者，有嫌其得君在己先不获自肆而然者。誉人亦如此，利其势可倚也誉之，畏其权贵也誉之，以其党众也誉之。恒人毁誉，固不足以深咎①。其君子亦曰：某虽

---

① 咎，原作"究"，据卷四后勘误表改。

才干可用,而籍贯属某县,出身由某大官,如抱负心术难测何?某器识宏亮,可赖以济事,如非我党何?甚者毁之以其父兄曾误向背,毁誉之所在,得失从焉,爵禄因而颁赐焉。威权致偏重,宜海内嚣嚣,有司甘固位之毁,在下无奉公之誉。虽然,所重于毁誉,不在区区威权得失。我之不贤乎?以毁人之心责己,则智德倍进。我之贤乎?以誉己之言让于人,则举世归心。果能如此,混海内为一,无西南无东北,均势共荣,入守出攻,绰绰有馀裕,不许他容喙,于国家得失果如何也?

乐以其类 同前

山峙水流,仁智者观而乐焉,不仁不智者,虽观之不乐乎。情动于中,接物而后乐生。毛嫱、丽姬,人之所美,鱼见之深入,鸟见之高飞。卫灵好鹤,颜子乐道,不能解鹤文绣以衣颜子,则不可以箪瓢强卫灵。物与我不相与为类,夺其所安,以从吾所好,殆不可乎?好非其类,虽清高如鹤,足以取祸。乐以其道,虽屡空如回,可以为训。且夫吾生也有涯,世之理乱无极。故以吾之仁,乐山之静。以吾之智,乐水之动。仁智得所,动静皆宜,则乐之所由生。各以气类相征,非功名货利所能移。而世人往往欲以好名徇利之心求仁智之乐,乐未央而忧生。是故乐也者生于好,不好无乐。凡业志乐而从之,可谓能事毕矣。羲之于书,郭熙于画,毕生所作,不知几千纸。而兰亭放鸢,为其兴到笔随者,不为后人不能拟之。虽其人再握管,不得精妙如当日所作。是知琐琐末艺,犹深造之以乐,况于经国大业,不朽盛事乎?而或者不养己仁智,杜撰卤莽,欲了诸口舌间,则文士所为,不唯不足动人,将鱼鸟深入高飞之不暇矣。

杓子定规 同前

方不中规,圆不中矩。① 世谓之杓子定规②,以其近似名焉耳。近似固非其物,而世求方圆之急,准绳可以作平直,不可以作方圆。则援之济急,纵令不能得真方圆,犹不至失大形。虽然,人之情伪无极,奸佞似忠,疏暴似勇,孔子肖阳虎,子房如妇人女子。若曰近似者即其物,是妇女可得为子房,阳虎可得为孔子。而不能然者,在心不在形也。今立法行刑,诛形乎,诛心乎?诛心无论已,然人心不同如面,今欲一一照正条明奸盗诈伪、有形无形、变换不测犯状,以服我法律,虽立条至数千万章,随立随废,不足为劝阻,徒增纷纭耳,以死法拟活人也。于是乎杓子定规之要起。闻之法律详备,无若佛独者,即国家所酌取。而英无成文律,每有疑谳,援引惯例,以情状近似者比附审决,而不闻怨冤控告之声云。则其立法繁简,孰得孰失,虽未能遽断之,要在敦实图治,不事虚文,务致富强。苟富强如英,用杓子定规③亦可。今则借他规矩,来作我方圆。所谓酌取非杓子,宜哉数年伤手沥脑,而未成。民法、商法以下数千百条,虽专门学士,时苦通解,动误准据,奸诈得计,民无所措手足。学佛独而不成,况敢望英乎?

无用之用 同前

物之有用无用,人皆知之。至有用之无用,与无用之有用,则

---

① 此句出自东汉书法家崔瑗《草书势》,原句为:"草书之法,盖又简略,应时谕指,用于卒迫。兼功并用,爱日省力。纯俭之变,岂必古式? 观其法象,俯仰有仪。方不中矩,圆不副规。抑左扬右,望之若欹。兽跂鸟跱,志在飞移。狡兔暴骇,将奔未驰。"
② 规,原作"矩",据上下文意改。
③ 规,原作"矩",据上下文意改。

辨之甚难。以有用者时归于无用，无用者或急于有用也。谷粟布帛，人生必需，不可一日无之，无之饥寒立至，而肉食者土苴视之。锦绮、藻绘、珍玩，寒不可衣，饥不可食，有之徒长奢侈增浮费，而百工生命系焉。阳春白雪和者少，而世传其曲不衰，推此理触类而长焉。物自疏入①精，自精至妙入神。每至妙入神，世用倍远，有用之极，归于无用。而非无用也，寡也，寡则不敷于用。物期世用，而不能周用，谓之无用亦可。虽然，羿不为拙射者改彀率，良不为驽马变范驰。世人嗜好崇尚何常？衰于此者，复盛于彼，形而下犹然，况于形而上乎？自国家任法率人，谲诈盛而忠厚泯，功利行而廉耻衰，诗书礼乐、德义之书，竟归乌有。其适有之，目以无用长物，不至焚与坑为幸。其书与人，逐年消亡。夫寡则贵，多则贱，物之情也。以锦绮藻绘之贵，笑谷粟布帛之贱，固可。以无用之用，有时急于有用，诽有用之归于无用，未可。虽时无用，而使其不终无用，以定一世崇尚。是谓用世之士，自非高世卓识老时务者未足以语之也。

喜怒亦大 同前

人谓我贤则喜，谓我愚则怒，正邪才不才，无不喜怒迎之者，常人也。告之衷如充耳，毁誉不关意者，白痴也。自人非白痴，不能无喜怒，故遇其可喜则喜，遇其可怒则怒，不涉矫饰，不陷阿谀。或有于我意，彼且非邪。虽盛气怒之，以怒于甲者，不迁于乙。沃炽火以清泉，火乃不燃。镜在尘匣，其中湛然，是为君子。苟我之不贤、不正、不才乎？务求其为贤、为正、为才，何暇忧人之诽毁，况敢

---

① 人，原作"之"，据上下文意改。

嗔怒从其后乎？虽然，疑似难判。乡①愿贼德，辩给类才。有人呶
呶不敢正言之，设辞涉侮慢则怒。直谅自许，好中人所忌则怒。怒
有所挟以凌人者，怒傲愎遂非者，怒谄佞怒奸诈。反之则喜。喜怒
一动，福祸伏焉。故周王喜褒姒而亡国，相如怒秦皇而完璧②。渊
水至静，风挠之则波，方其波动也，莫之敢触。宜矣谀言盈耳，直者
日远，喜怒亦大矣哉。卓彼先觉，涵养德量，温容和雅，不敢喜而无
不喜，不敢怒而无不怒，所谓君子喜怒中节是也。

---

① 乡（鄉），原作"卿"，据卷四后勘误表改。
② 璧，原作"壁"，疑形近而误，据上下文意改。

后　记

　　关注石幡贞的著作，始于十馀年前撰写博士论文之际。彼时，笔者以《近代日本对华官派留学史研究(1871—1931)》作为选题，甫一动笔，就被 1871 年近代日本首批官派留华学生的人员构成及来华经过给了个下马威。当时，学界通行的说法是，1871 年明治政府在派遣伊达宗城使团来华缔结《中日修好条规》之际，一并派遣小牧善次郎、成富忠藏、福岛九成、水野遵、黑冈季备五人，以及萨摩藩的吉田清贯、儿玉利国、池田道辉、田中纲常四人，共计九人随使团同船来华留学。由于日本东亚同文会编《对支回顾录》依次为九人立传，并将之合称为"维新后留华之先驱"，给人以九人为一整体的印象，使得这一说法在中日两国学界被广为接受。

　　不过，这一说法存在一个致命缺陷，即缺乏档案支持。一是现有档案中找不到任何有关萨摩藩的吉田四人来华留学的申请、批函，且在 1872 年之前外务省颁发的全部 600 馀份护照中，亦不见四人姓名。相反，档案中可以找到小牧等五人，以及桑原戒平、伊地知清次郎共计七人的批函和护照。二是在使团从日本启程的档案中亦不见留学生同行的记录。

　　此时，石幡贞的《桑蓬日乘·清国纪行》起到了一锤定音的效果。该书主要提供了两个重要的细节。一是五月廿二日诗云"辛未五月十八夕,全权大使发海湾。一行其人二十一,此日暴雨浸半天",说明使团正式成员为 21 人。核对石幡贞开篇详细记载的使团人员构成,可以发现"大臣""辅翼"各 1 人,"参事"3 人,"随员"8 人,"从士"8 人,合计正好 21 人;但对留学生只字未提,或许说明其并未同船来华。二是在石幡贞记录使团由津入京的人员名单中,出现了"随带书生七名"。

最终,笔者结合其他档案得出结论,近代日本首批官派留华学生并非通行的"九人说",而是石幡贞所记"七名",即档案中有批函和护照的七人。留学生一行也并未于五月十七日随使团同船来华,而是在获批留学的数日后,分别从日本启程,全员抵沪集合后,搭乘"山西"号蒸汽轮船于六月廿日抵津与使团会合,随后于八月初随使团同船进京。

总之,若非有该书襄助,笔者的博士论文恐怕会"出师未捷",胎死腹中。这是笔者接触石幡贞著作的第一感受。

后来,笔者又发现石幡贞不仅参与日本对华建交,还参与日本对朝建交,且两次都留有文字。如此一来,他或是同时代日本人中唯一一位同时参与日本与中朝两国建交者。这种历史际遇真是难得。这是第二感受。

随着阅读的深入,笔者深深为石幡氏的汉文和汉诗功力及对古籍、典故的稔熟所折服,甚至时常自愧不如,愧对祖先。这是第三感受。

再后来就是整理本书时,又常被石幡氏的用字难住,发觉连汉字都没人家认得多,不禁发出"神州士夫羞欲死"(陈寅恪语)的慨叹。

幸得浙江工商大学吕顺长教授组织的"与史料肉搏"微信群

内诸位先达襄助赐教,又有挚友北京燕山出版社王长民编辑悉心指点,总算完成了整理工作。

同时,本书有幸列入《近代中外交涉史料丛刊(第二辑)》出版,还要感谢召集人复旦大学历史学系戴海斌教授及上海古籍出版社的抬爱与宽容。他们不仅一直关注本书整理进展,而且一再宽限交稿时间。

此外,天津大学教育学院硕士研究生田甜、刘哲、龙瑜参与了文字录入工作。在此一并致谢!

古人云"书囊无底",本书对汉文的识读、句读不免仍有瑕疵。一切文责由笔者承担,祈请各位方家斧正!

谭 皓

2023 年 10 月 10 日于天津大学敬业湖畔

图书在版编目(CIP)数据

石幡贞笔记四种／(日)石幡贞撰；谭皓整理.
上海：上海古籍出版社，2024.9. --(近代中外交涉史
料丛刊). -- ISBN 978-7-5732-1310-5

Ⅰ. K310. 4-53

中国国家版本馆 CIP 数据核字第 2024D0W720 号

近代中外交涉史料丛刊

石幡贞笔记四种

〔日〕石幡贞　撰

谭　皓　整理

上海古籍出版社出版发行

(上海市闵行区号景路 159 弄 1-5 号 A 座 5F　邮政编码 201101)

(1) 网址：www.guji.com.cn

(2) E-mail：guji1@guji.com.cn

(3) 易文网网址：www.ewen.co

浙江临安曙光印务有限公司印刷

开本 890×1240　1/32　印张 10.5　插页 4　字数 236,000

2024 年 9 月第 1 版　2024 年 9 月第 1 次印刷

ISBN 978-7-5732-1310-5

K·3683　定价：58.00 元

如有质量问题,请与承印公司联系

N